マシュー・ホンゴルツ・ヘトリング

リバタリアンが社会実験してみた町の話

自由至上主義者のユートピアは実現できたのか

上京恵［訳］

A LIBERTARIAN WALKS INTO A BEAR

THE UTOPIAN PLOT TO LIBERATE AN AMERICAN TOWN (AND SOME BEARS)

BY MATTHEW HONGOLTZ HETLING

原書房

リバタリアンが社会実験してみた町の話

目次

第三部　無限の荒廃

献辞

一八年間にわたって、優しさ、理性、倫理、そして愛で私たちの家庭を満たしてくれたキンバリーに

プロローグ　消防士と熊

あらゆる種類の肉を非常に好み、銃や火や毒の危険を冒す熊が、子どもを守るとき以外は決して人間を襲わないというのは、なんとも不思議なことだ。眠っている人間を熊が襲うことなど、きわめて簡単だし、なんの危険もないだろうに！

――ジョン・ミューア、『はじめてのシエラの夏』
（宝島社、岡島成行 訳、一九九三年）、一九一一年

二〇一六年の夏、消防士は熊が自分を見つめていることを確信した。

夏じゅう、消防士の背が高く引きしまった体が地上で動き回っているあいだ、熊は木の上のどこかからスラブ・シティ・ロードの古い校舎を観察していたに違いない。

ジョン・バビアルッがちょっと雑用に出かけて戻るたびに、おんぼろの鶏小屋や古いリンゴの木や間に合わせの狭い羊牧場から鶏が消え、枝が折られ、羊がいなくなることについて、ほかにどんな説明ができるだろう？　しかも白昼堂々と？

熊の事態が手に負えなくなりかけても、バビアルッは野生動物管理局に通報しなかった。行政に助けを求めるのは、彼の流儀に反している。

私がバビアルッを知ったのは、グラフトンでの一連のミステリーを調べているときだった。グラフト

ンは、ニューハンプシャー州西部の森に埋もれたちっぽけな町だ。単一民族の（住民の九七パーセントは白人で、黒人は一人もいない）およそ五六〇世帯から成る辺鄙な町グラフトンは、人々が自由を求めてやってくる土地である。

過去二〇年で、グラフトンは二回だけ全国ニュースになった。二〇〇四年には、現代アメリカ史上稀に見る野心的な社会実験、いわゆる〝フリータウン・プロジェクト〟の地として短期間注目を浴びた。自由を求める全国の自由至上主義者《リバタリアン》が、政府による息が詰まるほどのくびきから町を〝解放〟するためグラフトンに移住すると宣言したのだ。そして二〇一二年、野生の熊が人間を襲うという、現代のニューハンプシャーで人々の記憶にある限り初めての信頼性のある話がメディアをにぎわせ、グラフトンは再び悪名を轟かせた。

二つの出来事は互いに関係がなく、単にニューイングランドの鬱蒼とした森の中という舞台を共有しているだけだと思われた。だが実のところ、昔からのグラフトン住民、解放を求めるリバタリアン、異常なほど大胆な熊を結ぶのは、荒涼とした丘や谷を縫う砂利道だけではなかったことが明らかになる。

ペンと取材ノートを手にグラフトンをめぐるあいだに、私は数人の住民と知り合った。何かと物議を醸す宗教家の文鮮明《ムン・ソンミョン》［統一教会の教祖］の側近となったベトナム退役兵、ジェシカ・スール。生存主義者《サバイバリスト》のコミュニティ創設を夢見るポーカー好きの共産主義者、アダム・フランツ。匿名希望の心優しく思いやり深いおばあさん、ドーナツ・レディ。神からの使命により行動するマサチューセッツ州出身の工場労働者、ジョン・コネル。そして忘れてならないのがジョン・バビアルツ――フリータウン・プロジェクトにグラフトンの門戸を開き、その後一〇年間を非リバタリアンの隣人たちにプロジェクトを説明する試みに費やした、リバタリアンの消防士である。

二〇一七年のある土曜日の朝、私はバビアルッツを訪問し、家に招き入れられた。彼が一八四八年建築の校舎を自ら改修してソーラーパネルを設置した、ワンルームの建物だ。狭い台所に乱雑に置かれた鉢植えの植物や政治にまつわるガラクタに交じって、一九九六年の大統領選挙でハリー・ブラウンに投票しようというプラカードがあった。

バビアルッツ自身も何度か公職につこうと立候補したことがある。彼は政治家、そして私はジャーナリスト。二人とも、微笑んで話せば政治上の大きな相違を取りつくろえることを知っていた。だから私たちは、人格や財産に関する無制限の権利を求めるリバタリアン思想と熊の扱いという問題がどう関係するかをバビアルッツが説明しているあいだ、互いに微笑み合い、うなずき合っていた。グラフトンの熊問題は無能な政府がもたらした当然の結果にすぎない、と彼は言った。

「政府が仕事をしないなら、住民がするまでだ」彼はクックックッと笑った。

バビアルッツの笑い方は非常に特徴的だ。誰かに似ていると思っていたら、アニメ『ザ・シンプソンズ』に登場するクラスティーだった。とても愛嬌がある。気がつくと、私は彼に同意していた。政府のバカ野郎！

バビアルッツは一度撃たれたことがある。アメリカ空軍に在籍していたときではなく、自分の家の前庭で。キジ猟師が間違えて彼の尻を撃ったのだ。

「痛かったかって？　まあ、あいつは幸運だったよ、俺が銃を出してきて撃ち返さなくて」その銃とは、彼が自宅の敷地内にこっそり置いている多くの銃の一つを指している。

さらに大きな笑顔。私は心からバビアルッツを好きになりかけていた。キジ猟師のバカ野郎！

最後にやっと、バビアルッツを見つめていた熊の話題になった。二〇一六年の夏、一人と一頭は簡単には妥協できない対立関係にあった。熊はバビアルッツの鶏をすべて食べることができるのか？　あるいは一羽も食べられないのか？

彼は三ダースの鶏を収容する二軒の鶏小屋に案内してくれた。鶏は色とりどりだ。バードロック種（卵を多く産み、ほかの種に対して威張っている）、バフォーピントン種（卵は大きく、性格は友好的）、アメローカナ種（卵は青く、寒さに強い）など多くの種が交じっている。だが主役は常に入れ替わっている。熊は普通、一気に三、四羽を平らげるからである。

熊が古い小屋の壁を突き破るようになったあと、バビアルッツはすべての鶏をもっと新しくてもっと丈夫な一軒の小屋に集めることにした。ところが、それまでの三、四回の熊の襲撃で生き残っていた一羽の鶏は、閉じ込められることを拒んだ。

「よく逃げるやつだったよ」バビアルッツは笑った。

私も笑った。鶏のバカ野郎！

数日経っても、バビアルッツはまだその鶏を捕まえられずにいた。ある日の午後、小さな納屋の近くの坂を上がっているとき、一〇メートルほど向こうに熊がいた。古い鶏小屋とトラクターのあいだの草むらを、ぐるぐる回って鶏を追いかけている。

その黒いオーストラロープ種（よく卵を産み、熊を人間のところまで案内する）の鶏は、バビアルッツの姿を認めると駆け寄ってきた。すぐ後ろから熊がついてくる。

鶏が文字どおり消防士の腕の中に跳び込んだとき、熊は足を止めた。おそらく、そこで初めてバビアルッの存在に気づいたのだろう。人間と熊は見つめ合った。近くの納屋の中に自動小銃AR－15があるのはわかっていた。書類棚とシュレッダーのあいだの壁に立てかけてある。しかし、それを取りに行く時間はあるか？

「おかしなことを考えるなよ」彼は熊に話しかけた。「なあ、俺の銃はすぐそこにあるんだ、俺がそれを手にしたらおまえは――一巻の終わりだぞ」

長く張り詰めた時間ののち、熊はゆっくり去っていった。消防士の射程内から出て、沼に向かう。

「そいつは全然怖がってなかった」バビアルッは言った。「それが、それが――それが問題なんだ」熊と遭遇したことのあるほかのグラフトンの住民も、その経験を語るときに同じような言葉を使った。熊は大胆だった。恐れているようには見えなかった。熊は前進する前に彼らを見つめ、考えていた、と彼らは言った。最終的に私が学んだのは、現代のグラフトンにおける熊による最初の攻撃は予測できたはずだった、ということだ。そして実際、将来の攻撃はもっと予測可能である。

バビアルッがその熊を見たのは、それが最後ではなかった――彼はそいつを、自分のモビィ・ディック［小説『白鯨』に登場するマッコウクジラのこと］と呼んだ。

「どういうわけか、俺は何十年ものあいだ熊と何度も出合ってきた。熊は俺にとっての〝悪霊〟かもしれないな。わからないけど」

間違いなく、何か異常なことがグラフトンを悩ませているようだった。隣人と隣人、自由と安全、人間と獣とを戦わせる力を持つ、なんらかのものが。だが、バビアルッの笑顔の下に悪霊が潜んでいるのか？　そうとは思えない。
私たちは顔を見合わせ、そして笑った。

第一部　野生との境界

農夫はおとなしい熊を飼っていた、
　行儀のいい陽気な熊を、
その雌熊はすべての愛を
　惜しむことなく農夫に浴びせた。
　深い愛情を率直に示した
　　（示し方は少々不器用だった）。

（中略）

用心深い熊は気がついた、
　ブヨがご主人さまを狙っていると。
ブヨをやっつけようと決意して
　襲いかかり、悲劇が起こる。
　手加減しようなんてこれっぽっちも思わなかった、
　　　都合のいいことに、周りに石がたくさんあったのだから。

（中略）

もちろん熊はおおいに悲しんだ。
　だが愚かな熊はこう思っただけだった。
「私は間違った、
　それでも何かに命中したのは間違いない！」
　　この華々しい成果は
　　彼女のおおいなる不幸を幾分かは和らげた。

——ガイ・ウェットモア・カリル、『お人好しの農夫と不器用な熊
The Confiding Peasant and the Maladroit Bear』（未邦訳）、1898年

第一章　食べられた猫

［父さんは］私たちが〝マウンテン・フィールド〟と呼んでいた草原の小屋のそばに私を置き去りにした、あの特別な夜のことを忘れてはならないわ。あのとき私は茂みの隙間に熊の鼻を本当に見たのよ、鼻だけを。まるで豚の鼻みたいだったけど、私はすごく悲しくなったの。

――ウィラ・キャザーからエルシー・キャザーへの手紙、一九一一年

熊がどれほど近くにいるかをジェシカ・スールが知っていたなら、もちろんあの午後に外へは出なかっただろう。リビングルームがどんなに暑くても。知っていたなら、猫が食べられる事件は起こらなかったかもしれない。

スールが言うには、一九九九年の夏は、グラフトンの熊は異常だと彼女が初めて考えるようになったときだった。住民の多くにとってその年は既に、コミュニティの脆弱な絆を少しずつ壊していく果てしなく続く一連の災厄の年における、さらなる災厄の年になりつつあった。

その年の前半はひどい干魃に見舞われた。森では、最も強靱なオークから最も小さな地衣に至るすべての植物が、湿気がないことを察知して、いつもの豊かな実をつけず、葉を茂らせなかった。その欠乏は森の動物に苦しみをもたらした。ほとんどの動物は、かつて水が豊富に流れていた小川が干上がって

残った塩辛い池や細い水路で渇きを満たすことができたものの、食料の不足は彼らを日に日に絶望の縁へと追いやっていった。

グラフトンに住む人間にとっても、井戸は涸れ、干し草作りの仕事はストップした。町に残る数少ない農夫は、成長の止まった草を、それが刈るに値するものに成長するというはかない望みを抱いて眺めていた。

しかし、そんな望みも徐々にしぼんでいった。

七月、干魃のうえに熱波が襲い、乾燥した草は枯れ、どうしようもなく茶色く干からびた。野菜畑では、直射日光を浴びた不運なトマトは蔓にぶら下がったまま文字どおり焼け焦げた。きちんと消さなかったキャンプファイアーから、あるいは古い小屋で灯油に浸かったボロ布が自然発火して、あちこちで火事が起こった。

グラフトン住民のほとんどはエアコンを持っていなかったので、別の方法で暑さをしのごうとした。スールを含む多くの人々にとって、それは夜、しばしばビールを手に屋外で座り、時々は待ちかねた夏のそよ風に急がされて暑さが引いていくのを楽しむことだった。

太陽が地平線の向こうに沈むと、スールは歪んだ木造の家の玄関ドアから出て、裏庭のピクニックテーブルに向かった。連れは最新の家族——真夜中に未知の人物によって家の前に捨てられ、今は足元の草むらでじゃれ合っている三匹の子猫だ。この地区に最初に入植した白人によって名づけられた、近くを通る乾燥した砂利道ワイルド・メドウ・ロードのせいで、スールの家は常に砂まみれだった。

先住民アベナキ族なら〝テマスキコス〟(草刈り月)と呼ぶであろう月の澄んだ銀色の光が、音もなく木の幹に沿って下降し、やがて穏やかに地面を照らした。夕暮れだ。

同時に、スールと子猫たちの体から放出された微粒子が、うだるように暑い七月の空気の中を上昇した。スールの家の芝生を通り、周囲のイバラや木々のあいだを縫って漂っていく。よく漫画で描かれる、誘惑的なパイのにおいのように。やがて、その微粒子のごくわずかが、大きく吸った空気とともに獣の鼻腔の奥深くに吸い込まれ、おいしそうなラザーニャや高級あばら肉を前にしたとき人間の口に唾を湧かせるのと同様の生理的反応を誘発したようだ。

だがスールは、自分のにおいを嗅ぎつかれたことなどまったく知らなかった。気持ちは穏やかだった。コオロギの鳴き声やホタルの控えめな光のショーは、その日一日の心配ごとを忘れさせ、心を落ち着かせてくれた。

これこそが、グラフトンの暮らしを特別なものにしてくれる自由だ。ここでは、近所の人たちから文句を言われることなく一人で生きていける。たとえ、家々のあいだの大きな距離が批判の声を和らげているだけだとしても。

何かが後ろから猛スピードでやってきたので、スールの思考は妨げられた。非常に重いものだ。足元の乾いた地面が、足音で震えている。

スールが反応する間もなく、熊は数メートルのところに迫っていた。熊はスールに襲いかからなかった。すぐ近くまで来て怖気づいたのかもしれない（このがっしりした四五歳の女性はかつて、大きく獰猛なイタチをシャベルで追い払ったことがあった）。一九九九年、グラフトンの熊にスールほどの体格の女性を襲う剛胆さはなかった。

その代わりに熊はスールの横を通り過ぎ、森に入っていった。熊が枯れ葉を踏むガサガサという音は、口にくわえた二匹の子猫——スールの子猫——の半狂乱の鳴き声と調和していた。

熊は木々を抜けて再び姿を現した。月の光を浴びたシルエットは巨大だ。スールの敷地の裏を通る小川のところで立ち止まる。すると、ほかにも影が見えた——母親の周りに集まった子熊だった。

熊たちが戦利品を平らげるのを、スールはぞっとして見つめることしかできなかった。あの音は死ぬまで忘れないだろう。

スールは森の近くで、視界から消えた熊が戻ってこないかとあちこちに目をやりながら、背の高い草の中で必死に三匹目の子猫を捜した。

「アンバー」そっとささやく。呼び声は徐々に大きく、悲しげになっていったが、子猫は出てこない。積もった落ち葉の下でうずくまる薄汚れたアンバーが見つかったのは、翌朝になってからだった。

スールの子猫への襲撃——熊が飼い猫を食べるというきわめて稀な実例——は、きわめて奇怪な事件だった。だがスールが言うには、これは始まりにすぎなかった。

子猫を食べた雌熊は、どうやら味を占めたらしい。二頭の子熊にも子猫を食べることを教え、ほどなく熊一家は近所の猫を捕食するようになった。

この事実がもっと広く知れ渡らなかったのは、実のところそれほど不可解なことではないのかもしれない。

世間はグラフトンを森の中にある単一の小さな町だと考えているけれど、実際にはもっと小さな、古くからの歴史を持つ別々の村に分かれている。グラフトン住民は、自分が住んでいるのはイースト・グラフトン、グラフトン・センター、グラフトン・ビレッジ、スラブ・シティ（厚かましくも住民自身から〝都市《シティ》〟と呼ばれているが、暮らしているのは数十人である）、あるいはウェスト・グラフトンだと考えている。それぞれの小さな村が一つのまとまった地区を形成しており、広がりつづける森によって村同士の分断は顕著になってきている。

ワイルド・メドウ・ロードを中心とするスールの村はバングタウンと呼ばれている。馬車で運ばれていた樽の栓《バング》がいくつか抜けて大量のアルコールが道路にこぼれたという昔の事件が、名前の由来になっている。

バングタウン以外では、飼い猫の減少と熊とを結びつけた人はあまりいなかった。だがバングタウンの人々は、熊が猫を好物としていることに大きな動揺を覚えた。

もしかして猫食いは、人食いへと通じる〝入り口の薬物《ゲートウェイドラッグ》〟ではないのか？

人々は予防策を講じた。

犬を散歩させるときは、錆びた線路が敷かれたままの廃線跡の道路など、熊がよく出没する場所を避けるようになった。庭仕事の際には、万一に備えて銃を身につけた。そして小さな子どもから目を離さないようしっかり気をつけた。おそらくそれは、一九〇五年四月二七日の事件が念頭にあったからだろう。その日、走って遊んでいた二歳のエルウィン・ブレイリーは、自宅であるバングタウンの農家の角を曲がり、束の間母親の視界から消えた。幼いエルウィンは叫び声をあげ――のちに母親は、それが喜びの声か恐怖の声かはわからないと述べた――その後二度と姿を現さなかった。母親は、豹もしくは熊の仕業だと主張した。多くの住民は目を離した母親を非難したが、刑事責任を問われることはなかった。

いずれにせよ、一九九九年の猫食い熊の出現は、グラフトンの災厄の年における一つのちょっとした事件にすぎなかった。六月の干魃と七月の熱波は、九月にはすぐに忘れられた。猛烈なハリケーン・フロイドがこの地を襲って、送電線を切り、屋根の板をはがし、木々を根元から引っこ抜いたからだ。カラカラに乾いていた町は、ほんの数日で水浸しになった。すぐに、過去五〇〇年で最大の洪水がグラフトンの砂利道を深さ二メートル半までえぐり取り、住民の一部を外界から孤立させた。小規模で設備の乏しいグラフトンの道路整備局は、洪水が引いたあとの膨大な作業にてんてこ舞いになった。グラフトンの町当局との話し合いではよくあることだが、誰かが怒りのあまり町所有のダンプカーの窓を叩き割った。

これが、私が最初にグラフトンに注目するきっかけとなった、スールによる猫食い熊の物語である。当時日刊の地方紙『バレー・ニューズ』の記者だった私は、たちまち、グラフトンに棲息する熊は〝珍しい〟から〝前代未聞〟までのどこかに位置する行動を示しているのかもしれないという考えに取りつかれた。

最初、グラフトンで多くの猫が熊に食べられたことなど信じられなかった。いや、グラフトンの一匹の猫が一頭の熊に食べられたことすら。映像による証拠はない。猫がニューハンプシャーの森の中で消えたとき、たいていは別の動物、たとえばコヨーテの仕業だとされる。一人のペット捜索専門家はこう話してくれた。「原因がはっきりわかるのは、食われたペットの残骸が見つかったときだけだ」

私はインターネット上と、町じゅうの木々に留められた張り紙での、グラフトンの行方不明の猫についての掲示に注意を払いはじめた。
「黒いぶち、あるいは斑点のある白猫。名前はアビー。（中略）この子がいなくなって、私たちは寂しくてたまりません」一枚のビラにはそうある。別のビラは、ブッダ（大柄、オレンジ色、長い毛）、ブライス（白い斑紋のある茶色と黒の虎猫）、ブラザー（「この子が行方不明になったのは初めてで、私たちは打ちひしがれています」）についての情報を求めていた。

何かが下草の中から現れて、人目を盗んで猫を引っつかんでいるらしい。本当に熊の仕業だとしたら、グラフトンは侵略の真っ最中ということになる。

あるいは――私は間もなく知ることになるのだが――二つの侵略の。

第二章　厄介な課税

父が最初にここに定住したとき、
当時は開拓の最前線だった。
豹の雄叫びは夜を恐怖で満たし、
熊は豚を襲った。
——エイブラハム・リンカーン、『熊狩り（The Bear Hunt）』（未邦訳）、一八四七年

ニューイングランドの入植者は、君主国イギリスとの戦いを始める前から、地域の熊との長年にわたる戦いに従事していた。一七七六年の夏、エレアザル・ウィルコックスという若者は、暴力的な出来事によって心底その事実を痛感した。

前年の秋に故郷コネチカット州の海岸地方からニューハンプシャー州の森林開拓地帯に移住して以来、この新婚ほやほやの筋骨たくましい二五歳にとって、人生は困難になっていた。ここでは、道路がないため「最悪の粗食と最低の質素な暮らしを強いられた」と、ある歴史家は述べる。豆粥、革の服、手作りの家具が普通だった。「どんな作物を植えるにも、まずは生い茂る木々を地面から取り除かねばならなかったし、昼に夜に丸太小屋の周りをうろつく熊や狼には常に用心が必要だった」

エレアザルは新参者ではあったが、安全な丸太小屋を離れるときはズボンのポケットに数発のマスケット用銃弾を入れておくことは心得ていた。初夏のある日、牧場に向かっているとき、初めて巨大な熊を目撃した。自動車七台分ほど離れたところにいる（と言われてもエレアザルには理解不能だっただろう、当時自動車はまだ発明されていなかったのだから）。彼はあわててポケットから一発の銃弾を取り出し、寸分たがわぬ正確さで狙いを定めて発射した。銃弾は頭に命中した。

熊はドスンと倒れた。ところがエレアザルが死骸に駆け寄ると、そいつは死骸らしからぬ動きで立ち上がり、血を垂れ流しながら森の中へと逃げていった。

熊を追うのは愚かだったかもしれない。農地内の整備された牧場、開けた視界、頑丈な家は、明るい安全なオアシスという役目を果たしている。一方向こう側の熊の国では、そびえ立つ黒いトウヒやアメリカツガ、裸のオーク、無情なヒッコリーが、不変の闇を作り出している。枝を広げるバルサムモミに支配されたエリアもある。バルサムモミの針状葉は非常に太く、視界はほぼ完全に遮られる。ほかのエリアは泥で覆われているかイバラが生い茂っているかであり、いずれにせよ熊の姿は隠れ、人間の動きは妨げられる。

しかし、単なる熊に農場の近くをうろつかれるだけでも危険だが、手負いの熊に農場の近くをうろつかれるのはさらに危険であり、放っておくわけにはいかない。

エレアザルは熊に詳しい友人ジョシュア・オスグッドに協力を求め、二人は乾燥しかかった血糊の跡をたどって湿った春の森へと入っていった。何キロも進むうちに、血は粘っこくなってきた。まだ新しい。熊を狙い撃ちできる確率を高めるため、彼らは二手に分かれた。そういうわけで、熊が襲ってきたときエレアザルは一人きりだったのだ。最悪のタイミングでマスケット銃は不発に終わり、熊を仕留めることはできなかった。

ある話によると、熊はエレアザルの頭を殴り、彼は倒れたあと膝立ちになったが、熊は上からのしかかったという。別の話では、熊はエレアザルの手から銃を払いのけて（子孫はその爪痕のついた銃を家宝として大切にした）彼の体を引っつかみ、エレアザルは熊の舌をつかんで助けを求めて叫んだ。

オスグッドが駆けつけたおかげでエレアザルは命を取り留めたが、背中の損傷と四二箇所の浅い傷を負い、担架で妻のもとへ連れ帰られることになった。生き永らえたものの、二度と元の健康体には戻らなかった。子どもを持てるようになるまでには長い歳月を要し、残りの人生は彼が〝熊発作〟と呼んだものに苦しめられた。

エレアザル・ウィルコックスは、ニューハンプシャーの原始林に棲息する熊を見つけた多くの入植者の一人にすぎない。その証拠に、現代の地図には、ベア・ヒル、ベア・ホロー、ベア・ポンド、ベア・ブルック、ベア・クリークといった地名が数多く見られる。ベア・ワールドと名づけられた特徴的な山岳地帯は二箇所ある。ウィニペソーキー湖のベア島は、一七七二年に測量士の一団が銃とナイフを用いて四頭の熊を血みどろになって打ち負かしたことから、その名を得た。

熊にとって、農場はその地の風景に新たに加わった歓迎すべき対象だった。

「熊はトウモロコシの列と列のあいだの通路に入る」当時のある記事は述べる。「そして両側の茎四本を前足で自分のほうに折り曲げ、トウモロコシを貪り食う。熊はそうしながら畑の中を進んでいき、大量のトウモロコシをだめにする」

トウモロコシに加えて、熊は甘いリンゴも好んだ。大挙して羊を襲った。小屋いっぱいの若い豚を貪った。ニューイングランドの農業経済全体が、熊の底なしの胃袋の中に消えていく危機に直面していると思われることもあった。

さらに悪いことに、熊は銃で狙い撃ちにされない限り、青白い顔の霊長類がそばにいても恐れる様子はほとんどなかった。グラフトン郡の熊猟師ジョナサン・マーストンは、熊によって木まで追い詰められ、下りられないまま一晩を過ごした（最終的に捜索隊が膠着状態を終わらせてくれた）。熊は家畜小屋をうろつき、台所の窓から中を覗き込んだ。二足歩行するヒトの肉が肉汁したたる羊の肉を料理するのを分厚い熊の肉が見つめていたのである。

時には人間自身が餌になった。

一七八四年八月のある夜遅く、ミスター・リーチという人物が、熊が八歳の息子をつかんで牧場から下草のほうへと引きずっていくのを目撃した。ぎょっとしたリーチは木の棒で攻撃したが、棒は「彼の手の中で折れた。熊は餌食を置いて親のほうを向き、親は心を痛めつつ後退して助けを呼ばざるをえなかった」

苛々と一夜を過ごしたあと、捜索隊は短くぞっとする跡をたどって少年の遺骸を見つけた。喉は引き裂かれ、片方の太腿は食べられていた。熊は下草の中から現れて人間たちを追い払おうとしたが、彼らは銃弾を浴びせて熊を倒し、死骸を焼いた。放っておいたら生き返る悪魔であるかのように。

夜に熊を遠ざけておくのは不可能に近い。豚の臓物を餌にした木の檻の罠は、作るのに骨が折れる割には、たまにしか捕獲できない。夜じゅうトウモロコシ畑の番をするよう訓練された犬は、銃を持った農夫が援護に駆けつける前に、襲ってきた熊に殺される可能性が高い。家畜や作物を一晩じゅう見張る農夫もいたが、これは危険なうえに、「退屈すぎて長続きしない」と言う者もいた。

一つの対策は、「銃弾を装塡した銃を置き、引き金に結びつけた紐を畑に張り、歩いてきた熊が紐に引っかかって引き金が引かれ、自らを撃ち殺すようにする」というものだった。利口な方法ではあるものの、こうした仕掛けの残忍な欠陥はすぐさま明らかになった。

「仕掛けを知らされていない者が」当時のある人間は書いた。「畑を通り抜けるとき銃で死ぬか負傷するかする可能性があり、事実、こういう銃の設置によって死人が出た例もあった」

入植者から大海を隔てたところにいるイギリスの君主は、ほかの多くの不満を理解していなかったのと同じく、アメリカの熊問題の緊急性を認識していなかった。イギリス政府が熊の対処に関与しなかったのは、人智を超えたおおいなる力への信仰に基づいて築かれた国としては当然のことだった——熊殺しは二〇〇〇年のあいだ、神もしくは国王の名において行われるものしか認められなかったのである。

こうした考え方は支配者階級にはよくても、被支配者階級にとってはなんの利益にもならなかった。アメリカの革命家たちは哲学者ジョン・ロックによって最初に広められた思想に後押しされて、イギリスのやることなどクソくらえと言った。アメリカ合衆国憲法と独立宣言に結実することになる議論の中で、彼らは絶対権力を持つ国家という概念を否定し、神の法ではなく被統治者の同意によって統治する権利を主張した。

個人の権利といういささか目新しい概念を認めて間もなく、アメリカの革命後のリーダーたちは熊の問題に取り組んだ。ところが彼らは、自らが生み出したジレンマにとらわれてしまった。どうしたら自由の名において熊を殺すことができるか、というものだ。

熊を殺すよう人民に命じるのは君主制のにおいがする。費用のかかる国営の熊退治隊の資金を調達するには不人気な税金を課さねばならない。

立法府はこういう選択肢の代わりに、個人が自由に行動する権利を損ねない安価な解決策を考え出した。熊の頭に賞金をかけるのだ。この少々資本主義的な新制度が導入されるやいなや、武器を持つあらゆる農場所有者は、両耳のついた成獣の〝熊野郎の頭〟で儲ける賞金稼ぎ候補になった。

そして、ニューハンプシャー州の自由愛好者たちが熊に対して武器を取るよう求められたとき、グラフトン郡は戦いに突入した。

ある農夫の妻は真夜中に手斧で熊を襲った。筋骨隆々で知られるジョセフ・ハッチは、母熊二頭と子熊四頭が収穫したトウモロコシを食べているのに気づき、大釘を持って熊を追い散らし、その後、彼の隣人が熊を撃ち殺した。容赦なく尖らせた釣り針の束を球状の獣脂の中に隠して、熊の内臓を文字どおり引き裂いた者もいた。猟師は熊を木から撃ち落とし、罠猟師は二人一組になって死んだ熊を棒から吊るして持ち帰った。ある一〇代の若者二人は、家の近くで背の高い松の木まで追い詰められた熊を見つけた。家族のマスケット銃には点火装置がついていなかったので、暖炉から取ってきた金属製の火かき棒で火薬に火をつけた。熊の肉はその年、家族を飢えから救ったと言われている。

実質的に必要がなくなってからも、熊殺しは広く行われつづけた。男の子は大人になるための通過儀礼として熊を撃ちたがった。中年男性は自分の男らしさを見せつけるために熊を撃った。老人はいつでも使える状態にした銃を持って森を歩き回った——普通なら定規を手にしてズボンをおろして定規で測ることでしか表現できない神聖なる〝あれ〟を、少なくとも今はまだ持っていることを示すために。

リチャード・〝ディック〟・フレンチはグラフトン郡の誰よりも多く熊を殺したと自慢した。そしてジョナサン・マーストンは——怒った熊に木まで追い詰められて一晩を過ごしたあと——自分はアメリカの誰よりも「多くの雌熊を殺した」と言い張った。どちらの男が殺した総数も記録に残っていないが、仕留めた数を吹聴した彼らのような人々以外も多くの熊を殺したことを考えると、犠牲となった熊の総数はかなりのものだったに違いない。

ベンジャミン・ロックというグラフトン郡の信心深いメソジスト教徒が熊に追われて自分の農家から逃げたあと、彼の伯父のトム・ロックが一シーズンで一六頭を殺した。郡内の別の場所では、あるスコットランド人が、一七二七年に祖父がスコットランドから持ってきた鉄の歯つきの巨大な罠で熊を捕獲した。彼が殺した熊は四九頭で、中には体重二〇〇キロのものも含まれていた。

熊殺しは男らしさの象徴とされ、熊を狩る武勇に欠ける人間は肩身の狭い思いをした。一八一五年、隣接するバーモント州の知事ジョナス・ガルーシャは、再選を目論み、前例のない狩猟方法で〝オールド・スリッパリースキン〟という格別悪名高い熊を狩ってみせると宣言した。体に雌熊のにおいをつけて堂々と森に入っていったが、熊に追いかけられて全速力で随行団のもとに逃げ帰った（そして知事選で落ちた）。

一七八三年、アメリカ入植者は一万五〇〇頭分の熊の毛皮をイギリスに輸出し、一八〇三年にはその数は二万五〇〇〇以上に上昇していた。値段は一頭分につき四〇シリング。熊の個体数が減少すると、風景は町の人々の心を支配する神秘的な力を失った。この地域の恐ろしい森林は、人類が進化したアフリカの広大なサバンナ地帯を模したような草原に変わっていった。

民兵のような集団が続々と熊の牙城の奥深くへと侵攻した。アンドーバーでは、羊を失うのを心配して、「戦いに加わるよう説き勧めることのできた大勢の男たち」から成る武装隊が二年連続で岩や谷だらけのラギド山に攻撃をかけた。「この最後の狩りのあいだ、叫び声や銃声がやかましく響き、生き残っていた獣(目撃されたのはそのうち数頭)は恐れをなして逃げていったものと思われる」と彼らは書いた。

何年もが経過した。何十年もが経過した。数えきれない何千という熊が、一頭また一頭と殺され、数えきれない何千という木が、一本また一本と切り倒されていった。熊の皮も木材も、数えきれない何十億ドルもに現金化された。その後入植者たちは新しい世界で子孫を育てた。打ち負かされた――ように思える――野生動物の骨で作った世界で。

グラフトンの最初の入植者がやってきたのは、この略奪と熊との戦いという緊迫した状況のさなかだった。陸軍大尉ジョセフ・ホイトとアーロン・バーニーは、熊のはびこるコネチカット川渓谷で新たな人生を切り開くことを願って、一〇〇本のリンゴの木、自分たちの家族、ほか数十人の楽観主義者を伴ってきた。

この雑多な集団には、齢一六にして既に独立戦争の退役軍人であるイーライ・ハスキンズ、ホイト大尉の弟ジョナサン、靴職人(その頭は牛の引く荷車の車輪に押しつぶされる運命にあった)、スミスやディーンやコールやゴーヴなど短音節の名前を持つ数人の農夫、そしてバーニーの息子ジェーベズ・バーニーが含まれていた。ジェーベズはのちに、郡史には〝ミス・バーニー〟とだけ書かれた若い女性と結婚することになる（二人はいとこ同士だった）。

入植にとって非常に重要な最初の数年間、ホイトやバーニー、そのほか壮健な多くの男性は、できたばかりの大陸会議を率いるジョージ・ワシントンの下で国民軍に仕えるため召集された。残された女性は子どもや老人の世話をし、「森には夜ごと、狼などの獰猛な動物たちが吼えて戦う音が鳴り響いた」と、地元の歴史家は書いている。

入植者たちは、常に恐怖の中で生きていることから来る激しい憎悪を抱いて熊を嫌った。だが、彼らがもっと嫌うものがあった。税金である。

グラフトンの開拓者たちは、税金を払うためにこの人里離れた荒野を切り開いたわけではない。それどころか、彼らはどんな種類の規則も望んでいなかった。

彼らがまず行ったのは、何世紀にもわたる伝統的なアベナキ族の法を完璧に無視して、建国の父ジョン・ハンコックやそのほかの投機家から土地を買うことだった。ハンコックはこの土地をイギリスの国王ジョージ三世から買っていた。ジョージ国王はこの土地を神から与えられていた。

アベナキ族を無事に追い出したあと、グラフトンが二番目に行うべき仕事はジョージ国王を打倒することだった。神はジョージに、煩わしい税金や政策を押しつける神権をも与えていたのだ。たとえば、イギリスはニューハンプシャーの森林地帯の住人に、海軍の船の帆柱にするため、入植地にそびえるストローブマツを保護するよう命じた。この命令はパインツリー暴動を引き起こした。その暴動でグラフトン地区の住民は王制主義者の保安官と保安官代理の武器を取り上げ、彼らを木の枝で鞭打ち、馬に乗せて家まで送り返した。馬は毛を剃られ、耳を切り落とされていた。怒りを向ける相手を間違えた不幸な例である。

税金反対、法律反対の気運に乗ったグラフトンの入植者たちは、自分たちのコミュニティにグラフトン公にちなんで名前をつけた。グラフトン公は悪名高き好色なイギリスの貴族だが、アメリカの入植者にかける税金を減らすべきだと国王に進言したことでこの栄誉を得ていた。

独立戦争でワシントンの軍が有利になりはじめた頃、グラフトンの誇り高き税金反対論者の革命家たちはとんでもなく悪い知らせを受け取った。大陸会議は、それまでのイギリスと同じく、グラフトンに税金を課すつもりであるという。

〝保護〟といううさんくさい恩恵に対する新たな税金に直面したグラフトン住民の多くは、自分たちは一人の歓迎されざる主人を別の歓迎されざる主人と取り替えたにすぎないことを悟った。そのため、アベナキ族とイギリスの法律の両方から無事に逃れたグラフトンにとって、三番目に行うべき仕事はアメリカ合衆国の税金を逃れることだった。それは現在も続いている課題である。

アメリカ独立宣言の一年後、グラフトンは記録に残る中で最も古い、税金をめぐる騒動を起こした。町の指導者層がこの地を統治するニューハンプシャー評議会に対して提出した、税の免除を求める一七七七年五月の請願である。

この時代には不正確なスペリングがよく見られたことを考慮しても、請願書は非常に読みにくいものだった。いきなり自分たちが住む州の名を〝ニューハンシャー〟と間違えたことから始まり、そこからどんどん悪化して、州の役人に〝貴行〟や〝責方〟や〝貴法〟と呼びかけたりしている。

「我々はこの機会をとらえて、貴方は我々が払える以上の悦金を求めていることをお知らせします」と彼らは書いた。この課税停止の要求を、誇り高く「止めてください」と締めくくった。

バーニー一家を含むグラフトン住民一九人が署名したこの請願書は馬でニューハンプシャー評議会に届けられたが、返事はなかった。

二年後、町はまたしても、さらに熱心にしたためた（そしてさらに読みにくい）税金免除の請願書を送った。書いたのはジェーベズ・バーニーである。いとことの結婚によってグラフトンの書記官というリーダー的役割の資格を失うことはなかったらしい。

「我々に果され、我々が従がうことが期体される悦金を払なければいけないなら、我々の多くはすべての人から笑いものにされます、我々のほとんどを苦しめたこの困難な時代にこの荒屋に来た我々の大部分は」彼は書いた。

こうした手紙は要請として書かれていたが、州の会計担当者は、納期が来てもグラフトンから税金が支払われていないことに気づかないはずがなかった。

グラフトンの請願は、実際のところ単純な二段階の計画の一部分だった。

一段階目：税金を払わずにすむよう頼む。

二段階目：税金を払わない。

納税の怠慢に、州政府はやきもきした。ニューハンプシャー評議会自身も財政難に陥っていて、それほど多くない職員に給料を払うことすらできずにいたのだ。評議会の初代議長、ハーバード大卒のミジーチ・ウィアは、こうした田舎者たちが露骨に租税回避していることに憤慨したようだ。

苦悩に満ちた（しかし文法的に適切な）手紙の中で、ウィア議長は「グラフトン郡は、二、三の町を除いて、数年間まったく税金をおさめておらず、法律もどんな正当な規制も完全に無視しています。（中略）彼らが交渉を行っているとは、まったく思えません」と不平を述べている。

ホイト家やバーニー家の人々はハーバード大の学位を持っていないかもしれないが、単に支払いを控えるだけではウィアの派遣する税金徴収人を永遠に避けていられないことは理解していた。だから彼らは、理性ある人々のコミュニティならするであろうことをした。

国から独立するための投票を行ったのだ。

法律に対するそれほど大それた反抗を実行する機会は、一七八一年一月に訪れた。バーモントのリーダーが州境に近いグラフトンを含む一〇以上の町を正式な会議に招待したのだ。バーモントはイギリスとの戦いに兵士を派遣したものの、厳密に言うと独立した共和国であり、正式にはアメリカ合衆国の一三植民地と同じ立場ではなかった。

会議場でバーモントは、境界を広げてグラフトンやその近隣の町を編入させることによってアメリカ合衆国への義務から解放できると提案した。グラフトンの代表者はすぐさまそんなバカバカしい提案に反対票を投じ、馬に乗って故郷に戻りかけた。

そのとき会議場の扉が開いて、遅れて到着した人物が現れた。イーサン・アレン大佐、イギリスの捕虜として三年近くのあいだ鉄格子のはまった独房で過ごした気性の激しい農夫である。アレンはグラフトン人の自由への熱望をよく理解していた。

アレンは彼らに、「バーモントに加入すれば重い税金の負担を免れるという利点がある」と示唆した。

だが、と代表者は尋ねた（彼らの不愛想さと疑念は我々にも想像できる）、バーモントでの税金はどうなんだ？

バーモントの住民はいかなる種類の税金も払っていない、とアレンはしたり顔で答えた。共和国は、国王派から奪った土地や家を売って財源をまかなっていた。

こんなあぶく銭がいずれ尽きるのは明らかだったが、ニューハンプシャーから離脱するという考えは、もはやバカバカしいとは思えなかった。それどころか、グラフトンは魅了された。会議の出席者たちはあわてて最初の決断を覆し、分離提案をそれぞれの町に持ち帰ることにした。川の向こうの共和国では税金を取らないと聞いて、グラフトンの有権者は賛成し、ラッセル・メイソンをバーモント議会に送り込んだ。

ニューハンプシャー評議会に話を戻すと、税金に関するグラフトンの非妥協的態度によって既に神経をすり減らしていたウィア議長は、腰を抜かすような報告を受け取った。バーモントのピーター・オルコット准将が、バーモントが独立戦争から抜ける――イギリスと同盟すらする――権利を守るため、グラフトン地区で一万人規模の部隊を召集しているという。

田舎者どもに打ち負かされることを恐れたウィアは、当時最高の権力と影響力を有していたジョージ・ワシントンを訪ね、助けを求めた。まだイギリスと戦っていたワシントンは仏頂面で、もしバーモントがこのような態度を続けるなら、「共通の敵に背を向け、全勢力をバーモントに向けて完全に叩きつぶす」と約束した。

残念ながら、グラフトン人にとっては、すべてが見かけどおりというわけではなかった。アレンは彼らの前に税金のない共和国という餌をぶら下げていたが、本当の目的はバーモントを州にすることだった。バーモントが確立されたニューハンプシャーの領土を求めたのは、バーモントを併合して消し去ろうとするニューハンプシャー州の目論見に対抗するための取引材料だった。ニューハンプシャー、バーモント、大英帝国、大陸会議のあいだの壮大な駆け引きにおいて、グラフトンは単なる手駒にすぎなかった。

交渉は何カ月も続いた。そのあいだグラフトン人は、ニューハンプシャー州グラフトン郡に住みながら同時にバーモント共和国グラフトン郡にも住むという状況に置かれていた。

煩わしいことに、ニューハンプシャーとバーモントは係争中の地域にそれぞれ独自の郡保安官候補を指名した。夏から秋にかけて二つの刑事司法制度が不安定な休戦状態の中で共存し、それぞれの保安官は自分たちの法律を守らせようとした。一七八一年一一月、バーモントの法律に従う保安官代理アイザック・グリズウォルドがニューハンプシャーの法律に従う保安官イーノック・ヘイルを逮捕したことで、休戦は破られた。

事態は悪化し、グラフトン地域はニューハンプシャーに対抗すべく軍の動員を始めた。地域を守るため六〇〇人の戦闘員が待機していると知らされたウィア議長は、内戦に備えて兵士一〇〇〇人を召集するようニューハンプシャー軍に命じた。

最終的に流血は避けられた。交渉の末に、州として認めるという約束を引き出したバーモントが兵を引いたのだ。

仲間を失ったグラフトンは、アメリカ合衆国軍に対抗する望みも失い、渋々ニューハンプシャー州の権威を受け入れた。だがグラフトンにとって、アメリカ合衆国政府はその前のイギリスと同じく未来永劫抵抗すべき支配勢力でしかなかった。

そのあいだも、課税は続いた。

バーモント議員という高い地位を解任されたラッセル・メイソンは、グラフトンの新たな〝町の書記宮〟(彼はそう書いた)に指名された。一七八三年、メイソンはニューハンプシャー税当局に宛てて新たな請願書をしたためた。

「我々の権利の用語者たる貴方へ。この大変なときに我々を開放してくださるようお願いします。どうぞこの願いを認めてくださるよう折っております」

このような金の欠乏は「自由な人々が経験したことのないものです、税金は高い、町には税金の二〇分の一を払える金もない、それは以上な割合です」

不本意ではあってもアメリカ合衆国に対する忠誠のなんらかの証を提供する必要があるのはわかっていたので、グラフトンは新たな提案を行った。現金でなく、穀物で税金を払うと宣言したのだ。

ウィア政権からなんらかの返答があったとしても、それは歴史の中で失われてしまった。

第三章　論理的なリバタリアン

閣下
ご親切にもお送りくださいました弓と矢について、また、その後私が受け取って現在良好な健康状態にある二頭のハイイログマについても、どうか感謝の気持ちをお伝えさせてください。

――トーマス・ジェファーソン、短期間ホワイトハウスの庭に住んだハイイログマについての一八〇七年の手紙（熊はその後ジェファーソンからある男に与えられたが、男は熊を飼い馴らすことに失敗し、射殺した）

ジョン・バビアルッが一九六〇〜七〇年代にコネチカット州サウシングトンでポーランド人移民の息子として育ったとき（英語は彼にとって第二言語だった）、彼の家庭は、暴虐の限りを尽くした独裁政府の亡霊に取り憑かれていた。

「父と母は第二次世界大戦中、政府による弾圧を受けた」彼は言う。「父は共産党によってシベリアに連れ去られ、母はナチスの強制労働収容所に送られた」

政府による過度な支配には気をつけろと言われて育ったバビアルッは、アメリカが権威主義に陥る兆候に用心するようになった。実家を離れたあと、彼は空軍で無線通信分析の仕事についたが、在籍したのは四年間だけだった。当時黎明期にあったコンピュータープログラミング分野に適性があると気づいたからだ。黒い虚空に光る明るい緑の文字の並びによって正しい答えが定められる、論理に基づいた世界である。彼はサクラメントを拠点とするコンピューターユーザーのグループに加入した。その中には、コンピューターソフトウェアが社会の本流になる前の、ソフトウェア界での超大物も含まれていた。

「ずっとそこにいたら、たぶん俺はシリコンバレーの天才の一人になってただろうな」

だがバビアルツはデータ・プロダクツ社という会社でソフトウェアやハードウェア設計の仕事につき、その後は自ら、主に工場自動化事業向けのコンピューター・コンサルティングの会社を立ち上げた。一九八七年、三一歳の誕生日の四日後（そして昼休みの少し前）、バビアルツは広大なエトナ本社での新たなコンサルティングの仕事の初日だった。エトナ社はコネチカット州ハートフォードのダウンタウン、ファーミントン・アベニューを挟んで聖ジョセフ大寺院の向かい側にあった。

常に自信たっぷりのバビアルツは、ある魅力的な女性にそっと身を寄せた。

「あのさ」彼は言った。「誰も窓から飛び出してないよな」

「みたいね」女性は答えた。彼女の名前はロザリー。バビアルツを作業場所まで案内するのが仕事だった。また、彼を昼食に連れていくよう命じられてもいた。

バビアルツは、誰も飛び降り自殺をしていない理由を知っていると言った。

「窓が開かないからさ！」この落ちはクスッという笑いを誘った。たいしたものではないが、出発点としては充分だ。

エトナ社で自殺がないことについての冗談は、別の日なら悪趣味だっただろう。しかしその日は一〇月一九日月曜日だった――別名ブラックマンデーである。株式市場は過去五〇年以上の中で最大のパニックに陥り、バビアルッはエトナ社の最大の稼ぎ頭、投資部門のコンサルティングをしていたのだ。「みんな走り回って叫んでた。『市場が崩壊する!』ってね」のちにバビアルッはそう振り返った。

急速な暴落を見た株式投資家たち――高級料理と高級ワインを燃料として動く超合理的計算機として知られる人々――は、その日のヒステリーよりも、株式市場の長期的な成長実績をもっと重視すればよかったのだ。ところが、彼らの糊の利いた白いシャツは突然、鼻をつく恐怖のにおいの汗でぐっしょりと濡れた。利口な人々、何十年も株式市場を研究してきた人々は、非合理的に行動した。

投資の専門家が右往左往しているとき、多額の投資をしているバビアルッが冷静さを保てたのは、不思議に思えるかもしれない。だがバビアルッは、プログラムを書くだけではなく、論理に忠実なことでは投資家にも勝る人々のグループに属していたのだ。リバタリアンである。

リバタリアンはアメリカについて、個人のおおいなる自由、非常に小さな政府、気候変動や教育の不平等や医療費の高騰といった社会的問題を解決する純粋な市場というビジョンを描いている。

リバタリアンが信じているのは、宗教的価値観や、弱者を助ける道義的責任ではなく、合理主義である。共和党支持者、民主党支持者、リバタリアンそれぞれの性格の違いを分析した二〇一二年の研究で、リバタリアンは政策問題を解決するのに論理と認知能力に最も重きを置いていることがわかった。

一九七一年に結成されたリバタリアン党は、論理を重んじ権威主義的な政府を信用しないバビアルッのような何十万ものアメリカ人を引き寄せる磁石となった。

だが一九八八年、リバタリアン党の指導者たる元下院議員ロン・ポールが大統領選挙で〇・五パーセントしか得票できなかったことで、論理主義者が直面する根本的な問題が明らかになった。自分たちの優れた思考能力を、傍流から脱して政治的本流に持っていくには、いったいどうすればいいのか？　感情的であまり頭脳明晰でないアメリカ人に、リバタリアン率いる社会がどれほど素晴らしいかを教える必要がある。

一九九二年にバビアルッとロザリー（こちらもリバタリアン）が結婚して、コネチカットの高い所得税から逃れるため州を離れる決断をしたとき、党はまだこの問題に頭を悩ませている最中だった。

しばらくバーモント州で暮らしたバビアルッ夫妻は、〝自由な生か、もしくは死〟を求める人々にとってはニューハンプシャー州のほうがいい選択であることに気がついた。このスローガンは州のモットーとして強く愛されている。一九七〇年代に、あるエホバの証人の信者が宗教的感情を害するという理由でナンバープレートの〝もしくは死〟の部分を覆い隠したとき、州はその信者を投獄した。

リバタリアンは自らの論理を誇っているものの、個人の権利を求める彼らの情熱は論理を超越してほとんど狂信的である。バビアルッはニューハンプシャー州のモットーを、真剣に、そして文字どおりに受け取った。

「俺にとって〝もしくは死〟は、個々の人間には死ぬときまでずっと、自由な行動を阻むいかなる勢力とも戦う（中略）義務がある、ということを意味している」バビアルッは書いた。「死は最悪の災いじゃない。最悪なのは服従だ。人間の心を奪うシステムの中で絡み合う、長年にわたる残酷さや欠乏や隷属に比べたら、すぐに死ぬほうがよほど思いやり深い」

一九九三年、ジョンとロザリーが田舎をドライブしていると、人口がまばらなグラフトンのスラブ・シティを貫く辺鄙な砂利道に出た。あたかも時間をワープして独立戦争時代のニューイングランドに出たかのようだった。自由が忠節よりも重んじられ、木が税金よりも豊富だった時代に。

壮観なスミス山を背景に、小川と耕された畑を前景にして、そのあいだに小さなレンガ造りの校舎がある格別に美しい風景の中で、ひときわ目立っているのは『売物件』という看板だった。

彼らはすぐさま、グラフトンに古くから住む家族の生真面目な女家長、ジューン・バセットに電話をした。ジューンはスラブ・シティで子どもたちを育てたあと、この校舎を離れ、グラフトンの反対側にあるトンネル・ロード沿いの高台にある農地に移っていた。

その年の一一月、バセット家とバビアルツ家は校舎の売買契約書に署名し、ジョンとロザリーは六カ月かけて、小さなピックアップトラックの荷台に載せてすべての家財道具を運んだ。

ここグラフトンで、彼らはついに自由に生きることができた。校舎にソーラーパネルを並べ、野菜を植え、農業を試みた——蜂や豚、温室、鶏や七面鳥や羊。ボランティアの消防士は、バビアルツの少年っぽい熱心さを発散するのにうってつけの仕事だった。緊急事態が発生したら、彼は映画のアクションヒーローの役を演じきった。本業はより個人的な趣味の世界になっていった。新しく作った小さなコンピューター会社を銀河ソフトウェア社と名づけ、それに続いてエンドア・コミュニケーション社（『スター・ウォーズ』シリーズのイウォークが住む星にちなんだ命名）を設立した。会社は校舎の敷地内にある小屋に置かれ、グラフトン初のインターネット・サービスを提供した。

ジョンとロザリーがグラフトンで新生活を始めた頃、町を貫く中央道路を覆う春の雪や泥には動物の糞の山や大きな足跡がどんどん増えていき、夜中にはゴミ箱が荒らされた。ジェシカ・スールの子猫が熊に捕まって間もなく、ジョンとロザリーも熊に悩まされるようになった。

「俺はロザリーに約束したんだ」かつて彼は私にそう言った。隣にはロザリーが座っている。「一瞬だって退屈させない、とね」

「私は退屈がいいのって言ったのに」ロザリーは無表情で言い返した。

熊は木製の蜜蜂の巣箱を叩き壊して、中の甘い蜜を奪った。夫妻は怯えはしなかったものの、農場での最新の試みである立派な黒い雄羊と雌羊を守るため、高電圧フェンスを設置した。雄羊は、ジョンいわく「乱暴者」で、常に彼を角で突く機会を窺っていた。それが怒りからか楽しみゆえかは定かでなかったが。

雄羊は長生きしなかった。ある日、バビアルッツが消防署の呼び出しから帰ると、羊は残忍に引き裂かれていた。

「熊は内臓を引きちぎっていったんだ」のちにバビアルッツは述懐した。「この場所はとんでもなく……」そこで言葉を切る。グラフトンが中央権力から遠いのは魅力的だが、同時に不便でもあった。グラフトンは入植時代からの荒野の環境と、野生動物についての現代のルールに従う義務との板挟みになっていたため、熊に関する彼の悩みはいっそう深くなった。リバタリアンの理想によれば、ジョン・バビアルッツは二〇〇年以上前にエレアザル・ウィルコックスが示した行動にならうことができる。雄羊を殺した熊を追跡する自由を行使するのである。しかし州の野生動物管理法の下では、彼が撃てるのは彼の財産を積極的に脅かしている熊だけであり、その表現にはさまざまな解釈が可能である。バビアルツが違法に熊を殺したことはないが、彼がこの法律に賛成していないのは明らかだった。「自分の敷地内では、自分の財産を守る権利があると思う。問題の熊を見たら、俺は対処する。議論はあとから裁判所でやればいい」

蜜蜂の巣箱から熊を追い払っていないとき、バビアルツは州の政治に専念し、ニューハンプシャー州リバタリアン党の中でとんとん拍子に出世した。二〇〇〇年、彼の立候補を願う何千もの署名を集めたリバタリアンたちによる運動に背中を押されて、ニューハンプシャー州知事選への初挑戦を宣言した。二〇〇〇年一〇月、民主党の知事ジーン・シャヒーンとあと二人の候補者とともに、バビアルツはケーブルテレビチャンネルのCスパンに登場した。初めての全国放送への出演は居心地の悪いものだった。彼は一点を見つめ、話し方はぎこちなく、練習してきたセリフを口ごもった。

しかし、いいこともあった。リバタリアン党の基本理念を、それになじみがないであろう視聴者に説明したのだ。政府の真の役目は個人の財産権を守ることであると述べ、所得税、売上税、固定資産税に対するリバタリアンの道義的反対意見を表明した。

垢抜けた対立候補たちに挟まれた彼が最高に光った瞬間は、カメラを見つめてこう言ったときだった。

「政府は解決策ではありません。政府こそが問題なのです」

バビアルツは一パーセント強の得票しか得られなかったが、二〇〇二年に再び立候補した。今回は既に築いていた政治的なコネを足がかりにして、およそ三パーセントの票を得た。ロン・ポールの一九八八年の大統領選における得票率の六倍であり、現在までのあらゆる州でのリバタリアン知事候補のほとんどよりも高い。ニューハンプシャー州でリバタリアン政治を主流にしようという継続した努力の中で、バビアルッツは、政治基盤を築きつづけることさえできれば大きな変化を起こせると実感した。

とにもかくにも、もっとリバタリアンが必要だ。

第四章　四人組の入植者

それはまるで熊と格闘したり、狂人に理を説いたりするようなものだった。残された最後の手段は、格子窓まで駆けていき、彼が襲おうとしている相手に、待ち受ける運命を知らせて警告することだった。

――エミリー・ブロンテ、『嵐が丘』（光文社、小野寺健訳、二〇一〇年、ほか）、一八七〇年

二〇〇四年二月、一台のバンがニューハンプシャー州の凍てついた小さな町をガタガタと出発し、隣の町に向かった。車内では四人の男が、タバコ、アルコール、しっかり握った銃で元気づけをしている。あらゆる会話の底に流れているのは、共和党は自由について真剣に取り組む気概に欠けているという見解だった。

バビアルツ同様、これらの旅人もリバタリアンだった。党の成長を阻む厄介な障害の一つは、たとえ行き着く先が社会的道徳観に反する暗黒の地であっても彼らはひたすら論理に従う、という姿勢だった。だからこそ、この哲学は本当の意味でアメリカ建国の原理に深く染み込んでいる。だが同じくらい本当の意味で、合意に基づく人食いが合法であるべきか否かという真剣な議論を今なお引き起こしているのである。

車による長旅には三日間の道中でさまざまな人間が入れ替わり立ち替わり参加したが、中心となる四人は最初から最後まで変わらなかった。

大げさだが巧みな話し方をする五五歳の弁護士（コンピュータープログラマーと同じく、弁護士も論理に基づいた言葉を商売道具にしている）ティム・コンドンは、三〇年間政治活動家だった。アメリカ海兵隊でベトナムに従軍して帰国したあと、保守政治家バリー・ゴールドウォーター（のちに共和党とリバタリアンの橋渡しをする重要な役を演じる）の著作にインスピレーションを見出した。

コンドンは故郷のフロリダ州からニューハンプシャー州まで飛んだ。グループで最年長、六一歳のラリー・ペンダーヴィスも同じだった。ペンダーヴィスは〝ザック・バス〟という偽名で旅をしていた。おそらくはフロリダ州保健・リハビリテーションサービス省の衛生部門で役人として働いていたときのことを知られないためだ。その仕事が突然断ち切られたのは、彼がこっそりコンピューターをさわっているのをいぶかった同僚にデジタルファイルを見つけられ、児童ポルノに関する一二九の訴因で有罪となったことが原因だった。ペンダーヴィスは二重人格だと言われることがある。実際に会っているときは控えめなのに、ネット上では口汚く相手を挑発するからだ。児童ポルノ裁判の際、検察官は判事と弁護人に大型タブレットに書かれた言葉のリストを示した。ペンダーヴィスを〝内気〟や〝内向的（introvert）〟などと表現した言葉だ。リストを陪審員に見せることに、弁護人は異議を唱えなかった。すると検察官はこっそり、〝内向的（introvert）〟という語を〝変態（pervert）〟と読めるようにペンで書き換えた。ペンダーヴィスの弁護士がこの欺瞞に苦情を申し立てた結果、有罪判決は覆った。ペンダーヴィスは無罪放免となり、ニュース記事によると喜んで新たな会社を設立した。フィリピンを中心とした花嫁通信販売ビジネスである（その時点でペンダーヴィス自身は七度か八度結婚していた。回数は短期間の重婚を一度と数えるか二度と数えるかによって異なる）。

飛行機がニューハンプシャーに着くと、コンドンとペンダーヴィスはボブ・ハルと会った。静かな物腰とディスコ時代のファッション感覚で知られる、唇の薄い裕福な三八歳のニュージャージー州の実業家だ。

このドリームチームのトリを飾るのは、バンの持ち主、もじゃもじゃの顎鬚をたくわえたトニー・リーカス。柔らかな物言いをする知的な四八歳のリーカスは、一九七九年にシカゴから引っ越してきた、この中で唯一のニューハンプシャー住民だった。職業はソフトウェアのエンジニアだが、銃器の使い方を教えるインストラクターになるという夢をふくらませていた。

多くのリバタリアンはアメリカの黎明期に強い憧れを抱いている。彼らはその時代を、政府は小さく人々は自由に生きたユートピア的黄金期と考えている。自由について語り合いながら車を走らせていくあいだに、その幸福な時代への親近感はますます強まっていった。建国の父たちと同じく、彼らもしばしば手の届くところに銃器を置いており、個人の権利を非常に強く意識している。そして建国の父たちと同じく、新たな世界を創造しようとしている。

この夢想家四人は、リバタリアン思想を主流にするという数十年来の問題を解決する計画を考えつき、現代アメリカ史上最も大胆な社会実験の道筋をつけるためニューハンプシャー州に来たのだった。フリータウン・プロジェクトである。

すべてが計画どおりに運べば、フリータウンに住む何百人もが結集して投票し、政治的刷新を起こして、アメリカの小さな町を、煩わしい規制だらけの退屈で魅力のない場所から〝なんでもあり〟の最先端地帯に変えられるだろう。ペンダーヴィスが作成したウェブサイトによれば、そこでは住民は、私有地に二台以上の廃車を置く権利、賭博の権利、学校をサボる権利、麻薬売買の権利、近親相姦を行う権利など、絶対に奪うことのできない権利を主張できるのだ。

それに加えて、ペンダーヴィスは臓器売買の権利、決闘する権利、そして、神から賜ったのに正当に評価されていないいわゆる〝浮浪者拳闘〟を催す権利をも主張しようとした。〝浮浪者拳闘〟とは、ホームレスや貧乏人が少額の金をもらって殴り合いをする見せ物だ。論理とは不可解なものである。

アメリカ初のフリータウンを作るというのはあまりに大がかりな構想で、最初から絶望的に思われたし、歴史に残るそういう地方レベルの社会実験は現にほとんどすべてが見事な失敗に終わっている。計画的な町作りではたいてい、砂漠や島など無人地帯に人為的に人を住まわせることが行われる。たとえば一九七二年、ネバダ州のある富豪とそのリバタリアンの友人たちはニュージーランドの沖合の島を独立地帯と宣言した（その主張はすぐさまニュージーランド軍によって覆された）。

資金豊富な空想家がほとんどいないため、ユートピア建設には限界があった。一から新たなコミュニティを作るには、まずはインフラを整えて人が住めるようにするのに何百万ドル、何十億ドルが必要になる。流れ作業によって自動車革命を起こしたヘンリー・フォードは、自らが計画したアマゾン川流域のユートピア、フォードランディアが一九三〇年代に頓挫したとき、身をもってそのことを知った。熱帯雨林の害虫、病気、文化摩擦、非協力的なブラジル政府という強敵に勝てなかったのである。

ニューハンプシャー州に来た四人のリバタリアンの持つ財産は、フォードなどユートピアを夢見た過去の人々よりも少なかった。しかし彼らは新たな角度から物事を見ており、それによってフリータウン・プロジェクトをマリファナが見せた白昼夢から現実に変えられると信じていた。

一から作るのではなく、現存する町の力とインフラを利用すればいいのだ。狂犬病ウィルスが自分よりはるかに大きな生物の脳に取りついて生物自身の利益に反する行動を強いることができるように、リバタリアンはちょっと力を加えて町全体を自由という方向へ動かすことを目論んだ。

州としての立場を宣言した最初の一三植民地の一つ、〝自由な生か、もしくは死〟をモットーとするニューハンプシャー州のどこかに理想的な町があるというのは、ごく当然の結論に思われた。ひたむきに自由を求める傾向のある州が多いことで知られるこの国でも、最もひたむきで、最も強い傾向を持っているのがニューハンプシャー州だった。売上税のない五州の一つ、知事の任期を二年限りとしている二州の一つ、ニューイングランドでまだ死刑を認めている唯一の州（一九三九年以降死刑は執行されていなかったが、その選択肢は残していた）。

だが、どの町がいい？　彼らはあちこち車を走らせ、町々を調べて回り、理想の地を探し求めた。ロクスベリーの町は魅力的だったものの、売りに出ている土地が少なかったので移住は難しそうだった。馬車宿的なホテルが売りに出ているレムスターは新たな革命の出発の地として有望に思えた。しかしよく調べてみると、町は土地区画規制を採用しようとしている、と誰かが教えてくれた。建築物を居住可能で火災に強いものにするための建築基準だ。これは許しがたい欠点だった。

「土地区画規制は、（中略）町への大規模な移民を阻止しようとしている既存の政治勢力によって、国家統制主義的な武器として用いられるかもしれない」コンドンはこの旅についてブログにそう書いた。

「しかも、土地区画規制の存在は、現在の民衆の中に〝おせっかいで馴れ馴れしい雰囲気〟があることを示唆している。我々が求めているのは、そのような土地ではない」

彼らは全部で二〇の町を検討し、却下した。寒すぎる、土地が充分ではない、規制が多すぎる、などなど。ついに彼らはグラフトンにたどり着いた。グラフトン郡最南端に位置する面積一二〇平方キロメートルの、熊が出没する荒涼たる田舎町。ここでは過去五年間にわたって、スールとバングタウンの隣人たちは熊の存在を示すもの——糞、足跡、目撃証言——が増えるのを見つめていた。だがグラフトンに通じる唯一の舗装道路である四号線を車で走るとき、入植者四人は一頭の熊も目にしなかった。商業もほとんど目にしなかった。実際、コーヒーショップも、レストランも、どんな種類の小売店もなかった。唯一の例外は、たった一つのガソリンスタンドを見下ろすたわんだ木製のポーチに面した、昔ながらの古ぼけた雑貨屋一軒だった。

ここは、コンドンの忌み嫌う〝おせっかいで馴れ馴れしい〟雰囲気が薄い土地らしい。実のところ、グラフトンにはこの雑貨屋以外にコミュニティとして目立った特徴がさほどないように思われた。グラフトン・センターに、歴史あるグラフトン中央教会（一七九八年築）と、昔は商業的な雲母採掘地だったさびれた観光施設ラグルズ・マインがある程度だ。目に見える町有財産といえば、小規模なグラフトン公立図書館と消防署くらい。消防署は町の事実上の救急車車庫と集会場の役目も果たしている。

やがてリーカスは四号線から離れて道を曲がり、消防署の駐車場にバンを停めた。リバタリアンたちは車を降りて、脚を伸ばしたり背骨を鳴らしたりした。この町のことはほとんど知らない。町も彼らのことを知らない。四人の移住希望者は公益にかかわる大きな問題について話すために公共の建物へ入っていったが、会議自体は公にされなかった。彼らがそこにいることは誰も知らなかった――ジョンとロザリーのバビアルツ夫妻を除いては。

現代の入植者たちは建物に入って短い廊下を歩いた。廊下には幹部のオフィスに通じるドアがいくつか並んでいる。その一つは消防署長のオフィスだ。廊下の先には広いスペースがあり、プラスチック製のテーブルとパイプ椅子が救急車両の横に置かれていた。彼らはバビアルツ夫妻とともにテーブルを囲んでパイプ椅子に座った。駐車場から彼らの靴についてきた雪が溶けて、コンクリートの床に小さな水たまりができた。

話し合いが始まるとすぐに、グラフトンは有望に感じられた。ジョン・バビアルツは、生まれながらのグラフトン住民は「官僚政治に非協力的」で「土地区画規制などのおせっかいな規制には反対」だと述べた。

それは素晴らしい。彼らは、グラフトンはいわば州や連邦政府に監視されることなく遊べる砂場だとも感じた。もはや鉄道や商業によってより広い世界とつながっていないグラフトンは、木々の中に隠された文明の小さな断片だ。そしてグラフトンには人口に比べて非常に広い土地があるため、移住希望者が住む場所に困ることはない。

入植者と地元民は頭を寄せ合い、町政の権力掌握に向けての戦略を練った。グラフトンの登録有権者数は八〇〇に満たず、その大半は投票所に現れない。志を同じくする既存の基盤にあと数十人の有権者が新しく加われば、新たな秩序に有利なように局面を変えることはできそうだ。

公立学校の学区から公的資金を引き上げることは可能だろうか、とコンドンは尋ねた。

既にそういう話は出ている、と地元の学区で給与事務を担当しているロザリーは答えた。

彼らの話し合いは途中で遮られた。グラフトン警察署の署長（そして唯一のフルタイム職員）マール・ケニヨンが通ったのだ。いつも気さくなケニヨンは、足を止めて数分世間話をしたあと立ち去った。

ケニヨン署長が姿を消したあと、入植者たちは、彼は被害者のない犯罪について人を煩わせて逮捕するような人間には見えないと結論づけた。それに、「グラフトンでは警察署長は選挙によって選ばれる」

コンドンはのちにそう書いた。「ゆえに、権力が乱用されたなら、彼を選挙で落として追い出すことは可能である」

コンドンたちはバビアルツ夫妻に尋ねた。「自由奔放なリバタリアンが大挙して君たちの静かな町を侵略することに、ためらいはないかい？……我々はグラフトンをフリータウンに選んでもいいのかな？」

「かまいません」ロザリーは答えた。

その時点で、リバタリアンたちがいわゆる〝バンパイアのルール〟によって行動していることをバビアルツ夫妻が充分理解していたかどうかは定かでない。いったん与えられた招待状は決して取り消せない、というルールである。

ジョンはにっこり笑った。

「もちろんだよ！」彼は言った。「当然じゃないか！」

リバタリアンの仲間たちは、ニューハンプシャーのリバタリアン党の土台を築くというジョンの使命に力を貸してくれるだろうし、彼がこの国初のリバタリアンの知事になるのに協力してくれるかもしれない。それにとにかく、論理的に言って、フリータウン信者もグラフトンの長年の住民も等しく税金を嫌っている。

まずいことなど起こるはずがないではないか?

第五章　激した群衆

「おい、偉ぶった熊よ」隠者は言った。「私がここで行う会話によって私の目的が正しいと感じない日は一日もない。ここで耳にし、目にするものすべてによって、目的を持ちつづける私がいかに正しく強いかが証明されない日は一日もない」

――チャールズ・ディケンズ、『トム・ティドラーの地面（*Tom Tiddler's Ground*）』（未邦訳）、一八〇一年

「一人ずつです！」議長は叫んだ。この部屋で繰り広げられるきわめてとんでもない事態を前にして、必死で秩序を保とうとしている。

このニューイングランド地方の町で行われる普段活気のない町民集会は、はるか昔のアメリカ植民地時代にその起源を有する、アメリカ合衆国に残された最も純粋な形の直接民主主義だろう。急を要する事態が勃発したなら、町の選ばれた役人たちは持てる限りの虚飾、威厳、仰々しさを発揮して、全町民を一つの大きな部屋に集める。参加者は投票者と立法者両方の役割を果たし、法的拘束力のある行動計画を提案したり、隣人が提案した計画の修正を提案したりする全面的な権限を持つ。

町民集会は、小さなコミュニティが、権力を与えられればワシントンの政治家の失敗よりもうまくで

きることを実証する機会である。

また、悲惨な大失敗を演じる機会でもある。

「一人ずつです！」議長は繰り返した。「手を上げてください！」外では、棺桶という形の暗黙の脅威が建物に立てかけられ、横には霊柩車が停まっていた。

それは二〇〇四年六月一九日、グラフトンがフリータウン・プロジェクトの実行場所に選ばれた四カ月後のことだった。そしてプロジェクトは早くも、純然たる惨事になろうとしていた。

事態は二月に、大きな秘密の計画の興奮とともに始まっていた。

二〇〇四年初頭にバビアルツ夫妻と話したあと、ハルやコンドンなどフリータウン建国の父は心を躍らせた。これは模範的なリバタリアンのコミュニティを創造する絶好の機会だ。この成功を披露すれば、政府による抑圧が唯一の方法ではないと全国に教えることができる。

ボブ・ハルはこっそり複数の土地区画を買い上げた。それには、五月半ばに買った、四号線沿いの一平方キロメートルの古いホイト農場も含まれている。彼は、リバタリアンが個々の事情に応じてこの地に永久に住むことも一時的に暮らすことも容認するつもりだった。そういう区画の一つに通じる道路を、リバティ・レーンと名づけた。

彼らはまた、必要最低限の人数のリバタリアンに、美容院も映画館もピザ店もテニスコートもコンサートも携帯電話サービスも仕事もない（グラフトンに欠けている果てしないリストのほんの数例）この辺鄙な田舎に移ってくるよう説得を始めた。コンドンとペンダーヴィスは賛美の言葉をちりばめてプロジェクトの概要を説明するウェブサイトを作り、フリータウンに来るのはリバタリアン政治における歴史的瞬間に参加するチャンスであることを説明した。そして、リバタリアンに友好的な不動産業者の電話番号を掲載して、移り住んでくるフリータウン信者が生活の変化に対応できるよう一時的な住居を紹介し、歓迎パーティを開き、できる限り地元の雇用主と引き合わせると告げた。

インターネットの狭い〝フリーダム・フォーラム〟の中にいる世界じゅうのリバタリアンには突然、自由を愛する人すべてがニューハンプシャー州に住んでいるか、ニューハンプシャー州に移住しているか、ニューハンプシャー州への移住を検討しているかのように思われた。

フリータウン信者は自分たちのメッセージ発信を自由革命の最盛期と関連づけた。ニューイングランドのアメリカ人が自らの手でコミュニティを建設した時代、一つ一つのコミュニティが住民の手で形作られるという未来への期待で活気づいていた時代だ。

しかしもちろん、実際のところ彼らは未発見の開拓地を切り開いていたわけではない。昔イギリス人が新世界だと思い込んだ場所のイバラを踏みつぶしていったのと同じように、現実にはリバタリアンは現地人が暮らす長く続いたコミュニティに押し入ろうとしており、現地人は彼らを親切な入植者や解放者ではなく侵略者と見なしていたのである。

とはいえ当然ながら、ニューハンプシャー州のほとんどの人——あらゆる場所のほとんどの人——はリバタリアンに関してなんの意見も持っていなかった。リバタリアンがやってくることすら知らなかった。

二〇〇四年春、フリータウン信者の乗った最初の数台の車が四号線を走っているとき、バビアルッ夫妻とあと数人の好意的な支持者を除けば、これから何が起ころうとしているのかを知る者はいなかった。

プロジェクトはレーダーをかいくぐっていたが、やがてリサ・ショーという地元の著作家がインターネットで詳細に述べられた計画に気づいて警鐘を鳴らした。町のすべてのアドレスに宛てたメールで、プロジェクトを好意的でない言葉で説明した(それは「非常に不愉快だった」とコンドンはのちに述べた)。グラフトン住民が、計画に関するその狭いサイバースペース（一般向け討議フォーラムやウェブサイト）に注意を向けるやいなや、すべてが白日のもとにさらされた。フリータウン・プロジェクトについての記事が地元紙で取り上げられ、その後地方紙、ついには全国紙にも載った。

テレビのインタビューで、あるグラフトン住民はフリータウン信者を「我々に自由を無理やり押しつけようとしている」と非難した。リバタリアンたちはその引用を広く流布して、自由を否定的なものとして見るという非論理的な考え方を嘲笑った。その非難はトラブルの初期の兆候だと見ることもできたが、ほとんどのフリータウン信者はまだ、税を嫌悪するグラフトン住民は彼らを解放者そして政治的同志として扱ってくれると思い込んでいた。コンドンは、「グラフトンの人々が両手を広げて我々を歓迎する」ことを期待する多くの幹部の一人だった。

ところが、グラフトンの多くの手は頑固に閉じられたままだった。グラフトンの少数派であるリベラルや親政府主義者が唖然としたのは想定内だったが、地元の態度には予想外の展開があった。フリータウン信者が政治上の仲間だと思っていた、小さな政府を信じる保守派も、腹を立てているようだったのだ。

一つの大きな問題はペンダーヴィスのウェブサイトだった。彼は大仰な語調で「権威主義者と国家統制主義者」を打倒しようとフリータウン信者に呼びかけたが、熱心なリバタリアンたちに向けたその鬨の声は、コミュニティの中で架け橋を築くに当たっては……あまり助けにならなかった、とだけ言っておこう。ペンダーヴィスはプロジェクトについて話す中で、フリータウン信者が「権威主義者と国家統制主義者」を打ち負かすと明瞭に述べた。リバタリアンの世界では、人を〝国家統制主義者〟――大きく積極的な政府を好む人間――と呼ぶのは大変な侮辱であり、激した自己弁護を誘発するという意味においてそれは〝人種差別主義者〟と双璧をなしている。ペンダーヴィスはまた、必ずやグラフトンを公立学区から脱退させ、臓器売買や食人や決闘などを合法化すると述べていた。

「人々は突然、彼の言うことに注目しだした」バビアルッは言う。多くのフリータウン信者と同じく、バビアルッは、プロジェクトのウェブサイトに載せられた意見に基づいてフリータウン・プロジェクトを批判するのは非常に不公平だと言った。

人々の怒りを静めて新たな賛同者を獲得するため、コンドンはじめ数人のフリータウン信者は町民集会でプロジェクトについて説明することに同意した。

六月一九日土曜日、グラフトンの町民集会がトラブルに向かっていることを示す最初の兆候が表れたのは、会場――廃校になって集会場に転用された校舎――が狭すぎると判明したときだった。会場は満員になり、人であふれ、午後一時の開始予定時刻には爆発寸前になっていた。中に入れなかった人々は、参加する権利を拒否されたと大声で文句を言った。

場所は消防署に移され、ピックアップトラックの隊列が新たな会場まで三キロの道のりを進み、パイプ椅子が乱雑に並べられた。ぞろぞろ入ってきた数百人の出席者の目に入ったのは、霊柩車と棺桶だった。棺桶につけられた標識は、フリータウン・プロジェクトが〝永眠〟する可能性があることを暗示している。

集会はそういう雰囲気の中で行われた。

議長が開会を宣言した直後、大柄でたくましい禿頭のリバタリアン、マイク・ローリーが群衆の前に立った。フリータウン・プロジェクトのメンバーを恐れる必要はない、と彼は言った。

「この人たちは、ご近所になったことを自慢できる類の人間だ」ところが彼の言葉は群衆をなだめるどころか、怒れる人々の顔に嘲笑の波を引き起こした。

一人の男が立ち上がり、グラフトンに引っ越してきたとき自分は投票者集団を引き連れてこなかった、とローリーに言った。男は声を荒らげていたが、それは特に注目すべきことではなかった。全員が声を荒らげていたようだったからだ。

「あんたらは何をする気なんだ？」彼は怒鳴った。

論理家たちは筋の通った理論（とおそらくは銃）で武装していたものの、すぐに集会で理を説くのは難しそうだと悟った。

ほかのグラフトン住民と並んで座っていたジョン・バビアルツは立ち上がり、次々投げかけられる怒りのこもった質問をさばこうとした。ロザリーは隣で静かに座っていた。

「ヒトラーが戦争で自分への支持を取りつけるためにどうやって国民を高揚させたのか、あの時点までは全然知らなかった」のちにジョンは言った。彼はそのときの状態を群集心理と呼んだ。「興味深かったよ、何もかも感情に基づいてたから。論理や理性はどっかに吹き飛んでた」

隣人たちに詰め寄られ、夫妻は不安を募らせた。

「今、あのときのことを思い出すのはつらいわ」ロザリーは言った。

「一〇年前から知ってた人たちだった」ジョンは言った。「それが、急に俺を悪魔扱い？　まいったよ」

警戒すべき予兆はいろいろあったにもかかわらず、フリータウン信者たちは不意を突かれていた。会場いっぱいのうるさ型たちによる猛烈な攻撃は、彼らが下調べしていたグラフトンに期待していたものとは正反対だった。集会の前、ジョン・バビアルツは彼らに、グラフトン住民は「他人にかまわない傾向がある。……皆、好き勝手に行動している」と話していた。彼らの敵だと思われているショーすら、グラフトンを「隠者の町」と呼んでいた。

ところが、目の前にいるグラフトン人たちは、絶対に隠者などではなかった。熱心に、自分たちの税金で町の図書館や消防署に資金を出し、雑貨店や荘厳な古いグラフトン中央教会といった地域の施設を支えたがっているように見えた。

コンドンはお得意の弁護士然とした話し方で、道路の民有化（各自が自宅前の道路の管理のため金や労働を提供することになる）といった措置を講じる組織的な取り組みはまったく行われていない、と言って大衆を安心させようとした。

「我々は、自由を愛する人たちに集まってもらい、ここに移住してもらいたいと考えているだけです。それからのことは、その人たちが決めるのです」コンドンが言うと、野次や嘲りの言葉が浴びせられた。

「ザック・バスの言ったことを根拠に俺たちを批判するのはやめてくれ」ローリーはペンダーヴィスの偽名を口にした（当の〝バス〟はその日、ニューハンプシャー公共ラジオの記者に、公立学校制度は廃止するべきだ、「他人の子どもの教育に金を出すよう強制するのは正しくない」からだ、と話していた）。

怒りのこもった発言が相次いだ拷問のような三時間ののち、集会はようやくお開きになった。

グラフトンの住民は異口同音に、間違えようのないメッセージを発していた――おまえたちにここへ来てほしくない。

もはやそれまで。リバタリアンたちはグラフトンを誤解していた。フリータウン・プロジェクトは死産だった。

……というわけでもなかった。

集会のあと、リバタリアンは今起こったことについて話し合うために集まった。

フリータウン信者たちは、穏やかな意見交換の場において、政府から解放された暮らしの利点を地元民に説明するつもりだった。その目論見からすると、集会は完全な失敗だった。

「一人は、『行かなければよかった。あいつらと会うことに同意したのが間違いだった。……バカにされただけだった』と言ったわ」ロザリー・バビアルッは話した。

真実を述べただけだとしてペンダーヴィスを弁護する者もいたが、落胆したリバタリアンの多くは、浮浪者拳闘のようなきわめて刺激的な話題を大々的に取り上げたことで彼を非難した。州のリバタリアン党は、自分たちはフリータウン・プロジェクトとはまったく別の組織だと考えており、グラフトンに誤った考えを植えつけたことを強い表現で非難するメールをペンダーヴィスに送った。

「グラフトンの人々は武装して危険であり、貴殿に猛烈に腹を立てています」州の党員ジョン・バーンズはそう書いた。彼はペンダーヴィスに、ニューハンプシャーから離れるよう指示した。「我々は決して貴殿を擁護しません」

ペンダーヴィスは自らのリバタリアン思想を放棄しなかったが、すぐさまニューハンプシャーでの計画をあきらめて表舞台から姿を消した。

ペンダーヴィスが即刻消えたのは、時に好戦的な姿勢が同様に疑問視されていたティム・コンドンの反応とは対照的だった（リバタリアンの中には、そもそもプロジェクトに不要な注目を集めたブログの投稿を行ったことでコンドンを非難する者もいた）。町民集会の出席者は「排外主義者や頑固な田舎者の狂暴な集団」だとほかのリバタリアンに言ったのを地元紙の記者に聞きつけられたことにより、コンドンは火に油を注いだ。その後コンドンは記者に、あれはただの冗談だったと弁解した。

集会のあと、コンドンのユーザーネームを用いたあるフォーラムへの投稿は、さらに挑戦的な調子を帯びていた。

「私が［プロジェクトに声高に反対を叫んだ人に］礼儀正しく『クソくらえ、このカス野郎』と言わなかった唯一の理由は、すべての人に対して穏やかで丁寧でいようと努めていたからだ」

バビアルツは、集会における真の過激派は国家統制主義者だと言った。彼らはペンダーヴィスを、リバタリアンは過激派だという誤解を植えつける機会として利用したにすぎない。

「『政府をもっと大きくしよう』と企む集団がある。彼らはこの機に乗じて、リバタリアンを無政府主義者か何かに見せて破滅させようとしたんだ」

何人かは、これほどの騒ぎになった以上、プロジェクトを別のコミュニティに移すべきだと提案した——ニューハンプシャー州の別の場所、あるいはもっと西部、両手を広げて歓迎してくれる可能性がまだある場所へ。だが話し合ううちに、町民集会で聞いた町の声は最初感じたほど統一したものではなかったように思えてきた。

彼らが目にしたのは、グラフトン内のある結束した〝一派〟だったのかもしれない。コンドンは、集会に現れたのが何者かは明らかだと言った。民主党支持者だ。隠者の町にも国家統制主義者は存在するのだろう。

話し合う中でリバタリアンたちは、あの敵意は必ずしもグラフトン住民の多数派を代表してはいなかったと考えるようになり、希望は再度高まった。

結局のところ、多くの人が現れて怒鳴ったとはいえ、当然ながら現れなかった人のほうが多いのだ。森の中で暮らし、欠席することによって暗黙の支持、少なくとも中立性を示したグラフトン住民は、何百人もいる。

森に住む声なき多数派。

隠者たち。

この考えが正しいとする証拠はないが、もしもフリータウン・プロジェクトが前に進んだら、彼らは地元の政府構造を崩すのに手を貸してくれるだろう。

グラフトンはまだ解放することが可能だ、とリバタリアンたちは結論を出した。ここはまだアメリカ初のフリータウンになる可能性がある。

のちに判明したように、これに関して論理家たちは完全に正しかった。

第六章　改宗した管理人

清教徒は熊いじめを嫌っている。それが熊を苦しめるからではなく、観客を楽しませるからだ。
――トーマス・マコーリー、『イングランド史（*The History of England*）第一巻』（未邦訳）、一八四八年

フリータウン・プロジェクトをきっかけに、多くのグラフトン住民は自然と、一九九〇年代初頭のある夏のことを思い出した。住民は当時、異常に多くの車が人里離れたワイルド・メドウ・ロードの奥へと向かっていくのに気づいた。近隣の人々は、州外のナンバープレートをつけた乗用車やキャンピングカーがある古い農家の玄関先にあふれ、何十人もが降りてきたと報告した。笑顔で互いに挨拶を交わしている。一部はアジア人だった。何かのカルトに思われた。

疑念を持ったグラフトン住民が町役場で登記簿を調べたところ、その農家は統一教会が購入していたことがわかった。一九七〇年代にカリスマ的教祖の文鮮明が合同結婚式を執り行ったことで有名になった全国組織である。

地元民の多くは、そんな教会が町にあることが気に食わなかった。全国メディアは統一教会について好意的でない報道を行い、その後いわゆる〝統一教会の家〟に関する黒い噂が広まった。よそ者が四号

線沿いで花を売りはじめると、いっそうカルトらしく思えてきた。

私は、ワイルド・メドウ・ロード沿いの家から熊に子猫をさらわれたジェシカ・スールに、統一教会信者がグラフトンにコミュニティを創設したときのことについて尋ねた。すると彼女は笑った。

「実はね、私が信者のリーダーだったの」


スールが統一教会への――そしてグラフトンへの――道を歩みはじめたのは一九七四年夏のある金曜日の朝、目が覚めて、自分を取り巻く感触を確かめたときだった。当時二〇歳の体の下の硬い地面、顔の近くまで迫っている葉をつけた枝、空っぽの胃袋の鈍い痛み、遠くの――でも遠すぎはしない――歩道を踏むせわしない足音。

眠りの靄が晴れると、彼女はオハイオ州コロンバスの州議事堂を囲む低木林の隙間から這い出した。ジーンズの下は裸足だ。立ち上がって、どうやって今日もホームレスのまま一日を過ごそうかと考える。《どうして私をこんな目に遭わせるのですか?》彼女は神に尋ねた。路上で寝るようになって四日になる。いや、五日だったか? しかし神は答えてくれなかった。

その後数時間、スールはベンチに座ったり、あてもなくうろうろしたりしながら、マサチューセッツ州の教会の町で過ごした子ども時代から今に至る人生を振り返った。実家は裕福な弁護士である父親に率いられており、スール自身は医師になる夢を抱いていた。夢は長続きしなかった。一四歳のとき両親が離婚し、彼女はいとこの家で暮らすことになった。

一八歳のときには、人生はいいほうに向かいつつあると思えた。アメリカ海軍に入隊して、フィラデルフィアの海軍基地で新兵と恋をした。しかし二年も経たないうちに、原因不明の発作が続いたため除隊処分となった。その男と結婚したものの、ちょっとしたアルコールの問題に思えたものは大きな麻薬の問題に発展した。ある激しい喧嘩のあと、スールはアパートから逃げた。以来、州議事堂の横で寝ている。

うなだれてベンチに腰かけ、走り過ぎるトロリーバスや歩いていく人々を眺める。昼休みのビジネスマン、もみあげを生やした工場労働者、背の高いビルを見上げる観光客、ペットや子どもにちょっと夏の運動をさせようと公園に向かう親。あらゆる人に目的地がある。あらゆる人に目的がある。

スールは決断を下した。歩道の適当な場所で、車のほうを向いて立つ。バスがやってくると、ぎりぎりまで待ち、道路に走り出てバスの正面で足を止めた。

「オハイオのバス運転手は優秀なの」のちに彼女は言った。タイミングは適切でなく、バスはかすりもしなかった。「運転手はブレーキを踏んで、飛び出してきたわ」

「あんたが何をやろうとしてたのかはわかってる」運転手は言い、スールをバスに乗せた。彼女は素知らぬふうを装ったが、運転手は彼女を二人の女性のあいだに座らせて次のバス停まで連れていった。そこでスールは、自殺の試みは出来心で気の迷いだったと言い、歩み去った。だがそのときは既に、別のもっと好都合な場所、バスがもっと速く走る場所を見つける心づもりをしていた。

バス停を離れたとき、二人組の若い女性がスールを呼び止めてチラシを渡した。スールはチラシを投げ捨てようとしたが、そのとき耳が二人の訛りをとらえた。一人はフランス人、もう一人はドイツ人だった。

「今夜スパゲッティの夕食会にいらっしゃいませんか?」二人は、ぎこちないがなんとか聞き取れる英語で話した。

それはタイミングのいい質問だった。スールは最後に食べたのがいつか思い出せなかったからだ。二人はすぐさまスールを車に乗せてオハイオ州立大学まで連れていき、若いエネルギーに満ちあふれる集会室に案内した。食事が供される前に、すべての人の目は部屋の前の演壇に向けられた。「日本人の男が立ち上がって、神は男であり女でもあると言ったの」それを聞いて、スールは自分のジーンズに思いを向けた。ジーンズは、自分が育った教会の町に対するちょっとした反抗だった。

夕食のあと、スールは週末のあいだここに泊まってほかの話も聞くよう誘われた。金曜日の夜は、神からのメッセージについて半信半疑だった。日曜日の夜には、教会に人生を捧げずにはいられなくなっていた。

「ここが好き」彼女はそう自覚した。「だいたいは良い人ばっかり。中には無知な人とか大げさな人もいるけど、ここならやっていけそう」

その週末の集会を開いたのは統一教会だった。当時、教会には五〇〇〇人ほどの信者がいた。多くは七〇年代の社会の混乱に愛想を尽かした若者だった。

スールはほか一〇〇人ほどの新たな教会員とともに、大学キャンパスの横にある元の大学寮に入居した。男性と女性は別々の階で寝泊まりした。教会は服を買い、食べ物をくれたが、スールにとって大切なのは精神修養だった。

「教えは私にとって、何にも代えがたい大事なものだった」スールは言う。

彼女は夫と和解しようとしたが、彼は禁酒という教会の厳しい方針に耐えられなかった。夫が教えを守れなかったとき、スールは新たな仲間より彼に背を向けるほうがずっと簡単だと悟った。

統一教会はまだ全国的に大きな存在ではなかったにもかかわらず、風変わりな礼拝や政治信条について早くも批判を浴びはじめていた。教祖の文は自らの富と影響力を用いて強硬な反共産主義的メッセージをマスメディアによって広めようとしていたのだ。彼は宗教色の強い企業帝国を築き、やがては大金持ちになって七〇〇万人もの信者を集めることになる。

九月、スールはほかの信者とともにニューヨーク行きのバスに飛び乗った。ニューヨークでは文本人が講演することになっている。傑出した存在感のことはいろいろ聞いていたが、実物はスールが予期していたよりずっと背の低い男性だった。それでも、文の何かがスールを引きつけた。

「あの方はスピーチを中断して、私を見てにっこり笑ってくださったの。たぶん、私の目が飛び出しそうなほど大きく開いていたから」スールは言った。「中断してこっちを見てにっこり笑って、アジア流に小さくうなずきかけてくださった」

それは電撃的だった。

「私の両側に座ってた女の子たちは、みんな同じグループだったんだけど、私を肘でつついて『あなたを見てくださった！　あなたを見たのよ！』と言ったわ」

その後、教会の上位メンバーが、あるホテルの部屋での文をはじめとした教会幹部の集まりに加わるようスールを誘った。彼女はそのあと何度もそういった場に招待された。文はスールの導師となり、両親との関係を築き直して大学の学位を取るよう彼女を励ました。文の誘いを受けて、スールなど数百人の信者はニューヨーク州バリータウンにある神学校に住み込み、そこで彼女は頻繁に文の子どもたちと接した。

教会が全国的に知られるようになると、メディアは、教会員は拷問を受けているのではないか、洗脳されているのか、と質問を浴びせた。政府職員はスールに接触し、教会内部で本当は何が起きているのかと質問した。スールから見ると、そんな質問はバカげていた。宗教的な教育が行われていただけなのだから。

「みんな、あの方はモンスターだと言う。でも、それは違う。あの方は私が生涯に出会った中でいちばん立派な人よ。私をすっかり変えてくださった」

一九七五年、スールがバリータウンに住んで一年と少しが経った頃、文は若き弟子たちに、今こそ教会の教えを世界に広める時だと告げた。多くが伝道師として外国に派遣されたが、スールなどそれ以外の者は自分なりの方法で自らの道を見つけるよう命じられた。

スールはまずミネアポリスで家族統一ネットワークという非営利団体を設立した。それが閉鎖されると、マサチューセッツ州ワラムで社会福祉の仕事をした。何年ものあいだそこにとどまり、時々文と電話で話したり、彼が講演のためにボストンへ来たときに訪問したりした。

文が一九八二年に脱税で裁判にかけられたときは、主だった宗教的指導者やリバタリアンの市民の支援を受けた。彼が実刑判決を受けると、スールは抗議として自らの体を鎖で刑務所の塀にくくりつけようとしたが、教会の友人たちが説得してやめさせた。約一年後、文は出所し、また元の地位に戻った。

文一家が企業帝国を築きつづける中で、息子の文國進に経営者の適性があることが明らかになった。

一九九三年、彼はマサチューセッツ州ウスターに主力の生産工場を置く小さな軍事企業、カーアームズを設立した。一家の経営するほかのビジネスでも主導的役割を担いつづけた。その中には韓国軍向けの軍事装備品やチョウセンニンジンを扱う事業もあった。

「あの方は憲法修正第二条［武器を持つ権利を保証した条項］を強く信じておられたわ」スールは言った。

文は、法と秩序を担う政府機関の中期的展望に関して厳しい見方をしていた。社会は崩壊寸前だと見ていた。銃は差し迫った大混乱の際に教会員が身を守るのを助けてくれる、と彼はスールに言った。

一九九四年夏、マサチューセッツ州リンに住んでいた当時三九歳のスールは、教会の理事から電話を受けた。彼はニューハンプシャー州の田舎で行う教会の夏のキャンプと研修会のことを話し、グラフトン住民の敵意が問題になっていると言った。研修会を主催するため教会が人を送り込むたびに、会に用いる無人の建物が破損されていることがわかるという。窓は割れ、物品はなくなり、時には完全に破壊されている。

スールはただちに、ニューハンプシャー州に移住して建物の管理者となることに同意した。彼女の使命は、一年じゅうそこに住み込んで、教会信者はまともな人間だとグラフトンの人たちにわかってもらうことだ。

到着した彼女はバングタウンの古い農家を探索した。いくつかの狭い寝室、大きな薪ストーブ、講義室として利用するため新しく増設した部屋。鹿や野生の七面鳥であふれる人里離れたグラフトンは、気分を高揚させてくれた。毎日ドライブをし、髪をなびかせるそよ風の感触が大好きになった。ほかの多くの人と同じく教会も、グラフトンを、文を迫害したような権力による抑制のない場所、夢を追求できる場所と認識していた。

「とにかく何もないところだった」スールは言った。「ここには道路標識もない、だから政府は私を見つけられない、と思ったの」

夏のキャンプや研修会が行われると、農家は都会から来た子どもたちでいっぱいになった。あふれた者たちは、広さ七万平方メートルの敷地内でテントやキャンピングカーに泊まった。催しが行われていないとき、ボストンの教会オフィスが電話をかけてきて、一時的な滞在場所が必要な教会員のために寝室をいくつか用意するよう命じることがあった。

ほどなく、スールは教会と地元民との対立を実感するようになる。〝統一教会の家〟の人々は乱交パーティをしているのか、といった質問を受けた。

「禁欲というのがどういうことかご存じ?」スールは言い返したものだ。「教会で結婚するために必要なものなのよ」

そういうやり取りはましなほうだった。一人の隣人は車で通り過ぎるたびに中指を突き立てる侮辱のポーズをした。夜中に教会の郵便受けを車でなぎ倒していく者もいた。それが二回続いたあと、スールはコンクリート製の柱の上に郵便受けを据えつけた。「次にやったとき、そいつのトラックは破損した。そして逮捕されたの」

スールは銃の許可証を取って拳銃を購入した。心の中では地元民を排他的な人々として見下しながらも、表向きは一般人にも開かれた教会のイベントを企画し、困窮したグラフトン住民に食料を配った。

住民の中には、教会がただでロブスターを配った日のことを長年語りつづける者もいた。

統一教会の家が非課税の教会か課税対象となるスールの住まいかという問題をめぐって、町との対立は激化した。だが最終的に、既に宗教団体として確立した地位を得ていた統一教会が勝利し、町との関係は改善していった。

グラフトンに移住して二年後、スールは最初彼女の年金の要求を拒んでいた退役軍人省に対する訴訟に勝った。長年不払いだった分を埋め合わせるため多額の年金を受け取ったスールは、その金で数キロ離れたところに自分個人の家を購入した。数年後に教会はキャンプを閉鎖したが、スールは町を離れなかった。森に覆われたグラフトンの山々と、孤独な砂利道の持つ無限の可能性を愛するようになっていたのだ。

やがて子猫が熊に食べられることになるなど、予想だにしなかった。仮に予想していたとしても、その異常な出来事が彼女を悩ませる熊問題の始まりにすぎなかったことは、さらに想定外だった——まったくなんの予想もしなかった——だろう。

第七章　凶悪な熊

彼はウィーンで、熊が檻の鉄格子の近くの水を意識的に足でかいて流れを作り、浮かんでいるパンのかけらを引き寄せるのを観察した。こうした行為は（中略）本能や遺伝的行動とは考えにくい。自然界に住む動物にはほとんど役に立たないからだ。では、野蛮な人間によるこうした行動と、高等動物によるこうした行動との違いは何か？

――チャールズ・ダーウィン、『人間の進化と性淘汰』（文一総合出版、長谷川眞理子訳、一九九九年）、一八七一年

フリータウン信者がコミュニティを自分の好みに形作りはじめたのと時を同じくして、町の熊たちは自分自身のユートピアを作ろうとしていた。

最初、熊は夜間に人知れず行動した。森から現れた妖精の小人のように。ただし靴を修理したり藁を紡いで黄金に変えたりするのではなく、コンポスト容器を割り、蜜蜂の巣箱を壊し、裏庭のグリルに残った牛脂を舐めて、空が白みはじめると同時に姿を消した。バングタウンの住民は、前世紀からある小屋が立てつづけに襲われ、住みついていた野良猫が二〇匹から減少してゼロになるのを、不安な目で見つめていた。

また、あまり熊らしくない行動の目撃情報も報告されるようになった。ある夜バングタウンで、デイヴ・サーバーというベトナム退役軍人がリビングルームのカーテンをちょっとつまんで開けたところ、熊が雪に深い爪痕を残して前庭をうろついているのが見えた。

これはどう考えても少々不自然だった。ニューイングランドの冬のあいだ、熊――もう少し正確に言うと普通の熊――は冬眠の真っ最中である。熊は五カ月かそれ以上巣穴の中で横たわり、意識は朦朧となって、心拍数は一分間に八回まで減少する。春の暖かさが新たな食用植物の芽生えを知らせるまで、食べも、飲みも、排便も、排尿もしない。

ところが、この熊は無意識状態などではなかった。カロリーたっぷりの鳥の餌箱がはるか上方に置かれている背の高い金属製の柱まで歩いてきた。柱をポキンと折ると、種がどっさり詰まった容器を易々と地面におろし、プラスチック製の箱を割ったのである。

熊が食べはじめたとき、一台の車がでこぼこの砂利道をガタゴトと走ってきた。脱獄犯を探して刑務所の庭を照らすサーチライトのように、ヘッドライトが芝生を照らす。そして熊がまさに脱獄犯のごとく、光の当たらない大きな雪だまりの陰に身を寄せて巧みに照明をよけるのを、サーバーは見た。光が去るやいなや、熊は再び巣箱に向かい、残った種をすっかり平らげ、いちばん近くの建物――おそらくは猫のいる小屋――へどんなごちそうがあるかを見に行った。

サーバーの目撃した熊の行動は驚くべきものだった。熊は単に人間が近づいたとき身を隠そうとしていたのではない。意識的に光を避けていたのだ。

つまり熊は、通りがかった人間は光が当たっているところしか見えないことを知っていたのである。

だとしたら、熊は自分を取り巻く環境の物理的特性、自分が人間の目にどう見えるかを理解し、それに応じて行動する知的能力を有していることになる。動物の知性に関する人間の一般的な理解からすると、この個体は一種の天才的な熊だと考えられる。

ある意味では、生きとし生けるものはすべて、進化によって、生きるための素晴らしい能力をその環境から獲得していると言える。棲息環境が厳しければ厳しいほど、得られる知恵も大きい。蛙を例に取ろう。パナマゴールデンフロッグは、パナマの滝の轟音のせいで相手に声が聞こえないため、ジェスチャーによって交尾の相手を引きつける。一方、ニューイングランドのハイイロアマガエルはほとんどカチカチに凍りついて生き延びることができる。冬じゅう、内臓はビーフジャーキーの小さなかけらのように固まり、体液は氷のように冷たくどろりとなる。

だがこういった生物の例外的な発達は専門家の領域である。生物の中には、多種多様な棲息環境で生きていくために頭脳を進化させて、もっと素晴らしい才能を発揮するものがいる。人間は問題解決能力を持つ動物の一つである。そして熊も。

熊には優れた身体能力があるので、そもそも問題解決が必要な理由は想像しにくい。肉球のある大きな足は頑丈なブーツのように沼地を歩くこともできる。それぞれの足にはポケットナイフ大のごつごつしたカギ爪が五ついていて、木の根や穴を引き裂いたり、枝に生ったブナの実を取るため木に登ったりすることができる。強大な力（車のドアを折り曲げることもできる）と途方もない大きさ（猟師たちはニューハンプシャー州で体重二五〇キロのアメリカグマを殺したことがある。国内で最も重い記録は四〇〇キロだった）を持つ熊は、若い鹿やアメリカヘラジカといった自分より小さい種々の生き物を好きなだけ餌食にすることができる。人間の猟師以外で熊を食べる動物は、より大きな熊だけだ（ただし研究者はアメリカグマが共食いする理由を完全には解明できていない）。

熊の視力は人間より優れており（しかも夜目が利く）、聴覚は人間の二倍、鼻は三〇キロ以上先の死骸のにおいも嗅ぎ分けられる（嗅覚はブラッドハウンドの七倍）。

熊に気づかれずにいるのは難しいし、熊から逃げるのも難しい。人間は水に飛び込んでピューマから逃げ、木に登って暴れる犀から逃げ、速く走って鰐から逃げられる。しかし平均的なアメリカクロクマは非常に速く泳ぎ、素早く木に登る。世界記録のスピードで一〇〇メートルを走るウサイン・ボルトを二五メートル離れたところから見つけ、ゴールラインのかなり手前で世界最速の男に飛びかかることもできる。

誤解のないように言っておくと、熊が人間を襲うのは非常に稀である。統計上、熊に襲われるよりは、トウモロコシの巨大な桶で窒息死する確率のほうが高い。

しかし現代でも熊の攻撃は現実に起こっており、非常に望ましくない結果をもたらす場合もある。たくましいとよく言われる三一歳の地質学者シンシア・デュセル＝ベーコンは、一九七七年にアラスカの低木林で調査を行っていたとき、獰猛な黒い熊がまっすぐ自分のほうに走ってくるのを目にした。デュセル＝ベーコンは両腕を振り回して叫んだが、熊は彼女を殴り倒した。彼女は熊に脅威と思われないよう死んだふりをすることにした。それは重大な判断の誤りだった、とのちに専門家は言った。その体重七七キロの熊は、そもそも彼女を脅威と思っていなかったからだ。熊は単に空腹だった。彼女が抵抗をやめると、熊は彼女を木々のあいだに引き込んで生きたまま食べはじめた。体の一部が熊の喉にのみ込まれているとき、彼女の別の一部は勇敢にも通信装置をつかみ、その地域にいたパートナーに緊急事態を知らせた。ほかの地質学者たちがヘリコプターで到着して熊を追い払い、危ういところで彼女の命を救った。不屈のデュセル＝ベーコンは、二本の義手でニンジンを刻み、皿を洗い、着替えをするところを実演した教育的な映像をユーチューブに投稿した。

しじゅう熊によって家を探られているグラフトン住民にとって、熊の知的レベルは、たいていの人なら訊く必要のない質問における最も重要な要素だった。今、熊はどれくらい近くにいるのか？　という質問である。

結局のところ、生き物の獰猛な力に適切な敬意を払うのは大切だが、プロの強盗のように冷静に計算して人の家を下見するほど狡猾な生き物と共存するのは大変なのだ。

熊の知能指数に関心を持ったのは、グラフトン住民が初めてではない。グラフトンの熊に高度な思考力があるのではと考えた人々の中には、熊を擁護する変わり種の科学者がいた――ベン・キラム、世界屈指の熊の専門家である。

キラム（女優クリスティン・ベルがナレーターを務めたパンダのドキュメンタリー番組で〝熊にささやく男〟として登場した人物）は、霊長類学者ジェーン・グドールが用いたことで有名な、議論を呼ぶ手法の多くを採用している。自分が研究する熊に名前をつけ、その行動に感情的な動機を見出すのだ。彼なら、世界一多く熊に致命的でない噛み傷をつけられた人物としてギネスから認定されるのは簡単だろう。

森で野生の熊とともに暮らしていないとき、キラムはグラフトンから四〇キロと離れていない人間用の家で寝泊まりしている。

ジョン・バビアルツなど多くのグラフトン住民がキラムのことを口にした。だから、熊には本当に、通過する車のライトを避け、農場を監視し、猫をさらい、そのほかグラフトンで報告された信じがたいさまざまなことをするだけの知性があるのかどうかを知るため、私は彼に電話をかけた。

キラム（以前は銃の設計者でもあった）は私の質問のいくつかに答え、熊の心理について本気でもっと知りたいなら詳細な解説書を買えばいいと言った。彼が特に薦めた一冊は『熊とともに過ごして（*In the Company of Bears*）』（未邦訳）という題名の本で、ペーパーバックはアマゾンで二四ドル四九セントで販売されている。著者はベン・キラム。

キラムはほかの誰よりも多く、熊の生活の内情を目にしている。本の中で鮮やかに描写された熊の複雑な社会構造は、熊は身振り言語を巧みに操る類人猿よりさらに頭がいいことを示唆していた。

キラムは、熊には自意識があり、一二まで数えられ（霊長類は三までしか数えられない）、協力して熊の法制度を施行していると言った。熊は遠い過去を記憶でき、遠い未来にどんな出来事が起こりそうかを考え、互いに意思伝達や感情移入することができるという。食べ物に困った雌熊は、信じられないほど複雑な交渉をして仲間の恵まれた雌熊に自分の子の面倒を見てくれと頼むこともできる、とキラムは言う。

キラムの本や研究書を読んだ私は、熊は人間からカロリーを奪う活動においてハイレベルな推論を行えるほど頭がいいことを強く確信した。だが、私がトム・プロゼイなどのグラフトン住民から聞いた行動の中には、知性だけでは説明がつかないものもある。

プロゼイ（Ploszaj――正しく発音されることはめったにない）は二〇〇八年にこの町に引っ越してすぐ、ハーディ・ヒル・ロードからピナクルまでの道をハイキングすることにした。ピナクルはグラフトンが位置する谷を見下ろす高い峰だ。彼は、頂上にある崩れたコンクリート製の展望台と、その途中にいくつかある歴史的な家の基礎の残骸のことを知っていた。グラフトンはそういうところだ――どこを見るべきかを知る者は、樹海に埋もれた難破船など、森の中に隠された過去の人工遺物を発見できる。老朽化のさまざまな段階にある多くの墓地、長年放置された農場に立つ石壁、閉鎖された学校、廃止された工場、穴の開いた石が点在する鉱山――すべて、手つかずの自然を征服しようとした三世紀にわたる試みのみじめな失敗を表している。

プロゼイは、自分はリバタリアンではない――どんな政党も支持していない――と言いながらも、リバタリアンのイベントによく顔を出しており、自由について彼らと共通した考えを持っている。フリータウン・プロジェクトの期間中にグラフトンに来たプロゼイに、バビアルツは一時的な住居と消防署でのボランティアの仕事を与えた。

「ジョンは、僕に機会を与えてくれて、『ここには君が必要だ』と言ってくれた人だよ」プロゼイは言う。「消防の仕事なんて、全然経験はなかった。ジョンはすごくいい人だった。友達に僕を紹介してくれた」

ピナクルまでのハイキングの途中、プロゼイは磁石と地形図を見るため地面に腰をおろした。ここには自分一人しかいないと思っていたが、人間の鼻息のような音で静寂が破られた。それが聞こえなかったら、一五メートルも離れていないところに立つ熊の姿を見ることはなかっただろう。熊の黒い毛皮と薄茶色の鼻は木々の景色にすっかり溶け込んでいた。

プロゼイは凍りついた。熊はじっと彼を見つめている。鼻息への反応を窺っているようだ。やがて、長く張り詰めた時間ののち、熊はのしのしと離れていき、プロゼイは反対方向へと進んだ。

プロゼイが経験したのは、私が〝偵察〟と考えるようになったものだった。そういう話は何度も聞かされた。怯えていない様子の熊は、走って逃げるのではなく、相手を見つめ、どんな選択肢があるか検討し、やがてゆっくり去っていく。

熊が去らないほうを選ぶようになるのは、単に時間の問題だった。

第八章　好戦的なサバイバリスト

熊は我々にとって非常に厄介な存在になっており、どんな用であっても部下を一人だけで使いに出すのは賢明ではないと思う。とりわけ林の中を通らねばならない場合には。（中略）災害に遭わないため、部下が眠るときはいつものように武器をそばに置かせた。

――メリウェザー・ルイス大尉の日記、一八〇五年

自由。

自由！

服従に抵抗するリバタリアンにとって、その掛け声は――皮肉にも――抵抗しがたいものだった。彼らをグラフトンの荒野の奥深くに引き寄せる、リバタリアン色のトラクタービーム［SFに登場する、物体を引き寄せる光線］である。

二〇〇四年から二〇〇九年のあいだにフリータウン・プロジェクトの旗印の下でグラフトンに移住したのはフリーラジカル［「遊離基」と「自由な急進論（フリー・ラジカル）」とをかけている］だった。金を多く持ちすぎているため、あるいは充分持っていないために、既存の生き方と遊離していた人々だ。

最初の数年間、楽観論はそこらじゅうに満ちあふれていた。フリータウン・プロジェクトに関連した

過激思想はすべて、追放された挑発的なペンダーヴィスに責任が押しつけられ、それ以外の人間は罪と無縁のクリーンな状態になった。

怒号が飛び交った町民集会の数カ月後、プロジェクトは勢いづいた。誰あろうニューハンプシャー州知事クレイグ・ベンソンが、ジョン・バビアルツの家での一人二五ドルのバーベキュー会場に現れて握手して回り、出席していたリバタリアンの何人かとハグをし、国家統制主義者のリベラルが規則にしがみつくように、彼らにべったりくっついて離れなかったのである。バビアルツを経費削減対策本部の委員に指名していたベンソンは、グラフトンのみならず州全体にリバタリアンが流入するのを歓迎すると明言して、フリータウン信者をうっとりさせた。その敬意の表明は、現在政治的に傍流である彼らの思想が主流になれるかもしれないという希望を与えた。

フリータウン・プロジェクトのためグラフトンに移住したリバタリアンの正確な数は不明である。国勢調査によれば町の人口は二〇〇〇年から二〇一〇年までのあいだに二〇〇人以上増えたけれど、リバタリアンの移住者はそれより少ないかもしれないし、多いかもしれない。

フリータウン・プロジェクトは紛れもなく男性的だった。家族で移住した者もいたが、ほとんどは個人で、ほとんどは男性だった。アメリカ合衆国、ニューハンプシャー州、グラフトン郡では、人口はすべて女性のほうが多い。しかし二〇〇九年にグラフトンの町に住んでいたのは男性六〇八人と女性四八八人で、州の中でも特に男性の割合が高かった。長年の住民であるグラフトンの女性の多くは高齢化していたので、若者における男女のアンバランスはさらに際立っていた。町に住む二〇代の女性がたった三九人だったのに対して、男性は一〇五人。その男たちの多くは、さまざまなニックネームか単純な姓で呼ばれていた。たとえばレッドマン、チャン、マッド・ロシアンなど。たっぷりの顎鬚を生やしたリバタリアンで反割礼活動家リチャード・アンジェルの、かつてのお気に入りのあだ名は〝ディック・エンジェル〟だった［〝ディック（Dick）〟はリチャードの愛称だが俗語で「男根」の意もある］。だがフリータウン信者は、少なくとも一つ、重大な計算違いをしていた。グラフトンを究極のフリータウンと呼ぶことで引き寄せられるのは、リバタリアンだけだと思い込んでいたのである。

彼らはアダム・フランツのような人間を予期していなかった。

私はフランツに会うため、曲がりくねった砂利道の路肩に車を停め、下り坂を歩いて、側面が薄汚れたキャンピングカーへと向かった。キャンピングカーは理論的には走行可能だが、まるで森の腐植土でできた死の床にあるかのような、うらぶれた雰囲気を醸し出している。やがてドアが開き、赤い頬髭を生やしたフランツが現れた。髪はぼさぼさで、喉のいがらっぽさを取り除くにはカフェインとマリファナとアルコールを混ぜたものがいるように見える。手にはリボルバーを握っていた。

一、二分間互いに自己紹介をしたあと、フランツは、お気に入りの銃砲店に三五七マグナム銃を持ち込んでもっと大きなトーラス・ジャッジ四一〇に交換できないかと経営者に相談したことを話した。口径は銃弾の直径を表している。三五七口径は禁酒法時代に誕生した銃弾で、酒を密造するギャングの車のドアを貫通するよう設計されている。一方、四一〇口径（ショットガンにぴったり合う）は、法廷で暴れる犯罪者を射殺できることを望むフロリダ州の判事が選ぶ銃弾として、銃マニアのあいだで人気があった。

といっても、経営者に相談したときフランツが考えていたのは、ギャングや法廷のことではなかった。

「俺は言ったんだ、『熊を撃ちたいんだけど、どう思う？』って」

フランツの友人でもある銃砲店の経営者は、直接的には答えなかった。どちらのリボルバーも熊の毛深い皮と内臓を打ち抜くだけの力はある、と言った。問題は、フランツがどんな状況で熊を撃とうとしていた。ているかだ。

「それぞれに長所と短所がある」経営者はフランツに言った。「まず、三五七のほうが射程は長い」

逆にジャッジは、たとえば熊が自動車乗っ取り犯くらい近くにいるなら、確実性が高い。

「相手が近寄ってきたら、そいつならもっと早くもっとダメージを与えられる」

その助言を参考に、フランツはどちらでも自分の好きなほうを選ぶことができた。

「そうだな。撃ちたいのはあいつらが近づいてきたときだけなんだ。一五メートル離れたところから撃とうなんて思ってない」

今彼が手にしているのは、そのジャッジである。弾倉には、四一〇口径と、さらに大きな長い四五コルト弾とが互い違いに装填されている（四五は、昔の西部劇のようなネッカチーフ、ブーツ、カウボーイハットに身を包んだ参加者が無法者の形をした標的を撃つ、現代のカウボーイ射撃大会で好まれる弾丸である。参加者のほとんどは成人男性だ）。弾丸は非常に大きく、フランツのリボルバーには一度に五発しかセットできない。

「ほら」フランツが言う。「こいつが俺の熊撃ち銃だ」

私は、彼の頭の回転が速くて自信のある態度と、幅広い話題について親しげで間断なく話す元気のよさを気に入っている。彼はいろいろな資格を持っていることを口にするが、どれも今どうやって生計を立てているかを充分には説明していない。彼は比較経済学を学び、コンピューターのプログラムを組み、聖職位を授けられている。二〇代の初めだった二〇〇一年頃は、最初はフィラデルフィアの酒場やアトランティックシティで、その後はニューハンプシャー州シーブルックにある実家の近くのポーカー場で、ポーカーをした。そこでタトゥーだらけのロックンローラーと口論になった。

　フランツが勝負で幸運をつかんだとき、そのミュージシャンはいちゃもんをつけてきた。「このウスラトンチキ。最高のペアで一〇のキッカー［ポーカーで役を作らないカードのこと］なんか持ちやがって。ポーカーって言葉のスペルも知らねえバカのくせに」

　フランツは激高した。

「そいつはギャーギャー泣きわめいたんだ、女みたいに。俺はもう少しでそいつの顔にパンチを叩き込むところだった。そうしなかったのは、そこにおまわりがいたからだ」

　やがてポーカーのブームは終わった。フランツはみじめな結婚生活を経験し、いろいろな方面の仕事をやってみたが、どれも長続きしなかった。

　ビジョンが見えたのはそのときだった――彼はサバイバリスト（自給自足して自分の身を自分で守ることのできる人間）のための計画的コミュニティを見つけることになる。

「俺は個人的にネイティブ・アメリカン研究が大好きなんだ。俺の中にはちょっとネイティブ・アメリカンの血が入ってるし、生活でもそういうのをやってみたい。いわゆる〝脱送電線〟とか〝ゼロ電力〟ってやつだ。火薬もなし、電気もなし、ガソリンも石油製品もなし。弓矢で狩猟をする。基本的に、自分の手で作ったり建てたりできないものは必要ない」

それは完全なる自給自足のビジョン、自由のビジョンだった。

フランツは当然ながらグラフトンを選んだ。フリータウン・プロジェクトが発表された場所、いつでも警官が一人か二人しかいない場所。

「あれこれうるさく言ってくる人間はいない。ここはやりたいことができる場所だ。なりたいものになれる場所。何も心配しなくていい」フランツをサバイバリズムへと導いたものには、自由への信念とは別の思想もあった。その一つは統一教会のリーダーたちと共通している。グラフトンだけでなくあらゆる場所で遠からず社会は崩壊する、という考えである。一般大衆は食料品店から食料が尽きて四日後にはパニックを起こす、とフランツは予想している。

地下シェルターにこもる人々はちょっと頭がいかれている、とフランツは秘密めかして言った。

「だいたい、食料がなくなったらどうするつもりだ？ 銃弾が尽きたら？ シェルターにこもるのは長期的な計画じゃないよな」

それよりも望ましいのは、大昔の人類が持っていた狩猟や採集のスキルを身につけることだ。野生への完全なる回帰である。

自分はリバタリアンではない、と彼は力説する。彼自身はいつも他人に政治的なラベルづけを行っているが、自らがラベルによって固定されるのは不愉快だ。彼をリベラルと呼んではいけない。アメリカのリベラルは「俺にとっては右すぎる——あまりにも右すぎなんだよ」

初めて計画的なコミュニティを思いついて以来、彼は無神論者、サバイバリスト、共産主義者、無政府主義者、無政府主義的共産主義者などと呼ばれてきた。すべてに共通する政治的信念は、資本主義はクソだ、ということである。

「政府が資本主義を堕落させてるんじゃない。資本主義が政府を堕落させてるんだ。そんなことは明らかだと思う。政府から資本主義を取り除いたら、単純に一般大衆の代表ができる。資本主義から政府を取り除いたら、残るのは奴隷制だ」

　こういう意見からすると、彼はフリータウンを信じるリバタリアンたちと真逆の立場にいることになる。それでも彼らは共通の大義によって結びついている。グラフトンが自由を重視しているおかげで、極左と極右が協力して、権力による介入を最小限に抑えて社会規範を打ち砕くことができるのだ、とフランツは言う。

「システムをぶっ壊すってことについては全面的に協力できる」システムの灯が消えたなら、生き残った資本主義者たちはすぐさま共食いを始めるだろう、と彼は予言する。それは比喩的な表現ではないように思える。

「それが終わったとき、最後の一人が血まみれの骨の山の上に立ったとき、俺たちはやってきたそいつを始末する。これこそ資本主義の最期だよ、太った大きな白人が周りに誰もいない中で血まみれの骨の山の上に座り込んで泣きわめく。だって、そいつにサンドイッチを作ってくれる人間は誰もいないからな！」

　自由市場に対する考え方は異なるものの、フランツとリバタリアンの意見が合致する問題もある。たとえば武器を持つ権利を強硬に守ることだ。実際、これについては広範囲のニューハンプシャー州民が意見を同じくしている――定期的にビンテージのカウボーイの革のオーバーズボンをはいて架空の悪者を架空でない銃でやっつけている人々だけではなく。

ニューイングランドには左翼的という評判があるが、ニューハンプシャーで銃は特別な存在である。ここには狩猟の長い伝統があり、非常にお上品な社会でも銃がかなり高く評価されているのだ。

二〇一二年、ニューハンプシャー州は人口当たりのマシンガン保有率が全国一になった（リバタリアンのせいというわけではないだろうが）。連邦政府によるデータでは、州内には一万挺近くの武器が登録されているという。つまり、三〇〇人が入った満員のニューハンプシャー州の映画館で最新の『デス・ウィッシュ』のリバイバルを見ているなら、統計的にはあなたの横に登録したマシンガンを持つ人間が二人いて、暗闇の中で映画に見入り――ブルース・ウィリスが上手に演じていたなら――唯一のまともな選択肢は銃をぶっ放すことだという考え方に真剣に引き込まれているかもしれない。

グラフトンでは従来、猟銃をトラックに載せて運ぶことは文化的に認められていた。だがこの慣習は、フリータウン・プロジェクトが始動して以降、日々の雑用で町を歩き回るときにリボルバーなど狩猟用でない銃器を堂々と携行するという、もっと露骨で、人をたじろがせることもある慣習に取って代わられた。

フリータウン信者は、ある住民いわく「銃を左右のわきの下に挟んで」、雑貨店や町のゴミ集積所（町税による公共のゴミ収集サービスがないため住民が自らゴミを持ってくる場所）に現れるようになった。グラフトンの教会主催の町民集会では、かつて穏やかだった対話は緊迫したものになった。町民は条例案や修正案を論じるとき、堂々と九ミリ拳銃を見せびらかすフリータウン信者と、グラフトン郡保安官事務所から来た武装警官の両方に監視されていたからだ。保安官事務所は、万一何かあったときに備えて誰かを派遣したほうがいいと考えたのである。

フランツは、公然と銃を持ち運ぶ人間は、自らが守ろうとしている権利を逆に害していると考えて憤慨している（公平を期して言うと、彼を憤慨させることはほかにも多くある）。

「アホ野郎めが」彼は罵倒する。「低能め、必要もないのに武器をおおっぴらに持ち歩きやがって。あいつらは人を不愉快にする。おかげで相手は銃反対論者になる。銃規制に賛成票を投じる。そのせいで俺たちの銃の権利が侵害される。無責任だ。やつらはカウボーイ気取りで腰に銃をぶら下げて歩き回る。そしたら自分にはでっかい一物があると感じられるからだ。違う。そうじゃない。銃はジャケットの下に隠せ。本当に銃が必要だと思うなら、ジャケットの下に入れとくもんだ。それが普通の人間のすることだ。人の気持ちを考えろってんだ」

銃の権利を失ったらグラフトン住民は特に困るだろう、とフランツは言う。彼らはたいていの人よりも切実に銃を必要としているからだ。銃は、グラフトンの人間がグラフトンの熊に対抗できる唯一の強みだ。だからこそフランツは、公然と銃を見せて歩く者に憤っているのである。

「俺は熊どもと共存してる。俺には銃がいる。わかるだろ、俺の言うこと。万が一に備えて銃が必要なんだ。もし銃の権利を失ったら、俺はリベラルのクソどもには頼らない。銃マニアを頼る。あいつらなら、リベラルどもを挑発して、なんとかしてくれる」

フランツは次の瞬間、彼が腰にジャッジをぶら下げているところを見る人がいるかもしれないことを認めた――だがそれは、人里離れたところに置いているキャンピングカーのそばを車で通ったときだけだ。

「熊問題が持ち上がって以来、俺はいつも銃を携行してる。自分の敷地内にいるときは、公然と持ち歩いてる。わかる? 肩からかけるショルダーホルスターか、腰につけるサイドホルスターにおさめて持ってるんだ。だからまあ、銃を持ってるところを見られることは、たいていの人より多いかもな」

実を言うと、町のほかの場所でも人が彼のジャッジをちらりと目にすることはあるかもしれない、とフランツは悪びれもせず認めた。

「店に行くとき取り外すのを忘れたことも、一度か二度はあった。友達のドニーも、時々外すのを忘れる」

フランツは私に銃を持たせてくれたあと——彼が手のひらに置いてくれた信頼の重みに、私は心から感動した——取り返し、ちょっと手を止めた。銃を片づける前に、何か言いたいことがありそうな様子だ。「あの、さ」彼はうれしそうに微笑んだ。「俺、こいつが大好きなんだよ」

グラフトンは日に日にあふれていくように思えた。熊でさらにあふれる。リバタリアンでさらにあふれる。銃でさらにあふれる。そして、熊、リバタリアン、銃、あるいはそのどれかの組み合わせを愛する人々、自分が愛するもののために戦う覚悟のある人々でさらにあふれる。

そしてドーナツで。ドーナツもあふれはじめていた。

第九章　動物愛護者たち

彼は四頭立て馬車を見たと思った
　ベッドの横に立っている。
も一度見ると、そいつは
首なし熊だった。「かわいそうに」彼は言った。「かわいそうでバカなやつ！
　餌をもらうのを待ってるぞ！」
――ルイス・キャロル、『シルヴィーとブルーノ』（筑摩書房、柳瀬尚紀訳、一九八七年）、一八八九年

二〇〇四年夏のある朝、フリータウン・プロジェクトが動きだしたのとちょうど同じ頃、ドーナツ・レディは動物たちに、穀物、ドッグフード、砂糖水、キャットフード、そしてもちろん箱入りのドーナツ（地元の〈マーケット・バスケット〉で購入）という、いつもの朝食を与えた。それから牛のことを相談するため、夫と連れ立ってある男に会いに行った。

自由を求めてグラフトンに移住したあと、夫妻は野菜畑とリンゴの木がある広く景色のいい庭園を作った。二頭の牛を買い、バターカップとプリンセスと名づけた。プリンセスが死ぬと、バターカップは打ちひしがれた。

翌日、ドーナッツ・レディはバターカップが寂しく泣いているのに気づいた。その翌日もバターカップは泣いていた。

次の日も。その次の日も。

それは何週間も続き、バターカップの悲しみは尽きないように思えた。ドーナッツ・レディは心を痛めた。

プリンセスが死んで一カ月近くが経った頃、地元紙を読んでいたドーナッツ・レディはある記事を見て思いをめぐらせた。記事は、コネチカット川を渡ったバーモント州コリンスに住む男が牛の世話で困っていることを報じていた。

詳細な事情はわからなかったものの、そのクリス・ウェザーズビーという男は牛の一頭を飢え死にさせていた。その牛の弟モンティの具合もよくないという。

飢えた牛のことを考えると、ドーナッツ・レディはいても立ってもいられなくなった。ウェザーズビーに電話をかけ、すぐに二人の声は電話線を飛び交いはじめた——彼女の声は優しく、彼の声は疑わしくぶっきらぼうに。

「あなたの子牛を引き取りたいんです」ドーナッツ・レディは言った。

ウェザーズビーは彼女が期待していたほど即座には話に乗ってこなかった。

「俺はあんたのことを何も知らない」新聞の記事が出てから彼は世論の非難を浴びており、ドーナッツ・レディがどういう立場かわからなかった。

ドーナッツ・レディは何を言えばいいかを心得ていた。

「うちには、寂しがってる雌牛がいるの」

短い沈黙があった。自分たちが同類である可能性について魂と魂が熟慮している時間。
「うちの牛をおたくに貸し出してもいい」ウェザーズビーは同意した。二人はドーナッツ・レディがモンティを見に行く段取りを決め、電話を切った。州境を越えて牛を運ぶためには獣医による証明書がいる。だがウェザーズビーの牧場まで来てくれる獣医はいないだろう。彼の牧場に向かうとき、ドーナッツ・レディと夫はどういう展開になるか予想できなかった。

当時六〇代のウェザーズビーはイギリス生まれで、母親は女優から人気歴史小説家に転じたメアリー・リー・セトルだった。彼女はコリンスに不動産を購入しており、ウェザーズビーが一九九七年にそこに移り住んだときには、山羊が三頭いるだけだった。

彼は一二万平方メートルの牧場を、自らの仏教信仰に従って運営される山羊の聖域にしようと考えはじめた。群れからはぐれたヌビアン種やカシミア種の山羊を集めだした。せっかく保護したメーメー鳴く山羊を隔離したり去勢したり殺したりするのは無慈悲だと彼が考えていたおかげで、山羊は自由に交尾できた。その自由を山羊は目いっぱい満喫した。

四年後の二〇〇一年、牧場には二五二頭の山羊が暮らしていた。その頃には地元で〝山羊男《ゴートマン》〟として広く知られるようになっていたウェザーズビーは、ほとんどの日々を山羊の世話に捧げていた。

ドーナッツ・レディと夫が、かつて栄華を誇った農家の汚れてぬかるんだ私道に乗り入れたときには、ウェザーズビーは動物の世話でてんてこ舞いになっていた。夫妻がいくら声をかけ、ドアをノックしても、誰も応答しなかった。

というわけで、年齢を経た現代のゴルディロックス［童話『三びきのくま』で熊の家に勝手に入っていった女の子］よろしく、ドーナッツ・

レディはそっと中に入っていった。床は妙に凹凸がある。まるで生き物のようだ。
誰の姿も見えない。人間の姿は。

前年の冬、ゴートマンは生まれたばかりの山羊が例年になく厳しい寒さの中で生き延びられるかどうか不安になった。そのため赤ん坊を家の中に移した。赤ん坊を育てている母山羊も。年老いた山羊も。病気の山羊や虚弱な山羊も。山羊のお泊まりパーティに参加したのは合計七〇頭になり、厳しい寒さが去るまで家の中にいることが許された。

だが、ドーナツ・レディが見たように——やがてほかの訪問者もその情景を描写したように——厳しい寒さが去ってもゴートマンは山羊たちを立ち退かせなかった。

家の中では何頭もの山羊がうろうろと歩き回っていた。台所を出入りし、リビングルームで小さな輪になり、階段を上り下りする。台所のカウンターでは鶏が食べるものを漁っている。リビングルームでは一頭の山羊が安楽椅子の上に立って、床の寝袋を見下ろしていた。寝袋の中ではゴートマンが眠っていたことがのちに判明した。活動的な山羊たちは一晩じゅう寝袋に上ったり下りたりしていたという。

床の凹凸は干し草や山羊の糞のせいであることに、ドーナツ・レディは気がついた。ゴートマンが放置していたため、踏んだ人間の頭が天井にぶつかりそうになるほど高く堆積している。ドーナツ・レディと夫はあとずさって家から出た。家の主人の不在に少々不安を覚え、彼を探して家畜小屋に入っていく。

家がホラー映画の予告編に見えたとしたら、家畜小屋は映画の本編だった。あたかも、古代神クトゥルフ〔ラヴクラフトの作品群をはじめとするアメリカの幻想小説で描かれた架空の神話の神〕が小屋くらいの大きさがある山羊チーズ入りの木の器を供えられ、生きた山羊に交ざった大量の糞と死んだ山羊にむかついて投げ捨てたかのようだった。

後日、目撃した大量の山羊の死骸について話すとき、ドーナッツ・レディはいかにも彼女らしく如才なかった。

「あの人も努力してたのよ」彼女は優しく言った。「彼には問題があったの」

ようやくゴートマンが現れると、ドーナッツ・レディは彼を説得してモンティを譲り受けた。痩せ衰えたモンティを車に乗せて獣医に見せ、そうして家に帰った。

それはおそらく、ゴートマンの牧場に暮らす動物にとって最後の幸せな結末だったと言えるだろう。動物愛護運動家、近所の人々、州の役人の中で、ドーナッツ・レディほど巧みに、ゴートマンに平和裏に動物を手放させた者はいなかった。当局は、もっと動物を大切に扱わないなら没収すると通告した。

「俺は言ったんだ、『あらゆる手段を使って抵抗する』とね」ゴートマンは『ゴート・ワールド』誌のインタビューで語った。「保安官が来るなら、俺を撃てってんだ」

二〇〇四年のクリスマスの数週間前、ついに事件が起こった。誰か――おそらくは腹を立てた隣人――が一頭の山羊を真正面から撃ち殺し、死骸をゴートマンの家の前庭に放置したのだ。

その数日後、動物虐待容疑で取り調べを受けていた最中のゴートマンは小さな自家用車に乗せられるだけの山羊を乗せて逃亡した。彼はオハイオ州へ行ってまた山羊の飼育を始めたらしく、翌年同じような状況でオハイオ州から逃げていった。そのあと当局は二一〇頭の生きた山羊と八〇頭の死んだ山羊を発見した。

警察は四つの州にまたがった山羊の死体を追跡し、とうとうウェストバージニア州でゴートマンに追いついた。逮捕されたとき、彼は一六頭の山羊を連れていた(冷凍庫内の一頭を含む)。山羊を失った彼は、ほどなく世間から忘れ去られた。

ゴートマンを待ち受ける暗い日々については何も知らず、ドーナツ・レディと夫は家に向かって車を走らせた。少々現実離れして見えた男のことを考えながら。

それはともかく、ドーナツ・レディはモンティを寂しいバターカップに引き合わせるときの幸せな瞬間を期待していた。モンティが彼女の熊とうまくやっていくことも望んでいたに違いない。

そう。

いい、彼女の熊と。


トレーラーから降りてドーナツ・レディの森を初めて見たとき、牛のモンティがどう感じたかを想像するのは難しい。モンティの過去は、ゴートマンの混沌とした糞だらけの牧場——兄が文字どおり死ぬほど飢えていた牧場——の闇に支配されていたのだ。

今、モンティは明るい山腹に立っている。鳥の鳴き声が牧草の生えた長い坂道の上で響き渡る。あらゆるものが、配慮、愛、秩序を物語っていた。世話の行き届いた花壇やたわわに実をつけたリンゴの木の向こうにそびえ立つ、美しい家。緑豊かで整然とした牧草地。ドーナツ・レディの心温まる穏やかな口調。

ヒマワリの種があふれる餌箱には、ピーピーさえずるコガラやユキヒメドリが集まり、鹿や野生の七面鳥が頻繁に森から出てきては落ちたリンゴや緑の草を食べている。

半ば飢えてメーメー鳴く多くの山羊の代わりに、今のモンティの仲間は愛想のいい犬や猫数匹と、あの美しいバターカップになった。穀物やスイートクローバーで太ったバターカップは、夏の暑さから逃れて日陰で満足げに反芻している。

山羊の地獄から牛の天国に移されたモンティは蹄の下の柔らかな草を感じて浮かれ回る、と誰もが思うだろう。ところがモンティは横たわり、大きな角を地面につけ、白目をむいたのだ。

何がモンティを苦しめたのかはわからない。過酷な生活によって病気になり、まっすぐ立っていることもできなくなったのか？　いわば牛ストックホルム症候群に陥って、ゴートマンを慕うようになっていたのか？　あるいはもしかすると、牧歌的な環境が熊のにおいという目に見えぬ重苦しいとばりに覆われていることに心を乱したのだろうか？

ドーナツ・レディにはわからなかった。それでもモンティの絶望の深さは明らかだった。

牛が倒れたときは命が危ない。そのことを知っているドーナツ・レディは、立ち上がってと哀願した。

「この子、死にたがってるわ」

だがモンティは聞いてくれない。

そこで彼女は手押し車を取ってきて、冷蔵庫を動かそうとするように牛の体の下に先端を押し込んだ。それでもモンティは動こうとしなかった。

最後に、ドーナツ・レディは家畜に詳しい友人に電話をして助けを求めた。「鼓張症［胃の中にガスがたまって膨張する草食動物の病気］じゃないのか？」相手は尋ねた。

ドーナツ・レディにはわからなかった。

やってきた友人は鼓張症を疑い、手にナイフを持ってモンティに近づいていった。鼓張症だとしたら、モンティの脇腹に切れ目を入れればガスの圧力を放出できる。手押し車とナイフに脅され、モンティはようやく言うことを聞いた。賢明な決断（そのおかげで毛皮を無傷で残せる）を下して、よろよろと立ち上がったのだ。

「きれいな牛だったわ」ドーナッツ・レディは言った。モンティはバターカップと激しく喧嘩をしたので二頭を離しておかねばならなかったが、彼女は気にしなかった。大事なのはモンティが生きていることだ。ドーナッツ・レディの手入れが行き届いた土地について不安を感じたのは、モンティだけではなかった。ダイアン・バーリントン（ジューン・バセットの娘で、バビアルッ夫妻が買った例の校舎で育っていた）も同じような感想を抱いていた。

バーリントンはモンティと同じくこの土地を警戒していた。問題は熊の存在だ。

グラフトンでは、一部の住民は獰猛な犬を飼ったり電気フェンスを設置したりして、熊が自分の敷地に入ってくるのを防ぐ努力をしていた。バーリントンは母親の羊の飼い方を踏襲し、死んだ動物はトラクターを使って地中深くに埋めていた。地面が凍りついて墓穴が掘れなくなったときは、死骸を古くからの郡道まで運んでいき、アーロンズ・レッジというごつごつした岩場の向こう側に捨てた。そこは熊が多く棲息する地域だ。

ある日、ドーナッツ・レディの家のそばを車で通ったバーリントンは、草むす坂道から家の裏を見下ろした。

「そこは真っ茶色だったわ。私は言ったの、『神さま！』って」バーリントンはそこにたむろする動物を数えようとしたが、数えきれなかった。「何頭かはわからないけど、とにかく下にはたくさんの熊がいたのよ」

バーリントンの反応を見ても、ドーナツ・レディは驚かなかっただろう。たいていの人が熊を怖がっているのは知っている。彼女だって昔は熊を怖がっていたのだから。

第一〇章　自由の扇動

人付き合いという点では、エイハブはとっつきにくい人物だった。名目上はキリスト教国の人間だが、それでも実際は異端者だ。最後の灰色熊がミズーリの入植地で生きていたように、彼はこの世界で生きていた。春と夏が過ぎると、あの森の野蛮なローガンは木のうろに引きこもり、自分の足を吸いながらそこで冬を過ごす。それと同じく、険悪で孤独な老いたエイハブの魂は、自分の肉体という木の幹の穴に閉じこもり、その暗闇という陰鬱な足を食べて生きていたのだ！

――ハーマン・メルヴィル、『白鯨』（岩波書店、八木敏雄訳、二〇〇四年、ほか）、一八五一年

グラフトンの社会慣習に対するリバタリアンの侵略は、それほど組織化されたものではなかった。毎日、任意のフリータウン信者がグラフトンの伝統的な生活様式という布の糸を一本つかんで、織物を歪めようと懸命に引っ張っているかのようだった。

地元民からの抵抗に遭うと、リバタリアンはそれを無知のせいにした。皆いずれは、政府が住民を放っておくほうが生活はよくなることに気づくはずだ、と彼らは言った。しかし彼らの啓蒙の取り組みは、フリータウン信者こそが解放の大きな妨げだと感じているような公共心のある住民の頑固な保守的思想

によって一蹴されていた。

何年ものちにバビアルツは、リバタリアンたちは論理武装していたもののコミュニケーション能力に欠ける傾向があったと述べ、意思疎通が不足していたことを認めた。

「リバタリアン運動ってのは、どちらかというと哲学的なものなんだ。人間的な意味で、彼らは人に接する能力に欠けていた」

そして実際、リバタリアンは民主党支持者や共和党支持者よりも論理的であることを見出した心理学的研究は、彼らが社会的連帯心が弱くあまり愛情豊かでないことも見出した。「リバタリアンは、リベラルを特徴づける広範囲な社会的連帯感のレベルが低く、また保守派を特徴づける緊密な社会的連帯感のレベルも低い」論文の著者はそう書き、自由を賛美する政治的イデオロギーに引きつけられるのは生まれつき孤独を好む人々かもしれないと推測した。だから、リバタリアンはグラフトンの人々に自由のメッセージを届けるのに最適な人間ではなかったかもしれない。それでも彼らは努力した。そう、努力はした。

彼らは常に熱心さに遊び心を持たせるように努め、何もないところから新たな文化を築きはじめた。運転する車には〝LES　GOV（小さな政府）〟と書いたデザインナンバープレートをつけた。自らに〝ヤマアラシ（平和を好むが攻撃すると危険な動物）〟というニックネームをつけた。子どもが手作りの国連旗を焚き火で燃やすのを見て親が喝采するというリンゴ祭を開催した。自分たちが現実または架空の侮辱に関して町の役人や警察官に立ち向かう映像をアップロードした。ある年配のグラフトン住民は、究極の歯の自力治療映像を投稿した。ゲラゲラ笑う友人たちの前で、ペンチを使って自分の歯の一本（すなわち残っていた歯の半分）を引っこ抜いたのだ。

リバタリアンは事あるごとに、こうした種々の権利を主張したが、全体としてアメリカ初のフリータウン創造に向けて大きな進歩がなされたかどうかはわからない。

グラフトンの町民年次集会において、リバタリアンは長年の住民との共通点が見つかることを願ってさまざまな新しいアイデアを提案した。グラフトンを地域の学区から脱退させ、『共産党宣言』を明確に非難し、グラフトン公立図書館の予算を削除する、といった試みは妨げられた。それでも、町の一〇〇万ドルの予算を三〇パーセント削減し、郡の高齢者評議会への資金拠出を拒否する案を通すことには成功した。町計画委員会を廃止するために必要な票数は集められなかったものの、委員会にリバタリアンを送り込むことはできたので、彼らが委員会を事実上廃止した。

町民集会でのある注目に値する論争で、住民のリッチ・ブレアはグラフトンを〝国際連合自由地帯〟と宣言するとのリバタリアンからの正式提案に憤慨した。単に反対票を投じるのではなく、ブレアは提案の中に出てくる〝国際連合〟という言葉をすべてある漫画の登場人物に置き換えた修正案を提出した。こうして住民は最終的に、〝町の域内においてのスポンジボブ・スクエアパンツによる税金、課徴金、賦課、追徴金、その他いかなる金銭的請求の実施をも禁じることによって、代表なき課税から〟町の住人を守るべきか否かについて投票することになった。

フリータウン信者全員がこういう行動に固執したわけではない。ハルのような〝建国の父〟の熱心な信者たちは表立って活動を続けたが、ラリー・〝ザック・バス〟・ペンダーヴィスのように別の場所で攻撃的な弁論を行った者たちもいた。ペンダーヴィスは女性の権利を声高に主張した。ただし彼は権限付与《エンパワーメント》について非常に狭い範囲でしか解釈していなかったらしく、そこに含まれていたのはブラジャーや下着なしで外出する権利や売春の権利などだけだった。フリータウン・プロジェクトから追放されたあと、ペンダーヴィスはeBayで、うさんくさい状況で取得していたフロリダ州の島を売却した。その収益を使って、テキサス州ラビング郡で同じような自由の地を作る運動を行った（そしてまったく相手にされなかった）。ペンダーヴィスが常に自滅的な混沌の靄に包まれていることが明らかになると、彼が実は過激派集団に潜入して壊滅させることを目論むFBIのおとり捜査官ではないかとの憶測をめぐらせるリバタリアンもいた。

一方、マイク・ローリーは新たな事業に手を染めたため、フリータウン・プロジェクトへの参加意欲はおろそかになった。仮想空間の〝セカンドライフ〟における不動産の売買である。彼はそこで二〇〇ドルの投資金額を年間二万五〇〇〇ドルの現金収入にふくらませたと主張している。ところがセカンドライフのプラットフォームを所有するリンデン・ラボ社との意見の衝突の結果、ローリーの口座は最終的に凍結され、〝仮想不動産〟はすべて没収された。

だが、ローリーとペンダーヴィスがフリータウンの表舞台から姿を消すと同時に、新顔が自由ののぼりを掲げて前に進み出た。

たとえば、インターネット上のフリーダム・フォーラムで〝トップガンマン〟のユーザーネームを持つフリータウン信者ビル・ウォーカーは、二〇〇八年一〇月のある朝、マンチェスターの道路でマツダのピックアップトラックを運転していたとき、マフラーの音が大きすぎるとして警官に停止を命じられた。停車中、警官はウォーカーがウエストバンドに装填ずみの拳銃を二挺と多数の弾薬をおさめた弾倉を挟み、防弾服を着ていることを知った。同乗していたトラックの所有者シャロン・〝アイヴィー〟・アンクロムも銃器を所持していた（これについて彼女は許可証を持っていた）。二人は武器と防弾服について何も説明せず、これはアメリカ合衆国憲法のもとで合法だと主張するのみだった。

アンクロムは自分の交通違反について州最高裁判所まで訴えを続け、免許証携帯を求める州の規則は憲法に反して彼女の移動の権利を制限しているという法理論を展開した。彼女は敗訴した。

フリータウンの理想を法廷で主張したグラフトン住民は、アンクロムだけではなかった。二〇〇六年、バビアルッツは町計画委員会に選出されるためのリバタリアンの取り組みに関連して手続き上の問題があったとして、グラフトンの町を訴えた。彼は敗訴した。

ピナクルへのハイキングの途中で熊に遭遇した消防士トム・プロゼイは、フリータウン信者ジェレミー・オルソンほか数人の原告と共同で、自分たちの提案を妨害したとしてグラフトンの町を訴えた。その提案とは、警察署長にマリファナを禁止する法を執行しないよう命じること、犬の飼育許可制を廃止すること、町の役人は何に関しても国家安全保障局に協力しないこと、などである。彼らは敗訴した。

バビアルッツが町への訴訟で負けたあと、彼とハルは郡保安官と三人の郡職員への二・三パーセントの賃上げを止めるようグラフトン郡を訴えた。彼らは敗訴した。その後ニューハンプシャー州最高裁判所に上訴した。彼らは敗訴した。グラフトンに影響を与える変化は、町民集会や法廷という非常に一般の目に見えやすい領域にとどまらなかった。ある日私はグラフトンの裏道を車で走り、最も劇的な構造的変化は森の無数の垂れ下がった葉という幕の裏に隠されていることを知った。

そのキャンプ地は道路から見えない。木が裸で、積もって圧縮された雪が泥だらけの坂道を覆っている早春であっても。岩でででこぼこした砂利道の坂を上がっていったとき初めて、キャンピングカー、エアストリーム社のトレーラーハウス、そこで暮らす人々——ほとんどが男性で全員が武装しているようだ——の家として使われる壊れたレクリエーション車で構成される、隠れた世界を見ることができた。置き忘れた砂場のおもちゃのように、雪がうっすら積もった掘削機が廃棄土の山にぽつんと置かれている。昔この地の所有者がここにちゃんとした家を建てようと計画したが、銃砲店を建てるため家を建てる計画は放棄したと言われている（銃砲店も結局実現しなかった）。

私がそこに来たのは、プロゼイに会うためだった。プロゼイは友人の一人、髪をポニーテールにしたフォーク歌手ジョン・レッドマンと連れ立って、トレーラーハウスから出てきた。二人ともみすぼらしい格好だ。

「見てわかるとおり、僕はまるで浮浪者だよね」あるときプロゼイは言った。「これが僕の服装なんだ」

彼らが暮らすトレーラーハウスの所有者はまだ眠っていたので、私の車で話すことにした。プロゼイは助手席、レッドマンは私の後ろ。私は話しながら、ちゃんとした家にも銃砲店にも見えないキャンプ地のほうを向き、ここでの暮らしがどんな感じか想像しようとした。この地区のキャンプと森は、麻薬密造者にとって隠れ蓑になっているそうだ。町でただ一人のフルタイムの警官が積極的に法を執行することに、町の住人は否定的だ。それを知っている彼らは、かなり堂々とここでマリファナを栽培し、覚醒剤を密造している。だがここでドラッグが売買されている様子はなく、プロゼイはまったく関与していない。プロゼイは真剣かつ熱心に、私にグラフトンの政治の力学を教えようとしてくれていた。

バーニングマン［参加者が電気や水道のない砂漠で一週間過ごす、年に一度の大規模イベント］の熱狂的ファンであるレッドマンは、もっぱら退屈しないようにしていた。過激な主張で会話に割り込み、あるときは四五口径の銃弾をセットした弾倉を前触れなくごく自然な仕草で私の車のコンソールに叩きつけた。

「鳥の話をしてやろう」レッドマンはだみ声でゆっくりと言った。「一昨日、一匹がすぐそこを飛んでったのが見えた。さかさまになって！　楽しんでたんだよ。カーカー言いながらさかさまになって飛んでた。単に飛ぶのを楽しむために……。鳥なら何十万匹も見たことがある。だけど、さかさまになってあんなに楽しそうに飛んでるやつは、見たことなかったよ」

　プロゼイとレッドマンは蜜蜂の巣箱や生ゴミを求めて夜ごとにやってくる熊をよく見ていた。

「ここには三匹いて、ゴミ箱を叩いて回ってた」レッドマンは言った。「俺は業務用のトウガラシ粉の大きな容器を取り出した。料理するとき、香辛料はたっぷり使うんだ。そいつはレストラン用品店で買った。一五ドルだった。その中身をゴミ箱の中にぶちまけてやった——というわけだ」

　プロゼイは話に嘘が交じらないよう訂正した。それはゴミ箱ではなかった。空のブリキ缶だった。

「いや、空じゃなかったぞ」レッドマンが言う。

「リサイクルしたブリキの缶だった」プロゼイは辛抱強く言った。

「違うって」レッドマンは気を高ぶらせた。「ブリキの缶を荒らしたのはアライグマだ。俺はそのアライグマを撃ち殺した。だけど熊はあそこ、あの掘削機のそばにいて、荒らしてやがった……。そんなことが三回あった」

「で、僕たちはもっと頑丈なゴミ箱を買った」プロゼイは言った。

「で、トウガラシ粉を振りかけた」レッドマンは言った。

プロゼイはレッドマンを会話から排除するため私のほうを向いたが、それは無駄な努力だった。

「で、もっと頑丈なゴミ箱を置いた」彼は言った。

レッドマンは、最近熊が生ゴミを漁っているのを見て、勇敢にも（私に言わせれば不必要にも）歩いていって足をドンドン踏み慣らしたと話した。やがて熊は逃げていったという。

「熊が来たのは僕たちのせいだ」プロゼイは説明した。「生ゴミの処理を怠っていたんだ」

インタビューが終わると、私は車をバックさせて泥道を戻り、幹線道路に出た。窓は大きく開けていた（浮浪者の悪臭を逃がすため）。あのような個人主義的で流浪的な雰囲気に満ちたキャンプが、近くの町々を占めるもっと安定した家族志向的な家庭と対照的であることを思った。

私は、今見たような普通とは異なる生き方について、ほかのグラフトン住民に尋ねた。すると、アメリカ初のフリータウンの中であのようなキャンプは一つではないことが判明した。アメリカじゅうのリバタリアンが故郷を離れてグラフトンに向かったとき、彼らはしばしば、住居という差し迫った問題に直面した。家を買うだけの資産を持つ者もいたが、それほどの財産を持たない多くの者は、荒野に続々とできているこういうキャンプに向かった。遊牧民の使うような移動式テントのユルトやレクリエーション車、トレーラーハウスやテント、ジオデシックドーム［正多面体から成るドーム］や輸送用コンテナなどに住みついた。二二五年前にヨーロッパから来た入植者と同じく、荒れ地に作った魔女の小屋のような孤立した建物で一人で暮らすことを選ぶ者もいた。レッドマンやプロゼイのように、住人が入れ替わりを繰り返す恒久的なキャンプ地で集まって暮らす者もいた。

土地区画規制、条例執行機関、建築基準などがないので、新しい家が居住可能で安全であると証明するという面倒な手続きは必要ない。そのため、こうしたとりあえずの解決策は、ある意味究極の自由市場として機能した。人々がその時点で最も重視するもの――暖房つきキャンピングカー、一人用ユルト、もっと望ましいルームメイト――を求めてキャンプからキャンプへと渡り歩き、その過程でさまざまな相手と友情を結んだり政治的な議論を交わしたりする、そんな場所だ。

もちろん、このような活動はすべて、町に長年暮らすある集団にとって非常に興味深いものだった――熊である。彼らから見れば、自分たちの森の縄張りに突然バイキング料理が現れたのだ。どのキャンプも栄養満点だ。問題解決能力を持つ熊は試行錯誤の末に、新たな隣人たちは熊の来襲を州の野生動物管理局に報告したがらないことを見出した。フリータウン信者は皆、憲法に保証された自分独自の方法によって問題を解決するほうを好んでいるらしい。

そして、すべてのキャンプに頑丈なゴミ箱があるわけではなかった。

第一一章　信念ある牧師

明るく、吉兆を感じさせる朝だった。出発前に教会でミサが行われ、あらゆる起こりうる悪、とりわけ熊から守ってもらえるよう聖イグナティオウスへの祈りが捧げられた。熊は炎を吐く古代のドラゴンと同じく、聖なる教会に対して克服しがたい敵意を抱いているようであった。

――ブレット・ハート、『悪魔の山の伝説（*The Legend of Monte Del Diablo*）』（未邦訳）、一八六三年

二〇一〇年、五〇歳のジョン・コネルは町の最も偉大なる歴史的財産、グラフトン中央教会の外で、夏の暑さにさらされて立っていた。教会の梁は、今やグラフトンからほぼ完全に姿を消したアメリカグリの原生林から伐採された巨大な材木でできていて、それだけでも一財産の値打ちがある。といっても、誰一人それを売ることなど夢にも思わないだろう。一世紀のあいだ、敬虔なグラフトン住民はこの木を崇めてきた。教会の建材は洗礼の聖水で膨張し、溶かした金でできた婚姻記録書をおさめられ、聖別の油で焦げ、何千もの棺の厳粛なる重みで歪んできた。

四号線を通ってグラフトンを通過する人がこの町の存在に気づくとしたら、それは、アメリカ的伝統主義が生き残っていることを示すこの小ぢんまりした建物のおかげだろう。二段式の鐘楼と切妻屋根は、

砂利を敷き詰めた駐車場と趣のある緑の草地を見下ろしている。

コネルが見ていると、一台の車が駐車場に乗り入れ、町の行政委員の一人が現れて親しげに声をかけてきた。コネルは驚かなかった。町のほぼ全員が彼について――彼がしたことについて――話しているようだったからだ。

ほんの数週間前、リバタリアンであるコネルは、威風堂々とした教会のたたずまいに感動した大勢のうちの一人にすぎなかった。しかし、単に無意味に「おお」とか「ああ」とか言うのではなく、彼は思いきった行動に出た。町のほとんど誰も知らなかったマサチューセッツ州出身の工場労働者ジョン・コネルは、グラフトン中央教会を買ったのである。

そして今、行政委員がやってきた。表面上歓迎の意を示しながらも、コネルが教会をどうするつもりか探ろうとしている。必要最小限の世間話をしたあと、行政委員は本題に入った。

「町から納税通知書が送られたら、どうするおつもりですかな?」

「ふうむ」のちにコネルはその会話を振り返った。彼が話す一つ一つの単語にボストン地域のブルーカラーの訛りがある。それは、きわめて親しげなフレーズにも〝俺にかまうな〟という含みを与えていた。「教会の建物を救おうとしている人間の扱い方としては面白い」コネルは思い違いされないよう〝面白い〟という語にたっぷりの皮肉を込めて言った。

だがその日は、行政委員の質問に反論で答えた。

「『まさか教会に税金なんてかけないだろう?』」それがコネルの答えだった。「やつは僕をこういう目で見たよ。『ああ大変だ、この男は例の自由野郎だ、税金逃れのためだけに教会を買っている』ってね」

町の指導者たちがコネルの意図に危惧を抱いていたことは大きな皮肉である。そもそも彼らがもっと予算をかけていたなら、この歴史的な会衆所がよそ者に二束三文で購入されることはなかったのだから。

こういう苦境に陥った理由は、一七九八年に教会が建築されたときの状況にその起源を有している。常に手早く税金を逃れる方法を探していたグラフトンの有権者たちは、町の集会所を作るための予算案を否決した。その代わりに、計画中の教会のために会衆席をいくつか購入することに同意した。それによって修道会による教会の建設を援助するとともに、町が建物を部分的に所有することになった。

一〇〇年以上のあいだ、教会は納税者と献金者が共有した。神聖な建物の内部では、教区民が長々と祈りの言葉を唱える礼拝と、正式な町民集会とが交互に行われた。信仰と市民生活両方の中心地として、この建物は俗人のあいだで〝中央集会場〟と呼ばれるようになった。

建築後、何十年にもわたって教会がさまざまな異なる宗派に受け継がれていくうち、町の法的所有権に関する正確な条件は不明瞭になっていった。建物に修理が必要になると、グラフトンの納税者は、自分たちがその場所を使用することは楽しんでいてもその場所の費用を払うことは楽しんでいないことを実感した。一八五六年、修理費用の責任に関する疑問を解消し、政治と宗教が必要以上に混ざり合うのを避けるため、町と宗派は建物を二つの部分に分けることで合意した。テレビの連続ホームコメディ番組で、所有権をめぐって喧嘩が行われている部屋をマスキングテープ一本で二つに分けるように。だがやがて、納税者はその程度の財政的負担にも耐えられなくなったらしい。一九六三年、納税者はグラフトン中央教会の所有権をすべて放棄し、それを賃借契約とすることにした。

町が単なる賃借権者になった結果、建物は減少しつつある熱心な信者の完全な管理下に置かれた。フリータウン・プロジェクトが発表された数年後、数十年間この建物を所有していたグラフトン中央会衆教会は撤退を宣言して別の場所に移った（新しい名前でダンベリーの町境に）。

もはや建物を必要としなくなった教会の指導者層は、町に売却を申し出た。

多くの住民にとって、建物（グラフトン在住の歴史家ケン・クッシングが〝町の心〟と呼んだもの）を買ってその運命を操る機会に飛びつくのは簡単なことだった。ところが、町の〝特徴〟を守るといったうさんくさく感傷的な考え方に税金を使うことは、勢力を増していたリバタリアンたちから反対された。フリータウン信者はグラフトンの長年の住民の中にいる気乗りしない納税者たちと手を組み、声の大きな多数派を形成して、教会の買収に反対する立場を表明した。結局、町は申し出を断った。

驚くべきことに、その拒絶に対して教会の指導者層はさらに気前のいい申し出で応えた。建物を無料で町に譲ると言ってきたのだ。

さらに驚くべきことに、町はノーと言った。

つまるところ、これも金の問題だった。グラフトンに土地区画規制はないため、町はこれまで正式に建物を検査したことがなく、維持管理費用に関する疑問は解消されないまま放置されていた。建物はあと一〇〇年持つかもしれないが、火事や洪水や屋根の落下によってすぐに崩壊する状態にあるのかもしれない。金を使って正式に調査しない限り、本当のところはわからない。教会は構造的に危険だという噂が町を駆けめぐった、と町の図書館員デブ・クラフは話した。

「それで行政委員は言ったの、『これも金食い虫だ』って」

そのため教会は、今や無人となった建物を一般に売りに出した。

ほんの二週間後、神の摂理の表れだと呼ぶ人もいれば混沌とした偶発的な宇宙の性質の表れだと呼ぶ人もいる（あるいは、計り知れない価値のある建物を激安で売りに出したことから容易に予想される結果だと呼ぶ人もいる）出来事によって、建物はジョン・コネルの目に留まった。

コネルは一九六〇年、マサチューセッツ州セーレムで生まれた。一九七八年に高校を卒業してから三〇年近く、ピーボディのシュタール化学工場で一日一二時間働いた。居酒屋と自動車修理工場に挟まれた革加工工場である。二〇〇〇年代半ば、工場で化学装置の火災が起こった。のちにコネルが語ったところによると、彼は火事を鎮めようとして、危険が迫る中ぎりぎりまで工場内にとどまったという。「すごく危険な物質にさらされた」彼はよく振り返るのだった。「いろいろ奇妙な症状が出て、自分の健康についてすごく不安だった。死ぬんじゃないかと思っていた」

コネルはそのあと数年のあいだ頑張って工場で働きつづけたが、「よく疲労を感じ、病気のようになった」長年の音楽ファンであるコネルを出演させたオンラインラジオ局はそう報じた（そのラジオ局は、もっと自由志向の文化を築くというより大きな取り組みの一環として、地元のリバタリアンがリバタリアンのために作った音楽を紹介していた）。コネルは従来の医療を「工業型医療」だと考えており、そうした医療による治療を受ける気はなかった。また、会社を訴えることも拒んでいた。それは彼の流儀ではない。

「僕は仕事をして給料をもらっていた。リスクを引き受けていた」工場を辞めたとき健康状態について不安はあったが、ピーボディでの退屈で単調な暮らしから抜け出したいという気持ちは自覚していた。〝自由な生か、もしくは死〟の州を訪れた彼は、自分の芸術性や信仰心を表現するのにふさわしい土壌を見出し、ニューハンプシャー州セーレムの町の仮住まいに引っ越した。悟りへの道を歩みはじめると、心の健康を増進させれば体の健康も促進されることを知った。彼はかつて自分を傷つけた人々を許した。瞑想を始めた。神を見出した（のちに、神が彼を見出したのだと言うようになった）。

魂の再覚醒を経験したあと、「僕は健康を取り戻した。一〇代の頃以来、これほど気分がよかったことはなかった」

コネルは回復したものの、今後の人生については未定だった。彼が情熱を燃やすものの組み合わせは一種独特だった――リバタリアン政策、芸術、キリスト教信仰。自分が何か重要なことをする立場にいるとは感じていたが、それが何かはわかっていなかった。

それが明確に見えはじめたのは、グラフトンのリバタリアンの友人宅に長期滞在中、教会の『売物件』の看板を目にしたときだった。見事に装飾された教会の蛇腹や曲がり壁を鑑賞しているとき突然、ここを買うべきだという考えにとらわれた。彼は後日それを、〝声〟、自分に語りかけてくる何かだと述べた。《とにかくやるんだ、おまえ》声はそう言った。《やらないなら、おまえの残りの人生はどうなる？　振り返って『やっておけばよかった』と言うことになるんじゃないか？》

コネルは弁護士にも銀行にも相談せず、五万七五〇〇ドルで即金で買うと申し出た。それは彼の個人年金四〇一Kの金額ほぼすべてであり、買えたら建物をどうするのかについては何も考えていなかった。だが彼の中の声は《恐れるな》と言って元気づけた。

コネルは恐れていなかった。感じていたのは平穏と喜びだった。

コネルの申し出は受け入れられた。書類が作られ、その夏の日に行政委員が訪ねてきたとき、コネルの頭には自分の使命について概略ができていた。

元のグラフトン中央教会はこれからも教会として残り、手作りの木の扉の向こうでは定期的な礼拝が行われる、と彼は発表した。建物は彼の芸術的・精神的表現の場としても使われる。正式な訓練は受けていないけれど、彼、ジョン・コネルが用務員兼牧師として教会内に住み込む。そして税金は絶対に払わない。

何があっても。


コネルがグラフトン中央教会に目を留めたときからさかのぼること一世紀、ルイスという男性がグラフトンに立って、世界の頂点から大声で叫んでいた。

それは一九〇四年だった。眼下には、小さな石壁で区切られた緑と茶色のパッチワークが広がっている。白い毛むくじゃらの点々が無頓着に草を食み、おもちゃの馬がマッチ箱のような家々のあいだをグミキャンディー大の荷馬車を引いて歩いている。かつて入植者を脅かしていた森はもうない。その代わりに、牧歌的な谷間は文明、工業、教育、布教でにぎわっている。

「私は見張り場につき、砦の上に立って見張りをしよう」［聖書『ハバクク書』第二章第一節、新共同訳より引用］ルイスはありったけの厳粛さを込めて声を張りあげた。

ルイスは正式にはルイス・バンクスといい、さらに正式には神学博士ルイス・アルバート・バンクス師として知られていた。四七歳にして既に人生における数々の出来事に遭遇した経験を持つ、名高いメソジスト教徒。その出来事とは、一一歳での大学入学、シアトルで反中国暴動において中国側について戦っているとき撃たれたこと、酒場の主人や搾取工場の経営者を貧者を抑圧していると非難したこと、そして一八九三年のマサチューセッツ州知事選挙で大差をつけられて三位になったことなどである。

グラフトンに来たバンクスは、このコミュニティが熊狩りと資本主義の両方から恩恵を受けて繁栄していることを知った。コネルが魅力を感じたのと同じ理由で、バンクスは町に魅力を感じた。ここには自分が影響力を及ぼすことのできる余地がある。バンクスは多くの著書の中で、自由は神聖な真理だとする考えを表明している。ある祈りでは、彼は「我が精神と心に（中略）自由への愛と抑圧への憎しみを植えつけてくださった」両親への感謝を捧げた。

同じように自由を愛するグラフトンの人々は、植民地時代の暗い日々から脱していた。熊の数は激減し（永遠に、と彼らは考えていた）、人間の数は激増していた。一七八六年から一八〇〇年までのあいだにグラフトンの人口は三五四人から六八二人へとほぼ倍増した。一八六〇年には再びほぼ倍増して一二五九人となり、今やバンクスの眼下では大小合わせて一九〇の農場や畑が広がっている。その多くは、できたばかりのノーザン鉄道の貨車で何トンもの羊毛、ジャガイモ、薪、カエデ糖、乳製品を市場に送り、ささやかな収益をあげていた。

この繁栄の時代、グラフトンには三つの郵便局、一一の校舎、一つの酪農場、一四の鉱山、穀物から衣服まであらゆる加工品を製造する一五の工場があった（最大の工場は年間三〇〇〇キロメートル分の木材を製造できる製材所だった）。スラブ・シティの地下に豊かに堆積した粘土は長さ九メートルの炭焼き窯六基を作るのに使われ、窯は木々や土や清潔な空気をレンガとスモッグに変えた。

グラフトンへの移住を決意したバンクスは、いくつかある魅力的な建物のどれかを買おうと検討したらしい。バングタウンには広さ八〇万平方メートルのマーティン農場（車輪修理工ネルソン・マーティンと著名なチーズ製造人である妻から命名）があった。そこには美しい伝統的な農家、丈夫な柱・梁構造の小屋、二〇〇本のサトウカエデ、納屋や工房など種々の古風な離れ屋があった。バングタウンはまた、キンバル家が町でいちばん立派な家畜小屋を建てた場所でもあった。非常に頑丈で堂々としているため〝大家畜小屋〟と呼ばれている小屋である。

もう一つ別の魅力的な建物は、大家畜小屋とマーティン農場から道路を少し行ったところ、四号線とグラフトン・ターンパイクの角にあった。ガイ・ハスキンズが経営するにぎやかな雑貨店である。ハスキンズは店の上階に住み、階下で駄菓子、天井から吊るしたハム、チョコレート、ソーダクラッカー、アイスクリーム、穀物、ガソリンを売っていた。

売りに出ている不動産を見たバンクスは農場や雑貨店に魅力を感じはしたが、彼が求めるのはもう少し雄大なものだった。一九〇〇年に新聞広告を見て、グラフトン北西部の面積八〇〇万平方メートルの広大な土地を買った。立派な農家、三軒の家畜小屋、そして町が誇る立派な天然資源の一つ、ピナクルと呼ばれる露出した花崗岩（のちにトム・プロゼイがハイキングで目指した場所）がある。

北から見ると、ピナクルは高さ四五メートルの切り立った崖の上にある。だが南からだと勾配はもっと穏やかで、四頭立ての馬車が通れるほど広い曲がりくねった道を通って到達できる。物理的に神に近づく手段として飛行しようとする人間の努力を題材にした説教をすることのあるバンクスが、この高さを霊的な恩恵として考えたのは明らかだ――ただし、もっと向上させられるものとして。

ビジョンを持つ人間にとって、その実現はいかに困難であろうと単に金と方法の問題であり、バンクスには自分の思いどおりにするための資産があった。彼は労働者の一団に命じて、手に入れたばかりの山頂まで建設資材を運ばせた。一九〇二年初頭、彼らは足場を組み、鋼鉄の塔を作った。壮大な塔だった。ピナクルの頂上から一二メートル上に延び、横には梯子がついている。てっぺんには、まるで神に捧げる皿のような、直径三メートルの木製の小さな丸い演壇があった。

一九〇二年七月六日、バンクスの就任を記念する空中説教を見るため招待に応えて大勢の群衆が集まった。南側の道には馬や歩行者の長い行列。男性は皆よそ行きの服を着てつばつき帽子をかぶり、女性と子どもは皆おろしたての白い服に身を包んでいた。目の不自由な女性ベリンダ・スティーヴンズは、しっかりした足取りの雄牛二頭が引く荷車に乗って、揺られながら進んだ。

バンクス師が梯子の鉄の横木をつかむと、集まった五〇〇人の目はその姿に釘づけになった。彼はどんどん登っていく。危険度は（バンクス自身と同じく）高かった。バンクスは彼らを教区民として確保したかった。新たな会衆となる可能性のある人々の多くが、今単なる見物のために首を伸ばしているのはわかっている。バンクスは、死に挑むような派手な芸当だけでなく自らの弁論術によって、彼らに関心を持たせ、神の栄光の啓示を求めてまた来させられることを期待していた。

彼はその場にふさわしい〝塔からの光景〟というテーマを選び、一節を引用した。

「私は（中略）見張り、神が私に何を語り、私の訴えに何と答えられるかを見よう」［前出と同じく『ハバクク書』より］

説教しているとき、バンクスは喜びにあふれていたに違いない。説教がこれほど熱心に注目されたことはない。彼の一挙手一投足、わずかな風にも反応する旗の一つ一つの動きが、群衆をさらに深く神の言葉に引き込んでいる。

説教が終わると、高揚したバンクスは一歩ずつゆっくりと地上へ下りていった。何本の手と握手し、いくつの笑みを向けられたかはわからない。やがて彼はちょっとしたことに気がついた。一二メートル上方のバンクスを見ているとき、彼が発した言葉を聞き取れた者はごく少数だったのだ。頂上の音響効果によって、彼の言葉は塔の下に立っていた者よりも近隣の地区のほうにずっとよく聞こえたことが、のちに明らかになった。

植民地時代ははるか昔になったが、グラフトンは個人の自由という概念に固執しており、それは一〇〇年後、新しいリバタリアンの世代にとって非常に魅力的なものになる。住民は税金が少なく政府の介入が乏しい町を作っていた。いったん登れば声がほとんど聞こえなくなるほど高くそびえる壮大な説教壇を、人が自由に作ることのできる町である。

第一二章　熊との戦い

私は彼の時間、彼の季節を知っていた、彼が私のそれを知っていたように
夜、彼は熟したトウモロコシの畑を荒らし、私の家からパンを奪った
私は彼の強さ、彼の狡猾さを知っていた、彼が私のそれを知っていたように
夜明け、彼は密集した山羊小屋にこっそりと入り、私が眠っているあいだに盗んでいった

――ラドヤード・キプリング、『熊の休戦（The Truce of the Bear）』（未邦訳）、一八九八年

狂ったような鳴き声がダイアン・バーリントンを深い眠りから目覚めさせた。羊飼いは本能的に反応し、上掛けをはねのけて手すりをつかんだ。

襲撃者が人間か、動物か、はたまた超自然的な存在かはわからないが、バーリントンは気にしなかった。眠くて裸足だったとはいえ、彼女はバカにされて黙っている人間ではない。相手をボコボコにしてやる。

台所の隅で壁に立てかけたライフルを取る――念のために。台所の引き出しから拳銃も取り出す――念のために。

そして、野生の世界の中で文明を守る粗末な堡塁である玄関ドアから、外に飛び出した。バーリントンのような公共心ある人々の努力にもかかわらず、ルイス・バンクスがピナクルから説教した時代以降の歳月、グラフトンは徐々に混沌の坂を滑り下りていた。昔、啓蒙思想の時計の針は、グラフトンの狼や熊や森をせわしなく払いのけて家や農場や羊を守った。だが資本主義のモーターが停まると時計は錆びつきはじめ、断続的に起こる火事や洪水によって文明はゆっくり衰退していった。一九三五年から二〇〇二年までに郡の農地の九二パーセントが失われ、畑は鬱蒼としたイバラの茂みに、そしてもつれた若木の森に戻った。かつて税金で維持されていた道路は、熊が喜んで略奪するブラックベリーの林となった。州内で最も農業化が進んでいた地帯は、最も森林化した地帯になった。今世紀最初の二〇年で多くのキャンプが森の中にできた一方、国勢調査データはグラフトンの恒久的な家屋の三分の一が空き家であることを示している。荒野による侵食の予兆を示すのは、家の中や車のボンネットの下に率先して巣を作る鼠たちだ。放っておいたら、鼠はさらに大きな動物、水、風、草木による侵入の道を開く。現在、州はグラフトンの地域全体を一つの熊棲息地と考えている。

バーリントンの両親はバビアルツ夫妻に家を売ることではからずもフリータウンの誕生に道筋をつけてしまったが、彼ら自身は公務員として生涯を過ごしていた。四〇年間、ジューン・バセットはグラフトンの子どもたちを乗せてスクールバスを運転し（最初は警察署長が持つ古いバスだった）、町の出納係として帳簿をつけ、ジョンは町の道路管理者という肩書で可能な限り多くの道路を掘り返して維持した（その職はやがて息子に引き継がれることになる）。一九六一年、当時二〇代だったバセット夫妻は七〇〇〇ドルでスラブ・シティに森林再生した一・八平方キロメートルの土地を購入した。そこには廃校になった校舎もあった。当時、敷地は低木や伸び放題の雑草で覆われていた。御影石の玄関ステップと地下室の入り口の穴だけが、炭焼き窯の爆発による火災で焼けたか崩壊した建物のあった場所を示していた。バセット夫妻は牛や羊が暮らせるよう土壌を再生させ、校舎を居住可能にするため浄化槽を設けるなどの改善を施して近代化した。その校舎で育ったダイアンは、結婚すると、夫とともに古い窯跡からレンガを掘り出して暖炉を作った。

一九九三年、校舎と新たに耕した土地の一部をバビアルツ家に売ったあと、ダイアンと母親は新しい家に精力を注いだ。家があるのはグラフトン・センターを見下ろす小高い牧草地だ。無慈悲な森とは対照的な、羊が点在する小ぢんまりした緑の丘である。

玄関ドアをバタンと閉じてポーチのステップを急いで下りていくとき、ダイアン・バーリントンの頭の中では、暗い森から現れて羊を怖がらせているものの正体に関する不安が渦巻いていた。グラフトンにおいては、そういうものは日常的に出現した――ここは、空想と現実の奇妙な混合が、周囲の森を妖しく神話的な生き物が棲息する独特で異様な風景に変質させている場所なのだ。

たいていどんな場所でも、歴史をさかのぼればさかのぼるほど、森の棲息者は怪しげで神秘的になっていく。そして実際、グラフトンに入植した最初のヨーロッパ人は、危険なほど重苦しい悪鬼、悪魔、魔女、吸血鬼の神話に押しつぶされそうになっていた。しかし、新しい森には独自の現代的な神話が生まれていた。それはグラフトンの集団心理に深くカギ爪を食い込ませている。

理由の一つは、気味悪い生き物が本当に森に棲息していることだ。一八九〇年、オースティン・コービンという裕福で風変わりな土地投機家が、グラフトンからほんの三六キロのところに夢あふれる猟鳥獣保護区域を作った。そのコービン・パークは、オオツノヒツジ、ロシア産の猪、ヘラジカ、そして世界一大きなバイソンの群れといった輸入動物の逃亡を防ぐため、長さ四八キロメートルの丈夫な防護フェンスで囲まれていた。

ところが『ジュラシック・パーク』さながらに、一九三八年のニューイングランド巨大ハリケーンがコービン・パークの防護フェンスを破った。数百頭の動物が脱走して森に逃げ込み、一部はそこで繁殖した。今も、体重三〇〇キロもありそうな毛むくじゃらで牙の生えた猪の目撃が報告されている（ちなみに、それは一般的なアメリカの黒熊の成獣に比べて大きさは二倍だが、ごくたまに人を踏み殺すこの地域の巨大なヘラジカの半分でしかない）。風速八三メートルに達したハリケーンの突風は家を押しつぶして木を根こそぎにし、地形を一変させた。嵐が去ったあと、広範囲にわたってなぎ倒された木々は、足の踏み場もないほどもつれ合って積み上がっていた。六年後の一九四四年、グラフトン郡でニューハンプシャー州初のコヨーテの目撃が報告された。それはアメリカのほかの地域のコヨーテよりはるかに大きく屈強で、遺伝子検査の結果、狼の血が三〇パーセント入っていることが判明した。コヨーテは時折、群れになって、犬を連れてグラフトンの林道を散歩する人のあとをつけている。

こうした危険に囲まれているため、バーリントンは銃、自らのよく響く声、敷地の周りに張りめぐらせた高電圧フェンスで牧草地を守っている。時々熊が弱い部分を探してフェンスの前をうろつき、一方コヨーテと狼の雑種は不注意な羊がさまよい出てくるのを待って身を潜めている。羊が近くまで来たら、噛みついて温かな肉を真っ二つに引き裂こうとしているのだ。バーリントンは過去にこういう雑種を撃ち殺したことがあるが、やつらを狩りによって絶滅に追い込むのは不可能だ。棲息密度が低くなったら、もっと頻繁に、そして一度にもっと多く、子を産むようになるからである。どれだけ狩りをしても町に野生動物が出没するのは止められそうになく、フリータウン時代は変化の速度に勢いをつけただけだった。

科学的証拠が充分存在する恐ろしい生き物に加えて、グラフトンの一部の人々は証明されていない大型動物も森をうろついていると信じている。ある男性は、鷹くらいの大きさのトンボを何度も見たと言った。別の男性は、未確認生物学者にビッグフット［アメリカで目撃されている二足歩行の未確認生物］棲息地として知られているこの地域（そして、一九六一年にベティとバーニーのヒル夫妻が被害に遭ったと報じられるアメリカで最も有名なUFO誘拐事件の現場からほんの八〇キロメートルという場所）で、人間の手よりずっと大きい鳥の足跡を見たと述べた。グラフトンの多くの人が、州内での棲息が正式に確認されていないピューマが存在していると主張している。

というわけで、バーリントンがコートを引っつかみ、素足でネグリジェの裾をはためかせた「半分裸」のような格好で湿った地面に走り出たとき、どんな動物に遭遇するのか予想はできなかった。

家のポーチのすぐ前には草が生い茂っている。うなりをあげて草をなびかせる風は、ほとんどやむことなく吹きつづけている。バーリントンは坂道を駆け上がり、家畜小屋の向こう側へと向かった。羊の鳴き声の合間に、奇妙ないななきが聞こえてくる。

《いったい何事なの？》彼女は心の中でつぶやいた。

いななきは飼っているラマ、ハリケーンの声だった。危険が迫ってストレスを感じると、このラマは感情のこもった声を出す傾向がある。今、ハリケーンはそういういななき声をあげていた。危機にさらされたときにだけ出す、激情と怒りの甲高い鳴き声。

バーリントンが角を曲がると、夜明けのかすかな光が、虐殺らしきものの場面を照らし出した。おそらくはグラフトン近郊のキャンプを襲った成功によって大胆になった熊が、リングに上がるプロレスラーよろしくバーリントンのフェンスの電線のあいだをすり抜けて入ってきたのだ。蹄のついたマトン肉のにおいに誘われた熊は、蜜を守る蜜蜂に刺された程度にしか電気ショックの痛みを感じておらず、今は駆け回る羊の群れの一頭に狙いをつけている。

バーリントンは飼育場に走り込んだ。ほとんどの羊は小屋に逃げ込んでいたが、残された羊と熊がもつれて勢いよくフェンスに突っ込み、フェンスが柱から外れて電気が通らなくなっていた。一頭の雌羊が網に絡まり、パニックになってもがいている。

《どうしよう》バーリントンは思った。《この子、窒息死しちゃう》

彼女は熊に背を向け、二挺の銃を持ったままコートのポケットから鋏を取り出した。チョキチョキと鋏を二回入れて雌羊を解放する。雌羊は奇跡的にも無傷のようだった。

バーリントンは立ち上がり、片手にライフル、片手に拳銃を持って熊に向き直った。目は、まだコーヒーを飲んでいない農婦の険悪な光でぎらついている。しかし、侵入したら素早く静かに羊を奪うことを目論んでいた熊は、既に暗い森という隠れ家に向かって走りだしていた。結局、ラマのハリケーンはまだ食われていなかった。羊に交じって育てられたハリケーンは羊が大好きだった。親友は羊だった。自分は身長一八〇センチ、体重一八〇キロの巨大な羊だと思い込んでいた。牧場で最も大きく最も強い動物として、バーリントンの保安官代理を自任していた。何年ものあいだフェンス沿いをパトロールし、危険がないかと森の様子を窺い、雨の中で子羊たちとともに待ち、夕方に迷子になった羊を捜し、夜には羊のすぐ横を歩いて皆がちゃんと小屋に入ることを確かめていた。

熊が逃げると、ハリケーンはバーリントンの横をすり抜けて草の上を走りだした。

「ハリケーン！」バーリントンは叫んだ。「だめ！」

だが自警団員になりきったハリケーンは、今や電光石火のごとく黒い影を追って坂道を下っている。早駆けするラクダのように長い首を前に伸ばして。

《バカなラマ》バーリントンはそう思って走り出したものの、このレースではとんでもない大差をつけられた三番手だった。前方を走る熊を見た彼女はふと、別の危機が迫っていることに気がついた。

《フェンスまで行き着いたら、熊はどうするかしら？》

熊を立ち入らせないために作った丈夫なフェンスは、今や熊を閉じ込めようとしている。ハリケーンは熊にほぼ追いつき、丸い尻に噛みつこうとしていた。フェンスまで行ったら、熊は我が身を守るため振り返ってラマを殺すしかないだろう。

両手に銃を二挺持ったバーリントンは、手がもう一本あればよかったのにと心から思った。

《もっと大きいものを持ってくればよかったのよ、大砲か何かを。家に戻って30‐06弾を撃てる銃を取ってこようかしら、それともここにいたほうがいい？》いずれにせよ一発で命中させることは難しそうだ。だから彼女は走りつづけ、熊がハリケーンを食べたあとこちらに向かってきたときに備えて拳銃の撃鉄を起こした。

熊はフェンスのことを忘れていたらしく、全速力で高圧の電線六本にぶつかり、跳ね飛ばされてぐるぐる回転した。ラマはまだすぐ後ろについている。

自暴自棄になった熊は後ろを向き、殺意を持ってハリケーンに襲いかかった。戦いは激しく、あまりに短時間だったので、バーリントンはなすすべもなく見つめることしかできなかった。

「そのときよ」のちに彼女は言った。「ラマについて読んでいたものを、実際にこの目で見たのは」

ハリケーンは猛然と熊に立ち向かった。目の回るような激しい殴り合いや噛み合いが繰り広げられる。ラマのパンチはもっぱら熊の喉、胸、頭に向かった。一方、熊は歯をむき出してうなりながら無為な攻撃を行うばかりで、ハリケーンに爪を立てることもできないようだった。

傷だらけで血まみれになった熊は、威厳をかなぐり捨てて最後の力を振り絞った。フェンスの隙間に体を押し込んで柳の林に駆け込み、相手が追ってこられなさそうな茂みのある大きな沼に向かったのだ。ほぼ無傷のハリケーンは、鼻息を吐き、いななき、足を踏み慣らして、フェンス沿いを行ったり来たりした。

バーリントンは家の中に戻ってブーツを探した。

第二部　不揃いな成長

草の葉が敷石のあいだから顔を出す
そして平らな面に日光を浴びる
黄金色や翠玉色の光を
反射する
通りすがりの人たちの目に。

そして敷石の上では
四角い足で重い
訓練された熊が踊っている。
敷石は足に食い込む
鼻につけられた輪は
痛みをもたらす。
それでも熊は踊る
飼い主が尖った棒で
毛皮の下の肉をつつくから。

今や群衆は見とれ、笑い、
少年や若い女は熊の踊りに合わせて足を動かす。
翠玉色や黄金色の砂埃を受けて
熊はよろめく
そして群衆はおおいに喜ぶ。

熊の脚は疲れて震え
背中は痛み
光る草の葉に目がくらみ、頭はぼんやりする。
それでも熊は踊る
あの小さな尖った棒があるから。

——エイミー・ローウェル、『熊の巡業（*The Travelling Bear*）』（未邦訳）、一九一五年

第一章　ユートピアの開拓

彼は、いつも熊の脂を塗っているこれらの若い社交家の紳士たちに、不運にも熊の性質や性格がわずかでも染み込むことがありうるのかを知りたがった。彼は身を震わせてそのような発言を行った。だが、調べた結果この仮説が充分根拠のあるものだとわかったならば、不愉快で奇矯な行動のかなりの部分が説明できることになる。こうした発見がなければ、そのような行動はまったく説明不可能なのである。

——チャールズ・ディケンズ、『全進歩のためのマドフォッグ協会第二回会議詳細報告書（*Full Report of the Second Meeting of the Mudfog Association for the Advancement of Everything*）』（未邦訳）、一八三七年

フリータウン信者の究極の目標は、企業経営者たちが住む隠された峡谷が純粋な自由市場によって支配される異端社会ゴールト・ガルチを形成するという、アイン・ランドの小説『肩をすくめるアトラス』で述べられている。彼らの資本主義的ユートピアは、アメリカの主流——寄生的な政府による介入のせいで鉄道、銅山、製鋼所といった相互依存的なビジネスが基本的な材料の不足のために失敗し、渓谷の外にいる者を無法の暗い時代へと引きずり込む社会——とはまったく対照的である。

グラフトンのフリータウン信者は、ランドの描いた市場原理社会の理想に従って、あらゆるものを私有化し、規制を緩和しつづけた。彼らは七年という長きにわたって、倹約志向の人々と同盟を組んで、目についたありとあらゆる規則や税金に声高に反抗した。町の予算から支出が少しずつ減らされ、肉を削ぐように公共サービスが徐々に削減されていった。

彼らは電気代を節約するため町の街灯のほとんどを永久的に消し、幹線道路の資材や設備を節約するため長い砂利道を分断した。町はクリスマスの照明や独立記念日の花火といった虚飾への支出をやめた。町計画委員会は残ったが、フリータウン信者や彼らと志を同じくする住民は、委員会の二〇〇〇ドルの予算をまずは五〇〇ドルに、次にはわずか五〇ドルにまで減らした。ところがリバタリアンの期待とは裏腹に、フリータウンでの実生活はランドが小説で描いた展望とは真逆のように感じられた。二〇一一年、アメリカのここ以外の地域が穏やかで順調な暮らしを送っている一方で、グラフトンの公共サービスの穴は大きく開き、社会には停滞感が広がっていた。

いくつか望みのありそうな努力はなされたものの、公共サービスに取って代わるランド的な有力な民間企業は現れなかった。ボブ・ハルが運営する仮想の民間消防署では、現実の火事を止められなかった。自由を掲げた農産物直売所はしばらくはにぎわったが、やがてなくなった。社会奉仕を行う市民軍の創設が提案されたけれど、実現することはなかった。

そのあいだも厳しい削減は続き、かつて活気のあった町役場は社会の衰退の象徴となった。町内にあるわずかな舗装道路では、修理されることなく放置されたアスファルトのひびは割れ目に成長し、やがては草の生える穴になった。アスファルトなどの資材を購入するための四万ドルの支出を有権者が否決すると、窮地に陥った町職員は、グラフトンは道路を完全に失ってしまう深刻な危機にあると警告した。町はまた、小さな橋二本が管理を怠ったため崩壊の危険にさらされていると州から通告を受けた。

グラフトンの町役場は〝少々みすぼらしい〟から〝完全な荒廃〟にまで悪化した。町の書記官とあと数人の職員は、書類を作ったり町民の苦情に対処したりするとき、先端が銅でできたヤドリギのように天井からぶら下がるむき出しの電線の下に立っていた。壊れた給湯器を取り替える予算がないため、職員は氷のように冷たい水で手を洗わざるをえなかった。建物の外壁に傷がつくと、自然がそれにつけ込んだ。屋根の大きな割れ目から雨水がしたたって横の壁に染み込み、見えないひびから蟻や白蟻がぞろぞろ入り込んで、壁、床、天井、そして——あまり動いていないと——人間の上を這った。町の行政補佐官トレーシー・コルバーン（町で数少ない、銃を持たず政治に関心がない人間の一人）は辞職した。

リバタリアンがサービスの削減を進めるにつれて、その穴から現れたのは個々人が責任を持つ理想的な文化ではなく、種々雑多な森のにわか作りのキャンプであり、一部の人々は下水の漏れなど不衛生な生活状況について苦情を申し立てはじめた。ほかの指標も悪い方向に動いているようだった。リサイクル率は六〇パーセントから四〇パーセントに下落した。警察が報告する年間の性犯罪者登録数は二〇〇六年の八人から二〇一〇年の二二人へと着実に増えた——住民六〇人に一人の割合である。二〇〇六年、ケニヨン署長は州当局と協力して、町内の覚醒剤密造所にかかわるグラフトン住民三人を逮捕した。二〇一一年にはグラフトン史上初の殺人事件が起こった。一時的に共同生活をしていたルームメイト二人から〝たかり〟だと非難された男が、九ミリ口径の拳銃と四五口径の銃で二人を殺したのだ。うち一人には一六発も銃弾を浴びせたという。二〇一三年、警察は武装強盗を働いたグラフトンの男を射殺した。警察への通報総数は一年間に二〇〇件以上増加した。

ニューイングランドの小さなコミュニティの多くでは、法律が守られていないという意識が大きくなれば警察を増強しようとしただろう。しかしグラフトンの警察署は、ほかのすべての部署と同じく財政難に苦しんでいた。緊縮財政のせいで、一二年間乗りつづけている一台だけのパトカーはしょっちゅう修理に出されており、警察署長（その昇給の要求は二〇一〇年に有権者により否決された）が年次報告書で述べたように、修理のため「年間を通じて稼働不可能なときが多く」あった。

こうした公共サービス――道路、橋、町役場、照明、警察の機動性、その他もろもろ――はすべて、固定資産税を低く保つためのきわめて重要な戦いの犠牲になっていた。

では、グラフトンの税はどれほど低いのか？

ニューハンプシャー州（所得税も売上税もない州）における地方固定資産税は市町村によってまちまちである。たとえば、かつての工場地帯クレアモント市では、二〇一〇年時点で不動産評価額一〇〇〇ドルにつき一一・九四ドルだった。これは州内でもかなり高いほうであり、市は公園、インフラ、経済計画、安全のための施策に多額の税収を使っている。

クレアモントと同じく、グラフトンも救急サービス、道路の保全管理、環境に配慮したゴミ処理、保険事業や法律扶助、犬の登録、橋の維持、一般に利用可能な町史の管理、そのほか基本的と考えられる種々のサービスを行うよう、州から法的に要求されている。

小さな田舎町はこういう業務を雀の涙ほどの予算で実行することが多いが、ほかの町に比べてその雀がさらに小さい町もある。たとえば、グラフトンとその北隣のカナンでは統計上の世帯収入はほぼ同じだが、責務の果たし方は大きく異なっている。カナンの公務員のほとんどは自分たちを財政的に保守的だと表現するだろうが、グラフトンはひたすら公共的な支出を免れることだけにその才能を駆使してきた。

昔からずっとそうだった。一七〇〇年代末、グラフトンとカナンがそれぞれ人口数百人だけの隣り合う入植地だったときでも、カナンは訓練中の市民軍に食べさせるため公費を支出したのに対して、グラフトンはそれを投票によって否決した。当時、そういう決断のおかげでグラフトンの税率はイギリス通貨で不動産評価額一〇〇〇ポンド当たり二ポンドだったが、カナンの住民はもっと重い税率、二ポンド三シリングを課せられていた。

どちらのコミュニティも、人口を増やすという目標を掲げて住民に税を課していた。コミュニティが人々を引きつけて定住させることができれば、より多くの納税者に薄く広く税金をかけ、経済成長と繁栄の有効なサイクルを生み出せるようになる。しかし二つの町の違いは、人々を引きつけるのにカナンが税によるサービスを強調したのに対して、グラフトンは低い税率を強調したことである。

国家統制主義的なカナンのやり方の根底には、選ばれた公務員は納税者自身よりも上手に納税者の金を使うことができるという考えがある。逆にグラフトンのやり方は個人主義的である。自分の金を自由に使うことのできる人々は行政府よりも優秀で合理的な判断を下せる、というものだ。

二〇〇年間、ニューイングランドの農業経済が急激に栄えたあとゆっくり衰退していくあいだ、二つの町はこうした違いを保ちつづけた。好景気の時代から南北戦争にかけての期間、グラフトンとカナンは繁栄の時代に栄えた資本主義的勢力に支えられており、一八五〇年にはグラフトンの人口は一二五九人、カナンの人口はもう少し多く一六八二人に増加した。

南北戦争後、ニューイングランドの農業経済は西へ移り、どちらの町も人口が減少した。カナンは将来に投資することにして、新たな住民にアピールしそうな公共インフラを整えた。

グラフトンは別の方法を採用した。一八八一年、好景気によって町の資金に余剰が出ると、全住民への一年間の課税免除を町民集会で採択した。一九〇九年、消防署に資金を出すことを初めて拒絶してから間もなく、グラフトンは一五〇ドルの警察署を建てるという計画も否決したため、その後八二年間、歴代の警察署長は自宅で仕事をし、取り調べを行い、犯罪記録を保管することを余儀なくされた。

二〇一〇年のグラフトンの人口は一三四〇人で、一八五〇年からほんのわずかの増加である。だが同じ期間、税率が高いにもかかわらずカナンの人口は三九〇九人にふくらんだ。

カナンの税制計画のほうが優秀だったと考えることは可能だ。だがもしかすると、フリータウン信者が信じているように、まったく逆なのかもしれない。グラフトンの税金はこれでも高すぎた可能性がある。そこでグラフトンは反税金の戦いをさらに強化させた。二〇〇一年、町は地方税収として予算額五二万ドルを計上した（州からの補助金といったそのほかの収入はこれに含まれていない）。二〇一一年には、町の予算における税収は四九万一〇〇〇ドルに減った。インフレを考慮に入れると、町は人口が一八パーセント増加したにもかかわらず、その同じ期間に購買力を二五パーセント削減したことになる。あらゆるサービスが切り捨てられたわけではない。むしろ特定の支出は増えている。フリータウン・プロジェクトが始まるまで、町が訴訟にかける費用はたいてい一年に一〇〇〇ドル以下で、二〇〇四年には総額二七五ドルだった。ところがフリータウン・プロジェクト始動後、グラフトンでは訴訟志向が上昇したため町の訴訟費用は増加し、二〇一一年には九四〇〇ドルに達した。

グラフトンはまた、収入が一定額以下の住民には申請に応えて公的扶助を行うことを法的に定められている。フリータウン・プロジェクトが始まる前は、町が支払う公的扶助の額は多くの場合一万ドル以下にとどまっていた。しかし二〇一〇年にはその額は四倍以上になり、四万ドルを超えた。

グラフトンとカナンはあまりに大きく違っているので、二つの町が双子のような入植地として始まったことなど、誰も夢にも思わないだろう。一五〇年にわたるコミュニティ形成の結果、カナンには小学校一校、複数の教会、レストラン、銀行、土産物店一軒、ベーカリー二軒、ペットホテル二軒、金属細工店一軒、複数の集会場、コンビニエンスストア、農場、芸術団体一つ、動物病院一軒、何十もの小企業があり、それぞれが町の特色と共同体意識の形成に寄与している。

対照的に、グラフトンにあるのは経営難の雑貨店一軒、唯一の観光スポットであるラグルズ・マイン、慢性的に財政難の公共サービス一式、そしてジョン・コネルの独特の考えによって運営される教会一つである。

だがグラフトンの税金は低かった。もっと正確に言うと、一応低かった。私は、これだけ長年奮闘してきたのだからグラフトンの税率はカナンの税率の数分の一になっているとばかり思い込んでいた。ところが実は、それほど大きな違いではなかった。カナンは数十年にわたって人口を多く保ってきたおかげで、税率を比較的低く抑えながら公共財に多額の費用をかけることができる。二〇一〇年、グラフトンでの税率は評価額一〇〇〇ドルにつき四・四九ドル、一方カナンは六・二〇ドルだった。つまり、一五万ドルの価値がある家に住む人は、グラフトンなら地方税を年間六七三・五〇ドル払い、カナンなら九三〇ドル払うことになる。

言い換えれば、グラフトンの納税者は一日に七〇セントほどを節約するために、カナンの住民が享受するものを手放してきたのである。

グラフトンに比べてカナンが成功しているのは、税金の存在意義を物語っているのか？　それとも、これはただの偶然だろうか？　結局のところ、高い税金は人をコミュニティから追い出す可能性もある。だからこそ多くの人が、図書館、街灯、手入れされた道路、プール、テニスコート、農業祭、博物館、運動場、庭園といった税金を食う不要な公共投資に反対票を投じるのである。

二〇一九年、ベイラー大学のある研究者グループが、こういう〝虚飾〟よりも低い税金のほうを支持する人々について調べることにした。三〇年分の基本的ではない公共サービスに対する公共投資のデータを調べ、主観的な幸福度との相関関係を調査した。その結果、カナンの成功はまぐれどころか、完全に予測可能な結果であることが判明した。充分に予算をかけた公共サービスを持つ州の住民は、そうでない州の住民よりも幸福を感じている。この幸福度のギャップは社会のあらゆる集団に共通している──富裕層でも貧困層でも、教育レベルの高い層でも低い層でも、既婚者でも独身者でも、年長者でも若者でも、健康な人でも病人でも。

研究者は、このデータは「州が公共財に投資すれば（中略）人々を公共スペースに集めて人的交流や社会参加を促す効果が得られることが多い」という常識的な考え方を実証している、と述べた。時が経つにつれて、「こうした小さな交流の積み重ねが市民同士の社会的な絆を強め、そうしてより大きな幸福を促進することができる」のだ。

だが、一つ注意しておくべきことがある。公共投資は幸福と関連しているが、実際に幸福を生み出すわけではないかもしれない、と論文の著者は述べた。収入の多寡にかかわらず、もともと幸福な人々は幸福でない人々よりも税金の支出に積極的であるだけだ、ということも考えられる。

それが真実だとしたら、公共サービスに対するグラフトンの財布の紐の堅さは、必ずしも住民の不幸の原因ではないということになる。むしろ、低い税率は、長年のうちに不幸な人々の避難所になった町にとっての予測しうる結果だったのかもしれない。

第二章　火災の歴史

無限の虚空のこの隅で、大日如来は集まった自然の元素やエネルギーすべてを相手に対話を行った。（中略）
「未来のいつか、アメリカと呼ばれる大陸が現れる。（中略）その時代の人間はありとあらゆる手に負えない面倒な問題に巻き込まれ、強大で知的な仏陀の性質を持ちながらもすべてをほぼ壊滅するであろう。
（中略）その未来のアメリカ時代、私は新たな形を取る。愛がなく絶望的に飢えて救いを求める知識やふさわしくない食べ物を食べる愚かな怒りに満ちた世界を癒すために」
そして大日如来は真の姿、スモーキー・ザ・ベアとなって現れた。

——ゲーリー・スナイダー、『スモーキー・ザ・ベア・スードラ（*Smokey the Bear Sudra*）』（未邦訳）、一九六九年

フリータウン運動が勢力を増すにつれて、消防署に税金をかけすぎているという昔からの主張も力を増した。火事は何十年ものあいだ、さまざまな場所で起こっている。だが一人一人にとっては、たまに起きるだけのちょっとした災厄にしか感じられない。しかしそういう考え方は、直接の被害者にとって

だけでなくコミュニティ全体にとっての、火事の壊滅的な結果を見えなくしている。

たとえば一九三八年のある夜を見てみよう。メアリーとビルのワトソン夫妻は、寝室の窓ガラスを凍りつかせる冬の寒さに負けじと、暖かなベッドで身を寄せ合ってぐっすり眠っていた。グラフトンじゅうのどの家でも、同じような暖かさの小さな奇跡が起こっていた。過酷な風や雪の最中にも、人間の明るいエネルギーは安楽を得ていたのである。だがワトソン夫妻は間もなく、適切な行政サービスを欠くコミュニティで暮らすのがどういうことかを、考えうる最悪の方法で学ぶことになる。

彼らの家は、家畜小屋と自動車修理工場を含む連結した建物の一部だった。彼らがそこを購入したのは一九二七年、新たな人生を始めるため子どもたちを連れてマサチューセッツ州からグラフトンに移住したときだった。

修理工場は賢明な投資だった。今や、どんなに熱心な馬車愛好者も内燃機関が一時の流行ではないことを渋々認めており、道路上の車の爆発的増加に対処するため修理工場は至るところで雨後のタケノコのごとく増えていた。

金銭的に厄介な税と物理的に厄介な熊に独自の方法で対処していたグラフトンでは、アメリカ全土に広がる楽観主義は控えめだった。それでもワトソン家は、農夫や教師、工場労働者や観光客、旅行者や鉄道労働者、商店経営者などの車を修理して繁盛していた。

その冬の夜、午前二時頃、寒さ以外のものがワトソン夫妻のＲＥＭ睡眠に忍び込み、彼らの意識を徐々に覚醒させていった。においだ。つんと鼻を突く不吉なにおい。一人が目覚め、何が起こっているかを悟った。

小屋の裏手が燃えている。

火事の初期に気づいたワトソン夫妻は幸運だった。彼らは子どもたちを起こしてベッドから連れ出し、炎が修理工場や家まで広がる前に警報を鳴らした。

グラフトンの中心地からワトソン家の修理工場まで、消防車ならほんの数分で到着しただろう。しかしそんな仮定はワトソン一家にとってなんの意味もなかった。なぜなら、一九三八年にグラフトンに消防車はなく、そもそも消防署すらなかったからだ。

これは、単に昔だからという話ではなかった。一九三八年時点で、ニューハンプシャー州ハンプトンの消防署は一〇〇年以上前から存在していた。カナンは一八九〇年に、手鉤、梯子、ホースを備えた最初の消防隊を結成した。グラフトンの西隣のエンフィールドも一八九二年にそれに続いた。

しかしグラフトンの有権者は消防への支出を拒み、そのせいでほかのコミュニティがグラフトンに水を運ぶことになった。

ワトソン夫妻がやきもきして待っていると、カナンのボランティア消防団が四号線を走ってきて、幸いにも火が家まで回る前に到着した。一方ワトソン家の隣人たちは、隣人としての最善のわきまえとして、最悪の事態に備えて家具など価値のあるものを家から草地へと運び出していた。

カナンの消防士は、距離だけでなく、消火栓が一つもないというグラフトンのインフラの欠陥にも苦労させられた（この欠陥は、連邦政府資金による市民保全部隊が作る計画的に配置された火災用貯水池によっていったん解消されたが、グラフトンが維持管理を怠ったせいで池には自然の沈殿物がたまり、結局使えなくなった）。カナンの消防士は器具を使って四号線沿いを流れるスミス川の氷に穴を開け、ポンプで氷の下の水を汲み上げた。

修理工場と家はまだ焼けておらず、ワトソン夫妻はカナンの消防士が小屋の火を鎮めるのを見守った。ところが炎がおさまったと見えたそのとき、ポンプが泥に埋もれてしまい、水の流れが止まった。

消防士が必死になってポンプを抜こうとしているうちに、炎は再び大きくなった。勢いを取り戻した火炎に、小屋の残り、次に修理工場、そして悲しいことに家が包まれるあいだ、ワトソン夫妻はそわそわと歩き回ることしかできなかった。朝には、工場と家で残ったのは煙突一本だけになっていた。雪に覆われた荒涼たる地面から、黒焦げになった石の柱が突き出している。

「おぞましい光景だった」とワトソンの子孫の一人は書き残している。しかも、朝日が照らしたとき初めて、誰かがまったく隣人としてのわきまえもなく、家から救い出していた持ち物の多くを草地から盗んでいたことが判明した。

それは、近所付き合いという意味でも火事という意味でも災厄の年だった。ワトソン家の建物が燃えたのは、その年に七度続いた原因不明の火災の一つだった。そのため、清廉な住民の中に泥棒のみならず放火魔が存在しているという噂が広まった。

グラフトンのような町と自然の力とは常に緊張関係にあり、その傾向はセメントで固めた地面に広がる都市部よりも強い。一方では、人間の男女はフェンスを作り、溝を掘り、草や木を刈って、自分たちの周りを切り開いて安定性と空間を生み出す。他方では、自然はゆっくりとだが容赦なく、種々の要素によって木材を朽ち果てさせ、土台にひびを入れて、人の暮らしを侵食していく。グラフトンにおけるそうした要素とは、貯水池にたまった沈殿物、鶏小屋を襲って打ち壊す熊、そして最も破壊的な、すべてを灰にしながら通り過ぎていく炎である。

際限なく起こる建造物火災はグラフトンの社会構造を少しずつ消滅させていき、町を、バンクスがピナクルで説いた啓蒙から新たな未開の時代へと押しやっていった。

一八八八年のある月曜日の朝、スラブ・シティの巨大な炭焼き窯の一つが爆発した。火災は数軒の家とその地域の炭製造業を完膚なきまでに破壊した。数年後、一年に二四〇〇立方メートル分の木材を製造できるグラフトン最大の製材所が、石の土台だけを残して全焼した。一九〇四年、山火事でルイス・アルバート・バンクス師の家と小屋三軒が焼けた（バンクス自身は火事の被害を免れ、ピナクルから定期的にほとんど聞こえない説教を行いつづけた）。二年後、春のある日曜日の朝、欠陥のある煙突のせいでグラフトン中央駅と数軒の家が焼け落ちた（幸いにもグラフトン中央教会は含まれていない）。

一九一八年、八人の子を持つ三一歳の母親ルーシー・ローリンズは、うっかりガソリン缶を薪ストーブの上に落としてしまい、家、家畜小屋、近くの製粉所、彼女のドレス、そして悲劇的にも彼女自身が炎に包まれた。彼女は数日間苦しんだ末に死亡した。

被害を受けた建物はほかにもある――町最大の企業ユナイテッド・マイカ・マイン社の工場労働者が住み込む建物が焼けた。ホイト大尉の子孫オーガスタス・ホイトの家畜小屋も焼けた。放火犯に火をつけられた校舎は永久に閉鎖された。バングタウンのキンバル家の大家畜小屋は全焼した。バングタウンの雑貨店も燃え、駄菓子やアイスクリームや天井から吊るされたあのおいしいハムも、どんなに好き嫌いのない熊でも食欲をそそられないほど焼けて溶けてしまった。

例を挙げればきりがない。

一九三九年、ワトソン一家が家と修理工場を失った数カ月後、グラフトンの行政委員会はついに――やっと！――行動を起こすことにした。町民集会で、行政委員は有権者に、一年当たり四〇〇ドル（二〇一九年の四二〇〇ドルほどに相当）の五回の分割払いで消防車、ポンプ、ホース、付属品を購入することを提案した。

有権者は拒絶した。

六カ月後、八月のある夜の午後一〇時頃、バングタウンでまたしても悲劇が起こった。マーティン農場の家畜小屋に停めた干し草を積んだトラックのショートによって、敷地内の木材がすべて灰になった（ワトソンの修理工場がまだ存在していたなら、トラックの定期検査によってこの惨事は避けられた可能性がある）。

その後さらに一〇年間、家は燃えつづけ、有権者は時間を空費しつづけた。

グラフトンは建造物火災に対処できる手段を何も持っていなかったが、州には燃焼許可証を発行し、可燃物の安全な保管について一般市民に教育を施すことで山火事を防ぐという、火災監視プログラムがあった。

一九四二年、ワトソンの修理工場の火事から数年後、レス・シーマンズという男性が火災管理代理人の肩書を得、それ以外にも雑多な仕事――猟師、罠猟師、ジャガイモ掘り、木こり、皮なめし職人、製粉所労働者、フェンス製造職人、ボウリングのピン立て係――を行って家族を養った。妻マリオンとともに三人の子どもを育てていたシーマンズは、町の将来に関心を持っていた。マリオンは教育委員長、町の図書館員、そして郵便局長を務めている。彼の弟は警察署長だ。彼らはグラフトンを一つにつなぎ留めておこうと努力していた。

火災管理代理人たるシーマンズは、火事がワトソン家のような不幸な家族のみならずグラフトンの町そのものにも悪影響をもたらすことを知っていた。一九四三年から一九四八年のあいだだけでも、ジュリア・カストー、オリフ・ハリス、タトル家、フランク・ディーン、フィリップ・ペイト、グレイ家、ウェストン・ローリンズ、サロウェイ家、ローラ・スウィート、ティレル家、（またしても）サロウェイ家、ジョージ・バーニー、レスター・バーニー（バーニー家にとっては特に災難な年だった）などの家屋、そして鉄道員C・B・ラヴァリングの家の煙突の火事が報告されている。加えて、バンクスのピナクルを襲った山火事やボストン・アンド・メイン鉄道沿いの山火事なども起こっていた。

資本主義の風が吹く中、燃えた建物は必ずしも再建されなかった。一九四〇年から一九五〇年までの期間、グラフトンの家屋は主に火事が原因で二〇パーセント姿を消した。家々が放棄されたところには自然が入り込んだ。手入れされない何平方キロメートルもの農場では木々が伸び放題になり、やがて地面は熊の棲みやすい半永久的な薄闇に覆われた。

それでも、シーマンズが提唱した消防署建設は、増税に賛成票を投じるくらいなら隣人の家が文字どおり煙と消えたほうがいいと考える人々からの、一七〇年の伝統を持つ税金への反対に遭った。シーマンズと中核的な支持者グループは熱心に駆け引きを行い、ついに一九四九年、合意を取りつけた。町は一二〇〇ドルの税金を使ってポンプなどいくつかの消火設備を購入する。だが、それだけだ。シーマンズたちは無給で消火活動を行い、自前の消防車を買い、自前の消防署を建て、そのための土地も自ら用意しなければならない。

シーマンズとボランティアたちはチャリティ食事会や演芸大会を催して資金を集め、最終的にそれをすべて実現した。粗末な消防署を建て、中古のフォードのトラックを買い、トラックには一八〇〇リットルの給水タンクを設置した。

七〇年にわたる歴史のあいだじゅう資金不足に悩まされながらも、グラフトン・ボランティア消防署は火事の頻度と町の人口減少の速度を下げることができた。一九七〇年頃、古いコミュニティの灰の中から新たなグラフトンが徐々に現れはじめた。密集した村々と広大な牧草地から成る町だったところは、今は森の中に家々がひっそりと立つ町になった。この新たなグラフトンは、たっぷりのプライバシーと低い税金を呼びものにした。

一九九〇年代初め（農家と付属の馬小屋を火事で失ったバーニー家にとってはまたしても災厄の年）、有権者は近代的な消防署建設に費用を出すことを三年連続で拒んだが、ついに一九九三年、二万五〇〇〇ドルの出費を認めた。その条件として、ボランティアの緊急対応要員はプロジェクトに一万五〇〇〇ドルを〝寄付〟することが求められた。消防署は町の有権者が認めた最後の大きな公共投資であり、やがてそこはグラフトンでさまざまなことが行われる場となる。緊急対応要員のみならず町全体が、公式な集会場として使うようになるのだ。

現在のグラフトンの消防署はかなり近代的な建物だが、近隣の町と同等の財政支援を受けることはなかった。二〇一九年、エンフィールドは消防署と救急業務に二二万ドルを支出した。カナンは二六万一〇〇〇ドルを支出した。グラフトンの支出は二万九〇〇〇ドルだった。しかし、かつてグラフトンにおいて安上がりな消火を可能にしていたボランティア精神は衰えつつある。今日では、火災現場に到着した消防車に消防士はおらず､乗っているのはボランティアの運転手一人だけということも多い。その運転手とは新しい消防署長でもある。数人のリバタリアンのボランティア消防士を消防署に勧誘したあと、二〇〇七年に八対二の投票結果によりその職を得た人物だ。

彼の名前はジョン・バビアルツ。

国家統制主義的な税金や規制に立ち向かって生きてきたバビアルツは、今やグラフトンの人々と財産を火災から安全に守る責任を負っている。彼は真剣にその役割に取り組み、消防署を作って近代化することに心血を注いだ。

バビアルツはシートベルト着用義務といった一部の安全規制には反対だが、防火については積極的に取り組んでいる。見境のない火事は罪のない人々を危険に陥れるからだ。グラフトンの火事また火事の歴史が示しているとおり、手に負えない火炎は人命と建物に甚大な被害をもたらす可能性がある。

消防士ならほぼ誰でも火事による死の悲劇は強く意識しているが、バビアルツは特にその危険を感じている。火は、彼の両親を抑圧したような権威主義的な政府に武器として利用されることがあるのだ。アメリカに逃げてくる前、バビアルツの父親は、国家にとっての敵を生きたまま火あぶりにしたとして非難されることになるソビエト共産党と対立していた。母親はナチスによる強制労働収容所で生き抜いたが、ナチスは集団虐殺によって数知れないほどのユダヤ人を焼き殺している。

「焼き殺されるのは」バビアルツは言った。「このうえなく恐ろしい死に方だと思う」

第三章　牧師は紫がお好き

この鐘はその最初の音を、シャンプレーン湖の西方、広大なセントローレンス川の近くにはるか昔に建てられた教会の塔から送り出した。教会は聖母フォレスト教会と呼ばれている。異教徒の荒野を取り返して聖化するかのように、鐘の音は響き渡った。茂みの中をそっとうろついていた狼が、音を聞いてうなり声をあげる。獰猛な熊は背を向けて不機嫌に歩み去る。驚いた鹿が跳び上がり、荒野の奥深くへと小鹿を連れていった。

——ナサニエル・ホーソーン、『ある鐘の歴史（*A Bell's Biography*）』（未邦訳）、一八三七年

数十年にわたる工場での重労働ののち、ジョン・コネルは、自らが購入したグラフトン中央教会においてついに自由に生きられることを実感した。

もはやタイムカードを押す必要はないとはいえ、時間は最大限有効に使いたい。だから、できたばかりの平和アッセンブリー教会に新しく着任した牧師兼用務員兼住み込みの信者は袖まくりをし、乏しくなりつつある手元現金の一部を使ってペンキなどの備品を買い、作業にかかった。

ある意味、その作業は、神により近づくため大胆にもグラフトンのピナクルの上に説教壇を作った

一九〇四年のルイス・バンクス師の労働とよく似ていた。コネルはバンクスのように裕福ではなかったが、地域の昔ながらの教会信者を唖然とさせる天性のセンスを発揮して、大胆に教会の外観を作り変えた。

「私に想像できたのは」のちに白いセーター姿の女性は、ある公開の集会のときに振り返った。「神が見下ろしてこうおっしゃるところだったわ。『汝は我が教会を売春婦のごとき姿にした』とね」

彼女が言及しているものの一つは、教会沿いのアスファルト道路にコネルが描いたバスケットボールコート大の紫色の長方形である。長方形の中では漫画チックな白い鳩が空を見上げていた。

紫はコネルのシンボルカラーだった。ほどなく、この高貴な濃い色は教会の趣のある杭垣に水玉模様となって現れ、戸枠や教会に三〇ある窓枠の（すべてではないが）大半を覆った。コネルは教会の四隅、張り出し部の縁、古く美しい尖塔を支える各層も紫に塗った。

いちばんのお気に入りは紫だったが、それ以外にも好きな色はあった。紫色の区画の白い鳩の横には、すぐに派手な緑の背景に黄色で縁取った大きな赤いハートが描かれた。万華鏡のようにどんどん変わるチョーク絵が四号線からの景色を彩り、杭垣は（紫に加えて）イースターエッグのようなパステルカラーのピンク、黄色、青によってコネルの穏やかな側面を表現した。

さらにコネルは、拾ってきた材料で作った雑多な彫刻で教会の境内を飾った。太い縁の鏡と腰までの高さの金属製ライオンは、中空のアルミの棒を組んだ錐体の下に積まれた木の板の上に鎮座した。白く塗られた木製のオベリスクは、〝政府による虐待〟によって死んだ人々を偲んでいた。石やコンクリートの板が何枚も積み重ねられ、禅における円相図により装飾された。種々のウィンドチャイム、等身大の十字架、リユースした信号機、旗を掲げたさまざまな高さの一二本の旗竿、座って周囲の種々の栄光について熟考できる手作りのベンチがあった。

全体として、かつて威厳のあった建物は今や、誰かが適当に道路脇の見せ物を——イリノイ州の緑のジェミニ・ジャイアント像をちょっと、オクラホマ州のブルー・ホエール・オブ・カトゥーサ像をちょっと、それにテキサス州アマリロのキャデラックランチ像を構成する落書きした自動車をたっぷりと——ミキサーに放り込んで作った品物のガレージセール会場のようになった。

フリータウンの木の多い山々に囲まれ、そのきれいな空気を吸い、日常の活動にほとんど規制を加えられない生活を送ることで、コネルの派手好きな性格はまさに輝いていた。彼は新たな方法で自由という大義を前に進めたいと思った。従来の政治的扇動が失敗した点について成功するであろう方法だ。「知的な議論だけで勝つことができるのなら、我々はとっくの昔に勝っていたはずだ」彼はリバタリアンたちのグループに言った。「人々の心に訴えなければならない」

というわけで、コネルは幸福の戦士、自由と宗教的な悟りの相乗効果について教えるためグラフトンにやってきた平和的反逆者となった。リバタリアン運動内部の人々には信仰を説き、外部の人々には政治を説いた。

日曜日には教会で少数が出席する礼拝を執り行った。かつて花で飾った何千回もの葬式、結婚式、収穫感謝の食事会に使われた古い木製の信徒席に加えて、壁際に不揃いのカウチや椅子が並べられた。コネルは牧師としての訓練は受けていないものの、福音伝道への熱意に突き動かされ、町に関するさまざまな話題について弁舌を振るった。たとえば、生ゴミを町のゴミ集積所まで運んでいく人々は〝修道士ジョン〟に出会うだろう、ジョンは陪審制度への変更提案の不利な点について警告するプラカードを持っているのだ、というような内容だった。

中には、コネルをうるさがる人や怖がる人もいた。人間のコミュニケーションという領域において、コネルの話し方は〝少々騒がしい〟と〝非常に騒がしい〟のあいだという狭い範囲に位置することが多かった。だが州のリバタリアンのコミュニティでは、彼はなくてはならない愛される存在だった。

「あの男は自分の信仰について情熱的だった——情熱的すぎると思うこともあった」ジョン・バビアルツは言った。「コネルは怒ってるみたいに思われるけど、そうじゃない。単にそういう声の出し方なんだ。頭がおかしいみたいに見えるときもあったが、本当は違う。克服すべき問題はあっても、根は優しい人間だった」

説教には世論を変える効果がなかったかもしれないが、根っからの音楽愛好家であるコネルは機会があればいつもギターを持ち出して大声で歌った。親しみやすい聖歌を作って、ニューハンプシャーへの愛、議会への嫌悪、投獄されたリバタリアンと何よりも自由への敬愛を伝えた。

「やつらは空港でお祖母ちゃんを、学校で子どもたちを調べる。道路にカメラを設置し、バリケードを設ける」彼は元気よく歌った。「無断で立ち入る捜索令状を取り、ドアを蹴って入ってくる。俺には間違いなく警察国家に思えるぜ」

コネルは問題について嘆くだけの人間ではなかった。歌（彼はそれを『この国は狂っちまった』と名づけた）のサビは解決策を提唱していた——不服従である。

「だけど俺たちは自由に向かってる、新しいものに挑戦してる。今、大切なのは非協力だ。これまで試してきたことを試しつづけたっていい。だけど心の準備ができてるなら、俺についてきてくれ」

コネルにとって、こういう歌詞は行動の伴わない抽象論ではなかった。

説教をしたりペンキを塗ったり政治を論じたりしていないとき、彼は消極的な非協力への道を進んだ。政府への抗議活動として断食することもあった。二〇〇五年のハリケーン・カトリーナのあとは、ほかのリバタリアンの活動家と一緒に連邦緊急事態管理庁（FEMA）の旗を燃やした。また二〇〇七年には、税金不払い問題に関して警察と武装衝突して支持者を集めたニューハンプシャー州のブラウン夫妻のために、公道でデモを行った。一度スピード違反で切符を切られたときは、スウェットパンツ姿で金を持たずに法廷に現れた。なぜなら刑務所に入る覚悟はあるが罰金を払うつもりはないからだ、と彼は言った（州当局は、その後六カ月違反を犯さないという条件で訴えを取り下げることに同意した）。

そしてコネルは、そういう反抗精神をグラフトンにも持ち込んだ。教会を買ってすぐに、宗教施設であるという理由で固定資産税免除の公的申請書類に記入した。対象は、年間三〇〇〇ドルほどの税金だった。

コネルは、慎重に育まれたグラフトンの税金回避的な状況の中に自らの居場所を見出しただけだった。しかし、彼が宗教的理由による課税免除を求めたというニュースは衝撃波となってコミュニティじゅうに広まった。人々は強い関心を抱いた。町税の回避には、ある種の皮肉がつきまとうからだ。これはゼロサムゲームなのだ。一人が税金の支払いを回避することに成功したなら、差額を埋め合わせるため町のほかの人間がその分余計に税金を払わねばならなくなる。このシステムにより、人々は自分が税金を払わない理由を主張しつつ、隣人が提示した理由を攻撃するようになる。

一例を挙げると、二〇一一年、州はすべての町に目の不自由な住民の税免除を検討することを推奨した。グラフトンの役人は有権者に、免除を認めても町の歳入にほとんど影響はない、なぜならグラフトンに目の不自由な住民は一人だけであり、その人物の収入は固定していてどうせ少額の税金しか払っていないからだ、と説明した。リバタリアンは、その人物が税の優遇措置を受けることに直接的な反対はしなかった。それはあまりにも露骨に無情な態度だ。それでも彼らは残念そうに、この措置に反対した。この話が広まったら多数の目の不自由な金持ちが抜け穴を利用するためグラフトンに押し寄せるかもしれないからだ（措置は彼らの反対意見を押しのけてなんとか通った。その後八年間、グラフトンの目が見えない金持ちの人口はほとんど変わらなかった。つまりゼロのままだった）。

コネルの場合、日曜日に礼拝を行い貧窮者向けのささやかな食料配給所を（教会の彼の寝室のすぐ外に）設置していたにもかかわらず、住民のほとんどは平和アッセンブリー教会をまともな宗教団体だとは考えていなかった。全国的に認識されている教会と連携していなかったからであり、コネルが宗教教育でなんの学位も取っていなかったからでもある。しかし最も大きな理由は、コネルが活動家であることを考えると教会は宗教的というより政治的な組織に思えたことだ。

彼の伝えるメッセージは一貫して平和、愛、許しというテーマだったが、こうした考えはキリスト教の主流の教義とは異なるところからの影響によって生まれていた。彼は二階の聖所に通じる階段の壁に、ヘンリー・デイヴィッド・ソローによる市民の反抗についてのエッセーやマハトマ・ガンジーの自伝のコピーを貼った。ミケランジェロの『アダムの創造』の模倣や、リバタリアンの〝学校選択〟教育の資金への寄付の勧誘といったポスターを掲示した。

大半の人々は、コネルの税金免除は自分たちの金銭的利害に反すると感じていた。しかしもっと独創的な考え方をする一定数の少数派は、怪しげなキリスト教的寛大さを披露して、ジョン・コネル自身が教会であることに同意した。実際、グラフトンに広がるドクニンジン、シラカバ、カエデ、アメリカトネリコの木立の中に未発見の教会が隠れているかもしれない、と彼らは論じた。

町の役人はすぐに、コネルの税免除を認めたら森の神聖な暗闇はたちまち自称教会であふれ、大勢の敬虔な隠者たちがひざまずいて税金からの解放を与えてくれた敬愛する全能の神に感謝するであろうことに気がついた。

税免除を認めることは、町が住民サービスを提供する能力に終わりを告げる可能性が大きかった。とはいえコネルは、このシナリオにまったく異存がないようだった。

「この国には信教の自由があるはずだ。どれを認めてどれを認めないなどと、政府に言ってほしくない」

そして実のところ、コネルの主張を簡単に退けることはできなかった。アメリカには一般的な教会の形に当てはまらない正当な宗教団体が多く存在する。そのため連邦政府は、教会組織への連邦所得税免除について重要な鍵を握る〝宗教の振興〟という設立目的について、定義をあまり厳格に決めていないのだ。

地方自治体が正当な慈善団体を認定する一つの方法は、米国国税庁に従うことだ。国税庁は教会や非宗教的公共慈善団体を規定した五〇一（C）三により非営利団体を正式に認定している。この規則は〝公共慈善団体〟を非常に広範囲に定義している。なにしろアメリカでは、ナショナルホッケーリーグ（NHL）、全米ライフル協会、全米商工会議所、それに、白人優越主義やナチズムやイスラム国（ISIS）などを後押しする高尚な慈善ミッションを行う過激へイトグループまでもが、税金免除という形によって認められているのである。

町はコネルに、国税庁が平和アッセンブリー教会を公共慈善団体と認定したなら、町は反対派の主張の津波に水門を開けることなく税金免除の申請を認可してもいいと告げた。グラフトンの役人は、この問題にさっさと片をつけたがっていた。この問題が一般の関心を引くたびに、二人か三人が自分の家も教会だと宣言すると脅してくるようだったのだ。

ところがコネルには、町が用意した低いハードルを越えるに当たって小さな問題が一つあった。非営利団体との認定を国税庁に申請するためには、まずは国税庁と連絡を取らねばならない。国税庁と連絡を取るためには、国税庁が合法的な機関であると認めねばならない。それは絶対に受け入れられないことだった。

コネルは国税庁に関する迷いを、暴力に対する自らのスタンスと結びつけた。多くのリバタリアンと同じくコネルも、政府のあらゆる命令は頭に銃を突きつけた脅しのようなものだと信じており、政府反対は暴力反対と同義だったのだ。コネルは個人の枠を越えたいかなる形態の法人を作ることにも反対だった。

「この教会は政府が作ったわけではない。これは神の教会であり、政府の教会ではない」

議論は行き詰まり、町はコネルの税金免除の申請を却下した。

だがコネルにとっては、それで終わりではなかった。

税金免除を求めたあと、コネルは二三〇年前にグラフトンの入植者が提唱した二段階の計画の第二段階に進んだ。つまり税金を払わなかった。

その後二年間、町は継続した不払いに対する厳しい法的措置を述べた手紙とともに税金の請求書を送りつづけた。ニューハンプシャー州におけるリバタリアンの大義を後押しするためのビデオでインタビューを受けたとき、彼はこの話題に激高した。身振り手振りを用いて話しはじめ、ある時点でこぶしを握りしめた。

「これが教会だと認めてもらうためであっても、政府が要求していることを俺はできないし、する気もない」

それに続いて、コネルは暗い予言を行った。

「やつらはやがてこの教会を奪いに来る。俺が約束できるのはただ一つだ」彼はどら声で次の言葉をおおいに強調した。「この教会の内部からは絶対に暴力を起こさせない。それは絶対に許さない」

誰も暴力の話はしていなかったのだが。

第四章　キャンプファイアー事件

「嘆かわしい性質の人間だよ、あの乱暴者は」彼は通りを歩きながら言った。

「自らを罰する暴虐そのもの、まるで自分自身に噛みつく熊だ」

――チャールズ・ディケンズ、『バーナビー・ラッジ』（集英社『集英社ギャラリー［世界の文学］3』収録、小池滋訳、一九九〇年）、一八四一年

ひとたびグラフトンをフリータウンと宣言するやいなや、リバタリアンの活動家たちは町当局への抵抗という進行中の戦いに力を入れはじめた。ジョン・コネルは税金の支払いを拒んだ。ジェレミー・オルソン、トム・プロゼイ、ジョン・バビアルツ、ボブ・ハルは、町計画委員会の選出方法やマリファナに対する法的措置といった問題に関して町を訴えた。

しかし、自由を擁護する機会はしばしば路上で偶然に訪れた。それは、二〇〇九年頃にカリフォルニア州からグラフトンに移住した三〇代後半の男性、マイク・バースキーの好む方法だった。バースキーの早口の話し方や虚勢を張った態度はフリータウン信者のコミュニティに受けた。グラフトンにできた新しい友人たちは、彼を洗練された根っからの自由の擁護者だと考えた。彼はいつも自分の周囲で起こっているような種々のちょっとした不当行為を記録するため、常に三つの録画機器を持ち歩いた。

バースキーはまた、フリータウン・プロジェクトの熱狂的エネルギーの多くを支える野心的な理論を偏愛していた。ランドの小説で描かれたユートピアに憧れてグラフトンに来た直後、彼は〝グラフトン・ガルチ〟という建物を作る計画を発表した。この建物の所有者はバースキーだが、リバタリアンが互いに自由に交流できる会員制のクラブハウスとして使われることになる。リバタリアンたちはこの構想に飛びつき、当時グラフトンのリバティ・レーンでフリータウン信者のグループと共同で生活していたハルは、計画に適したグラフトン・センターの四号線沿いの土地をバースキーに売った。この面積一万二〇〇〇平方メートルの土地は、コネルの平和アッセンブリー教会から北一キロ半ほどのところにあり、昔頓挫した開発計画の際の小屋一つといくつかの材料が残されている以外は何もない。地面は四号線から古い鉄道の線路に向かって傾斜していた。

二〇一〇年五月下旬、バースキーとコネルと数人のフリータウン信者は、グラフトン・ガルチ用地を清掃して整地するため青い空と明るい陽光の下に集合した。昼頃、一同は昼食にホットドッグを作るため、石を並べた炉に火を熾した。

すると隣町エンフィールドの消防署副署長が四号線に車を停め、無許可の焚き火は近くの小屋や木片の山に誤って燃え移るかもしれない、とバースキーに言った。バースキーは、本当に火事が起こる可能性は非常に小さいし、とにかくホットドッグを作りたいんだと言い張り、火を消すのを拒んだ。副署長はその場を去ったが、グラフトンの白髪の警察署長マール・ケニヨンに連絡を取った。ケニヨンがやってきて、やはり火を消すようバースキーに命じた。バースキーは再び拒否した。喧嘩腰の話し合いの中で、バースキーは警察署長を公衆の安全よりも罪のない住民を支配することのほうに関心があると非難し、署長はバースキーと仲間たちを情けない人間だと非難した。その後ケニヨン署長はグラフトン・ボランティア消防署に連絡して、火を消しに来るよう頼んだ。グラフトンの消防署はほんの数キロしか離れていなかったので、普通なら消防車はすぐに到着しただろう。だが消防署に有給の職員はおらず、そのとき動けるただ一人のボランティアは消防車を運転できなかったため、バビアルッツに出動要請が来た。バビアルッツが郊外からグラフトンに向かっているあいだ、バースキーはケニヨン署長を相手に自由擁護論を激しくまくしたてていた。

バースキーの録画機が動いている中、二人はにらみ合った。作業スタッフの一人の車にもたれかかり、互いに相手が過ちを犯すのを待ちながら表面上は慇懃に話した。

「じゃあ、マール」バースキーはさりげなさを装って言った。「この車にもたれかかる許可は取ったんですか?」

「いいえ」ケニヨン署長は両手を軽く胸の前で組んで答えた。バースキーより大柄だったが、スイカのスライスのように広がった鼻の上の二重瞼の目は真面目そうで、あまり威圧的には見えない。口調は気さくで穏やかだった。

「僕は取りましたよ」バースキーは明らかに、穏やかな気さくさよりも人を出し抜くことを好んでいた。

「ほう、それはよかったですね」ケニヨン署長は上から目線で言った。

筋金入りの自由の戦士であるバースキーは、挑発的な態度を見せることなく相手を挑発せずにはいられなかった。彼はこのやり取りを、勝手にもたれかかるという専横行為から友人の車を守る戦いにしようと目論んだ。

「で、おたくは、銃かユーティリティベルトかなんかで車に傷をつけるつもりですか?」

「そういうつもりはありませんね」ケニヨン署長は答えた。「実際、誰を困らせるつもりもありません」

バースキーは後ろを向いた。ケニヨン署長の車はすぐ近くの道路脇に停まっている。

「だったら、僕はおたくの車にもたれてもいいんですか?」

ケニヨン署長は挑発には乗らなかった。

「どうしてもそうしたいんなら」署長は「お好きにどうぞ」と言うのと同じ穏やかさで答えた。

長年自由を求めて戦ってきたバースキーは、反論しない相手と議論するための戦略を磨いており、それを応用した。

「しませんよ」重々しく言う。「たとえ、どうしてもそうしたくてもね」

彼はすぐさま次の挑発に出た。「もしそうしたら、おたくは僕を脅したり逮捕したり、牢屋に連れてったりするんですか?」

この質問によってケニヨン署長は難しい立場に置かれた。バースキーは明らかに議論が一線を越えることを狙っている。ここで、なんの行動にも出ないと断言することはできないし、偽善者という非難を受けたくもない。彼は曖昧にしておくことにした。

「そういうつもりはない」今や声はほんのわずかに張り詰めている。

「そういうつもりはない?」バースキーはオウム返しに言った。そして新たな戦略に移った。命令を発し、逆らえるものなら逆らえと署長に挑むのだ。

「あのさ」バースキーは言った。「彼の車にもたれるのはやめてくれるかな」

この時点で、ケニヨン署長は背筋をまっすぐに伸ばして、車にもたれるという問題そのものをなかったことにすることもできた。だがその代わりに、彼は眉を下げた。苛立ちがついに表面に現れる。バースキーはついに度を越した、と署長は思った。

「これは誰の車だね？」

「あそこにいるやつですよ」バースキーは作業スタッフの一人を指差した。「僕はあいつに許可をもらってるんです」

署長の顔にさまざまな考えが次々と浮かんだ。もしもバースキーの頼みを拒んだら、バカみたいに車にもたれつづけ、やがて車の持ち主がどくように言ってくるのは間違いない。そのあいだバースキーの録画機は動きつづけている。だからケニヨン署長は面目を守る唯一可能な方法を取った。片方の手を、なだめるようでもあり嘲笑うようでもあるように手のひらを下に向けてバースキーのほうに差し出しながら、車のボンネットから身を起こしたのだ。

「君の言うとおりにするよ」

「言うとおりってのは違いますね」バースキーは議論を巧みに誘導した。「僕はおたくに頼んだんです。言ったんじゃなくて」

「つまり」ケニヨン署長は愛想よくしようとしたものの、顔はこわばっている。「そういうつもりはないんだ――」

「車を傷つけるつもりはね、だっておたくの車じゃないから」バースキーはケニヨン署長の言葉を引き取って、おそらく署長とは異なる自分自身の考えを続けた。

署長は自分の言葉で先を続けたが、何を言ったか定かではない。バースキーが残りのやり取りを映像からカットしたからだ。リバタリアン的判定によれば、この映像は自由を擁護する戦いにおける大きな成功を記録していた。あるいは、たとえ成功ではないとしても、少なくともバースキーがケニヨン署長を苛立たせた好例を。

グラフトンでは常にこういう場面が演じられていた。細かい違いはいろいろあっても、すべて同じうんざりするようなパターンをたどっている。フリータウン信者は、交通違反で停止させられたり、町役場に来たり、法廷に立ったり、公的な文書を受け取ったりするたびに、その機をとらえて精力的に自分たちの自由を擁護する。多くの場合、既に緊迫している財政が、そのせいでさらに厳しくなるのである。

キャンプファイアーをめぐる騒ぎは、バビアルツの登場によって大きな転機を迎えた。このリバタリアンの消防署長が消防車を停めて四号線の交通を部分的に遮断すると、バースキーや作業スタッフはにわかに活気づいた。バースキーとバビアルツはつい一週間前にリバタリアンの持ち寄りパーティに参加しており、今この知事候補はバースキーが公権力の露骨な介入と考えたものを糾弾できる立場にいた。

バビアルツは目を合わせることなくバースキーの横を通り過ぎ、消防ホースの端を焼いたウィンナーのところまで引っ張っていった。

「やあ、ジョン」バースキーが言う。「なんで挨拶してくれないんだい？」

その後ろでバースキーの友人の一人、ラッセル・カニングというリバタリアンが口を開いた。「なあ、マイク、その男とはもう話さないほうがいいんじゃないかな」

カニングがそう言うとバビアルツは立ち止まり、仲間のリバタリアンの言葉が冗談か本気かと考えながら、戸惑い顔でバースキーに笑いかけた。少々気まずそうに、自分は焚き火を消すつもりだと説明する。「今日は火災危険度がクラス二なんだ。ここはけっこう乾燥してる」バビアルツは近くの小屋を指し示した。「法律によれば、キャンプファイアーだとしたら建物から一五メートル以上離れてなくちゃならない」

「キャンプファイアーじゃないぞ」カニングが言った。

「だったらなんだい?」バビアルツは尋ねた。

「ゴミを燃やしてるんだ」まさにその瞬間、火の上でホットドッグをあぶっていたカニングは答えた。

バビアルツはたるんだホースを地面に置いて消防車に戻った。バビアルツが彼らの自由を擁護していないらしいことに、カニングとバースキーは驚きを隠せなかった。

「つまり、バビアルツは焚き火を許してくれなかったってことだ。ふむ」バースキーが言う。

バビアルツはノズルにつける部品を持ってきた。ケニヨン署長の手を借りて水圧のかかったホースを支え、リバタリアンの作業スタッフが見守る前で、すぐさま水と泡消火薬剤の混合液で炎と焼けた炭を完全に覆った。

「万が一わかってない人間がいたときのために言っておくと」カニングは言った。皆わかっていたのはほぼ確実だったが。「これは僕たちの生活への歓迎されざる介入だ」

映像がインターネットで公開されるやいなや、消されたキャンプファイアーのニュースが広まった。コネルはリバタリアンのフリーダム・フォーラムで、強制行動のきっかけとなったエンフィールドの消防署副署長について論じるスレッドを立てた。副署長は「単に力を誇示し、（中略）この状況でどうしても**大物**ぶりたかっただけだ！」とコネルは書いた。

といっても、ほとんどの人々は副署長に注目しなかった。彼らが注目したのはバビアルツだ。リバタリアンをテーマとしたウェブサイト『ニューハンプシャー・フリープレス』は、バビアルツは「選挙で選ばれたリバタリアンも、いざとなったら権力の座を守るためにほかの官僚と同じように行動することを示した」との記事（執筆：カニングの妻）を掲載した。

その投稿をきっかけに、当時知事への三度目の選挙運動の真っ最中だったバビアルツへの批判が殺到した。従来からのリバタリアンの支持者は、彼を、狭量で、腐敗して、専横的で、権威主義的で、仕切り屋のろくでなしで、書類による許可に固執している、と痛烈に叩いた（リバタリアンは自分たちの行動を規制する力を持つ書類をひたすら嫌っている）。

有害な化学物質をバースキーの土地に撒いたことについてバビアルツは金を払うべきだと誰かが言ったとき、バースキーは寛大にも金銭的な賠償を否定し、その代わりに受け入れられうる四点から成る公開謝罪案を提示した。それには、バビアルツは今後同様の状況で消火活動を行わないという誓約も含まれている。バビアルツがこの四点をすべて認め、かつ本気でそう思っているようなら、バースキーは親切にも再びバビアルツと打ち解けて話し、信頼を取り戻すチャンスを彼に与える〝可能性〟がある。

しかしバビアルツには、謝罪するつもりなどこれっぽっちもなかった。彼から見れば、この出来事は自由を求める楽しい戦いから一線を越えた、もっと悪質な事件だった。

「あいつらはこれを冗談だと思ってた」数年後、バビアルツは振り返って言った。バビアルツにも冗談好きでちょっとおバカな側面があったが、火事という問題に関しては常に真剣だった。「違う、あれは真面目な話だった。非常に危険度の高い日だった。焚き火の場所は建物に近すぎた」

彼は信念の人として広く知られていたものの、バースキーとの対立によって困った立場に追い込まれた。長年のあいだ、グラフトンの非リバタリアンの隣人たちはフリータウン・プロジェクトを呼び込んだことで彼を非難していたので、バビアルッツは左翼からの批判には慣れていた。ところがリバタリアンたちは今、彼らが最悪の左翼の敵を表現するのと同じ言葉でバビアルッツのことを表現している。

「彼のような狭量で卑劣な国家統制主義者に（中略）いったいどんな値打ちがあるというのか？」格別議論好きなフリータウン信者のジョセフ・ブラウンは、フリーダム・フォーラムでそう書いた。

バビアルッツはこの種の感想を真剣に受け止めまいとした。

「俺を国家統制主義者と思ってるんなら、どんな人間が俺に取って代わることになるか全然わかってないんだな」

キャンプファイアー事件は、次の知事選に悪影響を及ぼした可能性がある。バビアルッツは、今後の選挙で党が候補者を出すために必要な、得票率四パーセントを目指していた。前回二〇〇二年に立候補したときは二・九パーセントに当たる一万三〇〇〇票を獲得して、四パーセントにけっこう近づいていた。だがキャンプファイアー事件で支持を失い、次の選挙では一万票（二・二パーセント）しか得られなかった。

彼自身の基本的な信念は変わっていないつもりだったのに、バビアルッツとフリータウン信者の特定の一派との溝は大きくなりつつあるようだった。自由の大義というのは、実は突き詰めればキャンプファイアーをめぐるつまらない議論に行き着くのか？　のちに彼は私に、フリータウン運動内部の〝炎上扇動家〟について話した。ラリー・ペンダーヴィスのイデオロギーを引き継ぐ者たちだ。彼らの過激な主張は、自らが支持し忠誠を誓っている大義そのものを害しているのである。

バビアルツは、自分はそういう人間ではないと考えていた。自らの政治目標を声高にではなく遠慮がちに語ることが増えた。彼の望みは、税金や政府の介入を最小限に抑えつつ、アメリカがナチスのような独裁主義に陥るのを防ぐことだった。

彼と妻がグラフトンに招いたフリータウン信者のあまりにも多くが、問題を解決するよりも多くの問題を生み出しているようだった。だがバビアルツ夫妻は、彼らとのあいだの溝が広がるのを、なすすべもなく見ていることしかできなかった。

「あの人たちは、リバタリアンであることの責任という面を理解してないわ」ロザリー・バビアルツは言った。「誰からも何も押しつけられたくないくせに、自分の考えはみんなに押しつけようとする」多くのリバタリアンは、バビアルツの〝腐敗〟の根本原因を、消防署が血税でまかなわれていることだと考えた。フリーダム・フォーラムでは、どうしたらグラフトンが消防業務を民営化できるかをめぐって活発な議論が行われた。既存の消防署を支えるために使われる強制的な月七ドルの税金を、自発的に支払われる月七ドルの料金に替えることを提案した者がいた。これには、自発的に支払わない人もいるかもしれないという反対意見が出た。支払われなかった場合、いったいどうしたらいいのか?

税金ではない半強制的な料金というのは非常に慎重な扱いを要する問題であり、論理に縛られた参加者たちがそれについて話を進めるのは簡単ではなかった。森林火災消防車を備えた民間消防署に寄付を募るポスターをハルが提案したため、幸いにもこの議論は打ち切りとなった。

バビアルツと親しいコネルは世間のバッシングに加わらなかったが、税金による消防署か民営の消防署かという二択は誤った二分法だと示唆した。

「第三の選択肢は」と彼は書いた。「自分の手で火を消すことではないだろうか?」

バースキーとバビアルツのあからさまな対立は、フリータウン信者の中に現れつつある潮流を示していた。キャンプファイアー事件から数カ月後、バビアルツがボブ・ハルの家にいるとき、バースキーが自分のグラフトン・ガルチの敷地から持ち去られたコンクリートの型枠の所有権について論じるためにやってきた(結局その型枠は既に返還されていたことが判明した)。ジェイ・バウチャーという筋肉質のボランティアの消防士がバースキーに帰れと言い、追い出そうとして何度か乱暴に押した。もちろん録画機を用意していたバースキーはこの事件の映像を投稿し、人々は両方に分かれて非難合戦を繰り広げた。フリータウン信者ジョー(ジョセフ)・ブラウン(以前バビアルツを国家統制主義者だと非難した人物)はバースキーとバウチャーの双方を、すべての事実を明らかにする前に事態を不必要にエスカレートさせたとして非難した。「対立する前に、まず事態を把握しろ」彼は言った。

だがフリータウン信者たちは、メッセージボードという抽象的な媒体上では簡単に解決できた事態も、生身の人間が関係した場合には解決が難しいことを悟りつつあった。あちこちで口論が起こっていた。夫婦が別れるたびに、人々はどちらかの味方につき、好みでないほうの配偶者の行動を国家統制主義的だと決めつけた。フリータウン信者の家に滞在中の若者が思春期前の子どもといかがわしい行為に及んでいるのが見つかると、若者は乱暴に野球のバットを振り回され、出ていくよう求められた。ジョン・コネルすら、誰かが不適切な行為に関して彼を非難したことが原因で批判を浴びたが、その非難の内容は活字で表現されれば中傷になりそうなものだった。ケニヨン署長が持つ年間通報数の統計によると、フリータウン・プロジェクトが始まる前の年に比べて、二〇一〇年に彼が通報に応じた民事事件の数は二倍、隣人同士の喧嘩の数は四倍近くになった。

二〇一〇年末、バースキーはフリータウン運動に大きな弾みをつけるための施設、グラフトン・ガウチの建設を完成させた。訪れたリバタリアンたちは私道に置かれた古い輸送用コンテナを通り過ぎて大型キャンピングカーの近くに車を停め、コンクリートの壁と木の屋根に囲まれた建物に入っていく。中では、既にそこで暮らしているバースキーがブリトー、バーガー、アイスクリームの朝食を出す。食べ物にはすべて自由という甘い味がつけられている。ところが、この自由事業は短命に終わった。数カ月後、ニューハンプシャー保健福祉省の食品保護部門の女性が来て、調理した食べ物を出す場所に必要とされる認可を取り、衛生要件に適合しなければならないとバースキーに告げた。二〇一一年春、ガルチのオープンから一年も経たずに、バースキーはここを永久に閉鎖すると発表した。ガルチの閉鎖に伴って、コネルの平和アッセンブリー教会がリバタリアンのための唯一の大規模施設となった。商業施設というわけではないが、教会は一週間に一人から八人までの人々が訪れる日曜日の礼拝など、いくつか成功したプログラムを実行することができた。

数人のリバタリアンが、結局のところフリータウン・プロジェクトは本当に価値のある取り組みなのかと疑問を抱きはじめた。

「一部の人にとっては、もう遅すぎるかもしれないが」ある熱意の失せたリバタリアンは書いた。「ここがいわばリバタリアンのユートピアだという幻想を抱いてグラフトンに移住することを検討しているなら、現実を見るようにしたほうがいい」

とはいえ、ユートピアを信じていたかなりの数のフリータウン信者にとって、内部的な軋轢はたいした問題ではなかった。主たる問題は、税金は高すぎ、規則は窮屈すぎ、国家統制主義は高圧的すぎ、権威はおおっぴらに振り回されすぎることだ、と彼らは主張した。日常生活はどんどん困難になっていたが、彼らは本質的に理想主義者で夢想家だったのである。

事態はいずれ改善する、と彼らは言い張った。必要なのは、さらなる自由だ。

第五章　あふれるドーナツ

テーブルスプーン一杯の蜂蜜は、最高級の麦芽酢六樽よりも、友ブルーインを引き寄せる。熊のうなり声に蜂は怯える。
とはいえ、これはまた別の話。続きはまた今度。
――ジェイムズ・ジョイス、『ユリシーズ』（河出書房新社、柳瀬尚紀訳、一九九七年、ほか）、一九二二年

ドーナツ・レディが初めて家の裏手で熊を見たのは、プリンセスがまだ生きているときだった。ある朝、穀物と干し草と水をいっぱいに積んだソリを引いて牛のところに向かっているとき、敷地を通る木材運搬道をまっすぐこちらに向かってくる熊が目に入った。ドーナツ・レディはソリを打ち捨て、安全な家へと駆け戻った。

驚愕で胸をどきどきさせてはいたが、熊が痩せていることに気づいてもいた。やつれていると言ってもいい。熊があれほど大胆に行動していたのも無理はない。かわいそうに、必死で食料を探していたのだろう。

そのあとしばらくして、ドーナツ・レディはピザの夕食をとるため町へ出たあと自宅の私道に乗り入れた。するとヘッドライトに照らされて、大きな岩に座っている母熊と子熊三頭の姿が浮かび上がった。

やはり腹を空かせているようだ。

「とにかく何かあげなくちゃ、と思ったわけ」

熊が円筒形の鳥の餌箱に入ったヒマワリの種を貪りはじめたとき、ドーナツ・レディがまず思ったのは、これで来るべき冬に備えて母熊に少しでも脂肪がつけばいいのだが、ということだった。間もなく、彼女は大量のヒマワリの種を直接地面に撒くようになった。熊が来ると、ドーナツ・レディはいそいそと二階のポーチに座り、鉢植えの花のあいだから見守った。

熊は腹這いになって種を食べた。柔らかいピンク色の舌が、一度に一粒ずつ、おいしそうに種を舐め取っていく。

毎日、牛に餌をやりに行くとき、ドーナツ・レディは熊のため別に用意したバケツを持っていくようになった。ヒマワリの種は高くつくので――なにしろ熊は鳥よりずっと多く食べるのだ――餌は穀物に替えた。

時が経つにつれて、ドーナツ・レディは裏庭の熊に親近感を覚えていった。それは当然だろう、彼女は物理的にも熊に近づいていたのだから。熊は定期的な餌の配達を期待するようになった。森の隅で身を潜めて彼女がバケツ一杯の穀物を木の下にぶちまけるのを待っているのが、ドーナツ・レディにもわかっていた。

長年のあいだに、いろいろなことがさまざまな方向に展開した。熊の数は増え、彼女と熊とのあいだの壁は薄れ、餌の費用はうなぎ上りに増えた。

ドーナツ・レディの大盤ぶるまいの噂が熊の社会でどんなふうに広がったのかは定かでないが、すぐに、森に住む相当数の熊が助けを必要としていることが明らかになった。ドーナッツ・レディは一日にバケツ二つ分の穀物を運びはじめた。その後さらに二つ増えた。一つは日の出とともに、もう一つは夕方遅くに。その費用がどれくらいになったか、彼女は言おうとしなかった。

「恥ずかしいわ」彼女は言った。「本当に恥ずかしい」毎月の予算のかなりの割合を占めたことだけは認めた。聞いた話では、彼女は店の荷物積み下ろし場にトラックを横づけして穀物を受け取っていたという。

熊は森の隅に潜むのをやめ、ドーナッツ・レディが即席で作った給餌場にどんどん近づいて待つようになった。彼女は穀物をいっぱいに詰めたバケツを左右の手に持ってよろよろ歩いてくると、二本の木の下に一つずつ中身を空け、車のハンドル大の山に一ダースのシュガードーナッツでトッピングをした。〈マーケット・バスケット〉で買った安いドーナッツである。

必然的に、熊は首を長くしてドーナッツ・レディを待つようになった。夕食の皿が置かれるのを待つ猫のごとく、位置について。

やがてドーナッツ・レディは命令を発するようになった。落ちたステーキ肉から離れておくよう犬に命じるのと同じように、熊を餌から離した。

「あっちへ行け!」ドーナッツ・レディはそう言い、安心できる充分な距離が取れるまで餌を与えなかった。

「あっちへ行け、行け!」

〝充分な距離〟は徐々に縮まり、そのうち熊は追い払われても給餌場から一メートルほどしか離れなくなった。熊はそこで、捧げものを要求する太った恐ろしい森の神よろしく、何千回も踏まれてしおれた草の上に座り込んだ。

ドーナッ・レディの果てしない穀物供給は、果てしない楽しみによって報われた。毎日、彼女は複数の熊が肩と肩を接して立ち、ハアハア言いながら鼻を鳴らして食べるのを間近で観賞した。そんなことを言える人間が、いったいこの世に何人いるだろう? 熊とともにほかの動物たちもやってきた。森の精霊のように音もなく、コヨーテや狐が分け前にあずかりに現れたのだ。

最高なのは子熊たちだった。母熊に木に登るよう命じられると、子熊は気持ちのいい引っかき音をたてて樹皮に爪を食い込ませた。一本の木には衛星放送用パラボラアンテナが設置されている。たまに子熊がつるつるしたプラスチックの表面によじ登り、滑って転がり落ちる様子は、とても愛らしかった。

ほかのグラフトン住民の庭では日常的に家畜を殺していた熊も、バターカップやプリンセス、あるいは新参のモンティには決して爪を立てなかった。

「みんな仲良くやっていたわ」ドーナッ・レディは言った。何匹かの猫が森で姿を消したあとは猫を屋内にとどめるようにしていたのは確かだが、その事件を特に熊と結びつけてはいなかった。

一年に一度、最後の氷河期の名残がニューイングランドの冬という形でアメリカ北東部を襲う。ほとんどの熊は、雪が積もり、餌を得る機会が消失すると、エネルギー保持の魔法を行う。冬眠である。ところがグラフトンでは、ドーナッ・レディによる一日二回の熊パーティで供される糖と脂肪に比べれば、季節的な睡眠にはなんの魅力もなかった。

ドーナッ・レディは律儀に、天候がよくても悪くても熊に餌をやった。時には雪が溶け、凝縮して再凍結し、裏の草地に氷が張ってつるつるになることがあった。

足が滑って仰向けに倒れ、すっくと立つ熊をなすすべもなく見上げることになるという心配はなかったのか、と私は尋ねた。

何をバカなと言いたげな口調で、心配などなかったとドーナツ・レディは答えた。足取りがしっかりしているからではなく、そういうことは既に起こっていたからだ。

「しょっちゅう転んでばかりいたわ」

たとえドーナツ・レディが転んでも、熊は彼女が起き上がって穀物を置いていくまで辛抱強く待っていた。彼らのあいだの絆は強くなっていった。ドーナツ・レディの夫は熊の写真を撮るようになり、訪問してきた親戚も熊を見守った。そのうち、親戚以外もドーナツ・レディと熊の信頼関係のことを耳にするようになった。まるでおとぎ話のようだった。

家の外の勾配した草地の上から、隣人たちや隣人を訪ねている人たちが、一人、二人、あるいは少人数のグループで集まり、安全だと感じられる（が実は安全ではない）距離から熊が食べるのを見つめるようになった。

自らはフリータウン信者ではないが、ドーナツ・レディはボブ・ハルなど数人と親しくしており、熊に餌をやる習慣はリバタリアンの教義に合致していた。

リバタリアンは、ドーナツ・レディのような地主はその敷地の天然資源を所有していると考えている。埋蔵石油、木、あるいは熊や絶滅危惧種などの野生動物すら。グラフトンでは四、五家族が意図的に熊に餌をやっているらしく、リバタリアンのコミュニティはこれを彼らの絶対的な権利だと見ていた。

二〇〇九年、アラスカ州当局が違法に野生動物に餌を与えたとしてチャーリー・ヴァンダーゴーという男性に二万ドルの罰金を科したとき、グラフトンのフリータウン信者はこれを、〝仕切り屋の寄生的政府〟の標的になった被害者のない犯罪の例だと考えた。

「魚類鳥獣局の目的は動物保護じゃない。動物を愛する人々を告発することだ」一人は言った。「私が自分の庭で野生の七面鳥、灰色狐、鹿、熊に餌をやっていることがやつらに見つからないことを願うよ」

グラフトンの多くの人々を含む大多数のアメリカ人は、熊が好きだ。

熊はその広い毛むくじゃらの背中に、人間に関するありとあらゆる比喩を負わせられている。ある物語は熊をずんぐりした不器用な間抜けと描写し、別の物語は獰猛で魅力あふれる人食い動物として描いている。ただ一つ、多くの人の思いが一致するのは、熊は人間の開発の手が及ばない野生の地を象徴しているということかもしれない。

だが実際のところ、アメリカの未開発の地が手つかずの荒野——先史時代が忠実に残されている場所——だという考えは、単なる思い込みにすぎない。蝶の死骸をコルクボードにピン留めして保存することはできても、バーント・ハインリッヒなどの博物学者が述べるように、生態系ほど複雑で動的なものをピン留めして固定することは決してできないのだ。

グラフトンを侵食しつつある森と、ヨーロッパ入植者が伐採した森との類似点は、表面的なものでしかない。入植者が来る前、アベナキ族は弓と矢で熊を狩り、ニューハンプシャーの河川で紅鮭を釣り、よく鹿の通り道を走っていた体重五〇〇キロの屈強なアメリカアカシカに、狼と先を争って忍び寄った。クロライチョウを下草から追い立てて、リョコウバトの大群で文字どおり真っ黒になった空の下へと飛び立たせた。
現在、ニューハンプシャー州に紅鮭、狼、アメリカアカシカ、クロライチョウ、リョコウバトは棲息せず、森からは多くの種類の木が消えている。かつて熊にとって非常に重要な食料源だったブルオークやアメリカグリは外来の害虫の攻撃を受けて絶滅の危機にある。カバノキやクロカエデも同様だ。侵入生物の攻撃を受けている樹種には、ストローブマツ（五葉マツ類発疹さび病）、ドクニンジン（ツガサアブラムシ）、トネリコ（アオナガタマムシ）、バルサムモミ（バルサムカサアブラムシ）などがある。州全体で発見されている五二五の侵入種のうち、グラフトン郡では全部で二六八の侵入種が記録されている。

グラフトンの熊を支える生態系の構成要素は、長年のあいだに進化するのではなく、過去数百年のあいだ無計画にほったらかされていたのである。

さらに時代をさかのぼると、ユヴァル・ノア・ハラリが著書『サピエンス全史』で述べたように、アメリカ先住民は最も危険な侵入種だった。癒しの輪《メディスン・ホイール》［古代アメリカ先住民がヒーリングに用いた輪］を発明するずっと前、北米に初めて侵入した人間は二〇〇〇年にわたる環境破壊の先陣を切り、この大陸に棲息するたくましい大型動物をことごとく絶滅させた。死亡者リストに含まれるのは、アメリカマストドンやケナガマンモス、古代のジャイアントバイソン、テラトルニスコンドル（体重二〇キロ以上、翼幅五メートルにもなる猛禽類）、古代のジャコウウシ、大型のアメリカラクダ（このキャメロップスの化石はアリゾナ州の〈ウォルマート〉建築現場でジョン・バビアルツという名前の現場監督が発見したが、本書の登場人物とは無関係）など。古代人は、北米に棲息していた体重二トンのアルマジロ、身長六メートルのナマケモノ、体重二七〇キロのサーベルタイガー、ダイアウルフ、熊サイズの齧歯類も絶滅させた。

もちろん熊サイズの熊も。遺伝学的検査によって、熊は三〇〇〜三五〇万年前初めて北米に来て、いくつかの種に分かれて進化したことがわかっている。それぞれの種は異なる生態学的特徴を持っていた。人間が北米大陸で槍を用いた狩りをするようになると、大部分の熊はほかの大型哺乳類と同じ不幸な結末を迎えた。過去一万一〇〇〇年のあいだに、ホモ・サピエンスは歴史上最大の熊を絶滅に追いやった。身長三・六メートル、体重一トンを超えるショートフェイスベアである。また、クジラを食べるカリフォルニアハイイログマ、体重三〇〇キロのメキシコハイイログマ（一九六〇年代まで生き延びた）、フロリダホラアナグマも絶滅している。しかし、肉など特定の食物しか食べない種類の熊が氷河期や人間の登場といった災厄を乗り越えられなかったのに対して、黒いアメリカグマは問題解決をし、共同で作業し、ほぼどんな食べ物にも適応できる能力のおかげで生き残った。

その適応能力のせいで、グラフトンの現代の黒熊は大昔に森をのし歩いていた黒熊と大きく異なる生き物になった。人は研究室内での動物の遺伝子改変を人工的で不適切だとして拒絶するが、現実には大陸という研究室内であまり人の手が加わらない遺伝子実験が行われている。現代の人間と共存して生き延びようとする熊による、意図せぬ自然淘汰である。

現代のニューハンプシャー州の熊は、ほんの五〇〇〇年前の先祖とは、別の種だと誤解されかねないほど大きく違っている。良かれ悪しかれ、彼らは文明化されているのだ。文明は大きな力を持っている。文明は野蛮な旧石器時代の狩猟採集生活者の社会を軟弱な技術者の世界に変えた。その世界で最もリッイートされた英語によるツイッターの投稿は、チキンナゲットを求める次のような訴えである——「どうか協力してください。男にはナゲットが必要なんです」
かつては穏やかで万人の認める森の王だった現代の黒熊は、人類が作り出した混乱した世界によって変質させられてきた。昼行性の先祖と違って、現代の熊は一晩じゅう、森の虫や野生の実ではなく彼らにとっての〝ナゲット〟――台所の残飯や、夜間は警備が甘くなるトウモロコシ畑――を漁っている。ニューハンプシャー州で記録に残る中で最も重いほうから一〇頭がすべて一九九七年以降に発見された（そして撃たれた）のも、そういうナゲットを得ているからだと考えられる（それらの熊の体重は二二三〜二五〇キロだった）。二〇一九年の調査で、砂糖入りの人間の食べ物（ドーナツなど）を食べる野生の黒熊は冬眠しないことが明らかになった。こうした熊は細胞の老化が進んでいることもわかった。

現在、熊の棲息域は道路や人間の食料源によって決まるため、多くの孤立した棲息地に細分化される傾向があり、それは遺伝子プールに重大な影響をもたらすことがある。最近、ニューハンプシャー州の熊数頭が、脳の発達に影響する遺伝子疾患のガングリオシドーシスと診断された。人間におけるこの病気の症状は過剰な驚愕反射や認知障害である。研究者は、ニューイングランドにおけるこの病気を持つ熊の多さは、彼らの中に〝創始者効果〟があることを示していると言う。動物のある集団が遺伝的にほかの集団から隔離され、遺伝的多様性を欠くようになる、というものである。

そして、現代の熊の行動も昔とは異なっている。先祖の熊は、自然界に自分たちを捕食する者はいないことを知っていて一日じゅうのんびりしていられたかもしれない。それに対して現代の熊は、何時間にもわたってしつこく熊を悩ませ、熊から栄養源と時間を奪う、人間や訓練された犬に常に警戒している。

これらさまざまな要因により、熊は人間による危険と人間がもたらす栄養とのあいだで板挟みになっている。そのため彼らは自然界が生み出した熊に比べて、あまり眠らず、不安に怯え、必死で、落ち着きがなくなっている。

現代の自然保護論者たちは、自分たちは森の最も立派な代表をその正当な玉座に復位させているという考えを悪意なく口にするが、現実には彼らはむしろヴィクター・フランケンシュタイン博士に近い——できあがったものが創造主に反抗するのではなく人間のニーズに応えることを願って、手近にある生命の諸要素を縫い合わせているのだ。

ドーナツ・レディの経験を聞いたとき、私はちょっとうらやましかった。幼い頃から大の動物好きだった私には、日光の下で母熊がのんびり見守る中で子熊が転げ回っているのを見たときの純粋な喜びは容易に想像できた。

だがやがて、ドーナツ・レディの物語はディズニーの映画というより『おかしな二人』のようなものであることが明らかになる。これは、一人の老婦人が軽率に別の老婦人の芝生や玄関ポーチに熊を置いていく、という物語なのだ。

第六章　サバイバリストの戦い

どちらの側も、一歩入れば恐ろしい前人未踏の荒野だった。生きている木、倒木、朽ち果てている木がもつれた迷路を簡単に通り抜けられるのは、鹿やヘラジカ、熊や狼だけだ。

——ヘンリー・デイヴィッド・ソロー、『メインの森』（講談社、小野和人訳、一九九四年）、一八六四年

アダム・フランツは木々のあいだを抜け、彼がかつて夢に見、今や現実のものとなったサバイバリストのキャンプへと案内してくれた。上方、砂利道のいちばん高いところには、不揃いに並んだカカシが番をして立っている。秩序と禁酒を撃退すべく、無政府主義者ガイ・フォークスの仮面［ガイ・フォークスは一七世紀にロンドンの議事堂爆破を企んだメンバーで、その仮面は多くの抗議運動などで用いられている］をつけ、空のビール缶を持って。

フランツによれば、友人たちによるさまざまなグループの試みが何度か失敗した末に、ようやくサバイバリストが本格的に集まりはじめたという。やがて、彼が恒久的に森に駐車したキャンピングカーにいくつかのテントが加わり、さらにその後もいくつか増えた。時折、住む場所がないかとフリータウン信者がやってくる。フランツはいつも、あると答えた。

「ここはテント・シティだ」

彼は、落ち葉の絨毯に覆われた比較的平坦な地面にテント、ローンチェア、バーベキューグリル、プラスチック製コンテナボックス、防水シート、キャンプのゴミなどがごちゃごちゃと集まった場所を手で示した。「ここで暮らす人数によって、もっとテントが多いときもある。週末はものすごい数になったりもする」

テント・シティに近づくのは文明から遠ざかることだ。社会を下支えする共通の前提――テレビの視聴率、ダウ平均株価、大統領支持率、そしてもちろん税金――は消え去り、目に見える範囲にある具体的な物質だけが存在するようになる。ここには料理用の鋳鉄製の鍋、そこにはまたがねばならない曲がりくねった木の根、空中には散乱した茶色い木の葉を魅力的に見せてくれる光の模様、風が木の先端の向きを変えるたびに水のように波打つ地面。

ここでは、私がいるのは〝社会〟でなく〝世界〟だ。私の一部は自分が〈サブウェイ〉の店舗から二五キロ以内にいることをよく知っているけれど、フランツとともに森の中に立っていると、サバイバリズムは今朝起きたときに思ったほどバカげた考えだと思えなくなる。ここでバカげていると感じられるのは、人が白い小切手と交換に自分が嫌いなことをして平日を過ごすことだ。その白い小切手は緑のドル札を意味しており、緑のドル札は昔は黄色い金属を意味していたが、今は価値があるという集団妄想しか意味していない。ここにいると、思わずサバイバリスト的終末思想に引き込まれてしまう――自然が進化の流れによって必然的に押しつぶされるのではなく、自然界が我々の生活を侵食し、ひ弱な建造物よりずっと長く存在し、世界をコケやイバラで覆い尽くす、という思想である。

グラフトンは既にそこへ至る道半ばを過ぎている。フランツがテント・シティで費やす時間が長くなればなるほど、壊滅後の世界に対する彼の戦略的対応は森の熊のものに似てくる。テント・シティに菜園はない。菜園や食料の貯蔵庫は守らねばならないからだ。農業革命を再現するつもりはない、とフランツは言う。彼が望むのは旧石器時代の暮らしに戻ることだ。

「ちょっと木から実をもいだら食べられるってのに、どうしてわざわざ苦労して栽培するんだ？　ここには土地がふんだんにあるし、ブルーベリーもラズベリーもブラックベリーもふんだんにある。あの辺にはイチゴもありそうだし、もちろんキノコだって、ほかの食べられる植物だって、ブナの木みたいなのだってあるんだ」

だがフランツや仲間にとって、原始的な生活を実現するのは簡単ではない。せいぜい可能なのは、いわば半野生的な生活である。常に物資調達の問題に遭遇するからだ。たとえば、フランツにとって車を手放すのは物資調達の点から困難だろう。

「俺たちはまだ現実の世界に生きてる。行きたいところへ行くには、やっぱり燃料がいるわけだ」フランツは言う。そういうものの代金を払うため、テント・シティの住人のほとんどは今でもなんらかの仕事をしている。ただフランツとしては、土地の天然資源を丸太の家具のように売れるものに作り変えて金銭的ニーズを満たしたいと思っている。多くのグラフトン住民はマリファナを育てているが、フランツはやっていない。麻薬栽培は、麻薬取締法によってこの土地を没収される危険を伴うからだ。

サバイバリストが直面するもう一つの物資調達面の問題は、彼らのほとんど、あるいは全員が、森から食料を得るために必要なサバイバルのスキルを持っていないことだ。

「俺は、キノコについて教えてくれる男と会うことになってる」フランツは言う。だが正直言って、見分け方を習得できる自信はないという。「問題は、俺は色盲だってこと」

実際、テント・シティを見れば見るほど、サバイバリズムにとっての重労働とは、暖を取るため薪を燃やすこと以外では、キャンプファイアーを囲んでパーティをしながら机上の空論を交わすことだけだという気がしてくる。

フランツは私を連れてテントの向こうへと進んでいった。低く響いていたウーンという音が、グォーッという鈍い大きな音になっていく。ガソリン式発電機だ。物置くらいの大きさでどれも異なったデザインの丸木小屋が、大ざっぱな円状に並んでおり、その中のどこかに発電機があるらしい。一つの丸木小屋の外壁には、くたびれた熊の皮が留められている。別の小屋には、破れて色褪せた南部連合の旗が掲げられていた。

フランツが言うには、旗は社会の外縁であるここでの政治的意見の多様性を象徴している。彼自身はガチガチの反資本主義者だが、ここで暮らす人間の中には、リバタリアンもいれば、銃の権利を求める活動家を自称する者もいる。

「だから、ここはたぶん世界でただ一箇所、南部連合の旗とバーニーのプラカードの両方を掲げた場所だろうな」フランツはバーモント州の社会主義者の上院議員（アメリカ大統領になったかもしれない人物）に言及した［民主党と会派を組むバーニー・サンダース議員のこと］。

テント・シティが最も誇る建造物はカマボコ型の小屋〝オーブ〟である。発電機のおかげで電気が通っており、それゆえテレビ、ＤＶＤプレーヤー、電気コンロ、照明が設置されている建物だ。私はフランツに連れられてオーブに向かったが、そこはフランツのキャンピングカー以上にひどい状態だった。古いカーポートに適当に外壁材を打ちつけて作ったかのように見える。

「古いカーポートに外壁材を打ちつけて作ったんだ」フランツが言う。

突然発電機の轟音が止まって一瞬奇妙な静寂が訪れ、そのあと鳥のさえずりが聞こえた。黒髪の女性がオーブの玄関口に現れた。

「あれでガソリンは終わりかい、アニー？」フランツは尋ねた。アニーは恋人のマークと一〇代の娘と一緒にここに住んでいる。

「そう。五ドル持ってるから、行ってもうちょっと買ってくるね」

「俺もすぐ行くよ」フランツの共産主義的思想に従い、オーブの電源から得られる電気は誰のものでもない。この建物はそれぞれの必要に応じて利用でき、電気を供給するガソリンはそれぞれが支払い能力に応じて負担する。

総合的に考えて、アニーはテント・シティという保護のもとでの生活を気に入っている。仲間意識と、世界じゅうの厄介な問題から距離を置いている感じを楽しんでいる。

だが、一つ心配がある。

「これまで、ああいう動物とこんなに近づいたことはなかったの」彼女は自分が悪いことでもしたかのような言い方をした。「すごく大きいでしょ」

もちろん彼女が言っているのは熊のことだ。サバイバリストにとって動物を食べるのはもっぱら理論上の話かもしれないが、動物に食べられるのは現実的で差し迫った危険である。熊はいつも、夜にテント・シティに現れて、グリルを倒し、密封されたトウモロコシの容器を割り、生ゴミを漁り、キャンプのど真ん中で大きな糞をする。ある一つの糞の山は、森で長く暮らしたおかげでそういうものを見る目を養ってきたフランツには、特に不健康に見える。その山は、義母の犬が薬のアデロールを袋ごと食べたときのことを連想させた。

「あの犬はかなり苦しんだよ」フランツは言った。

テント・シティに住むほとんどの人間は、熊のことをそれほど気にしていなかった。たまに毛むくじゃらの影が現れては、すぐ森の暗闇に逃げていったからだ。だが今年の夏、影は実体化し、あまり逃走しなくなった。サバイバリストが車でキャンプに乗り入れても、ゴミエリアにいる熊に、ヘッドライトを浴びたら逃げていくという常識は通用しない。それどころか彼らは強情に居座り、事態をエスカレートさせられるならやってみろと挑んでいる。

独立記念日の前後は珍しく熊のいない一週間だった、とフランツは言う。やがて彼はその理由に思い当たった。

「俺は二三リットル入りの料理油の容器をいくつか持ってる。俺の車は料理用の油で走るからな。やつらが森に持ってった容器が二、三個見つかった」

「中身を飲み干したのよ」アニーが続きを引き取って言う。彼女は既に何度かこういう瞬間を演じていたのだと思われる。

「容器に食いついて油を一滴残らず飲み干しやがった」フランツはアニーの言葉が聞こえなかったかのように言った。「想像できるか? 油は何年も前から置いてたんだぞ」

その後、熊は昼間にも現れるようになった。テント・シティの周辺をうろついているところが目撃されている。罠を仕掛けた道を偵察して歩く毛皮商人のように。アニーは、熊の一頭が特に自分に目をつけているとの感じを覚えはじめた。朝にキャビンから外に出ると、熊の視線を感じることがよくある。すると森に熊の姿が見えるのだ。

「熊はたいてい、あの辺に座って私を見てるの」

不安を感じはじめたサバイバリストたちは、対抗することにした。まずはゴミ箱のそばに『くま、ちかよるな』という看板を掲げた。熊は字を読めないと思うのだが、断定はできない。熊は最近、人間が木に設置した野生動物用カメラを四度壊していた。コンビニ強盗が防犯カメラを破壊するように。だから簡単な字を読む能力くらいあるのかもしれない。いずれにせよ、看板は、サバイバリストではなく熊こそがここでの侵入者であることを思い出させて、テント・シティの人間の中に連帯意識と団結心を呼び覚ました。

より現実的な防護策はフランツの〝熊撃ち銃〟トーラス・ジャッジである。彼はそれを四六時中携行するようになった。特大の四一〇口径銃を手にキャンプの周辺を走り回るフランツを見て、アニーたちは安心した。ただし、熊を撃つぞとしょっちゅう言っているにもかかわらず、フランツが実際に引き金を引いたことはない。気が進まない理由の一つは熊への同情心であり、もう一つは熊の死が役人の不要な注意を引くかもしれないことだ。ほとんどのグラフトン住民と同じく、サバイバリストたちは政府の権威のレーダーをかいくぐることを最優先している。

しかし、キャンプ中のアメリカ人が真夜中、黒熊にテントから引きずり出されて殺されたという事件が現実に何件か起きていることを考えると、災難が起こるまでじっと待っているのも愚かだと思えた。

テント・シティをどうやって守るかに関して意見を出し合う中で、サバイバリストたちは町にあるほかの武装したキャンプから助言を得た。キャンプはそれぞれ独自の方法で熊を撃退している。フランツはそのリストを列挙した。トウガラシ粉、電気フェンス、動体センサー、罠、常に現実離れした轟音を鳴らす無線機。キャンプで暮らす人々は皆、熊に寛容で、熊を殺さずにすむようこうした装置を工夫しているようだ。人間の知覚に隠された不思議な力が彼らに働きかけているのかもしれない、と私は思った。テント・シティでは、住民はついに独特で高リスク中リターンの作戦を考え出した。フランツは秘密の武器を買いに行った。

秘密の武器はすぐに使用されることになった。それはある朝、朽ちかけたキャンピングカーで眠っていたフランツに、テント・シティの反対側からアニーの呼びかける声が聞こえたときだった。彼はベッドから転がり出ると、キャンピングカーの小さな網戸越しに叫んだ。

「アニー、君なのか？　助けてほしいのか？」

アニーは助けを求めているようには聞こえなかった。フランツに着替える時間はなかったが、新しい熊抑止装置をつかんで、下着姿でキャンピングカーから飛び出した。

「そしたら熊がいた。すぐそこ、あの枯れた木の向こうに」フランツはそう言って、森のある一点を指差した。キャンプの中央から六メートルほど離れたところだ。「地面に座ってた。俺たちをじっと見てた」

フランツは、サバイバリストが〝緊急事態〟のときだけ使うカウベルをつかみ、鳴らして熊を追い払おうとした。フランツは、鐘の音に熊は立ち上がったが、逃げるどころかまっすぐフランツのほうに歩いてきた。まるで食事を知らせる鐘が鳴ったかのように。

フランツは怖気づき、叫びはじめた。

「あっちへ行け!」一歩後ろへ下がり、犬を叱るように熊を叱りつける。鐘をさらに激しく鳴らした。

「あっちへ行け、行けったら!」

熊は立ち止まらなかったので、フランツはライターの蓋を開き、新たな武器の導火線に炎を近づけた。爆竹の束だ。最初の爆竹が鋭い破裂音とともに爆発したとき、熊は仰天し、一瞬戸惑った。さらに爆発が続くと、熊は走りだした——ありがたいことに、フランツとは反対のほうへ。

「あいつは六メートルほど走って立ち止まった。爆竹が止まったからだ。そのあと、九メートルか一〇メートルほど離れたところで座り込んで、こっちを見つめはじめた」その後ようやく、熊は渋々といった様子で離れていった。サバイバリストたちは勝利に元気づき、この武器をさらに強化すべくただちに計画を練った。

「ロケット花火も手に入れたらいいんじゃないかな。熊のほうに向けたら、やつらは攻撃されると思うだろう」

一方アニーは、生来の恐怖心を克服すべく努力した。熊がその場にいないときなら、彼女は熊の大胆さを単なる友好の証だと考えることができた。人間と親しくなりすぎた熊は猟師に撃ち殺されてしまうかもしれないと心配した彼女は、爆竹を熊に投げつけて追い払うようになった。フランツは彼女の進歩が誇らしかった。

「アニーも何回か熊と六メートル以内で遭遇して、今はもっと熊に慣れてきてると思う。熊は攻撃的に立ち上がって人間を殺そうとする野生動物じゃないことを、彼女も悟ったんだよ」フランツは言う。こういう見方に私は疑いを抱いている。熊を人に慣れさせるのは危険だ、ということは何度も聞いた。だが、聞いたことはないが今や私にとって明白である事実もある――人が熊に慣れるのを容認するのも、少なくとも同じくらい危険だ、ということである。

比較的近くに住むフランツとドーナッツ・レディがどちらも、まったく同じ言葉――「あっちへ行け！」――を用いておそらくまったく同じ熊と意思疎通を試みたことを私が知ったのは、あとになってからだった。だが、フランツが熊を後退させるために叫んだのに対して、ドーナッツ・レディは単にすぐあとのおやつの時間までお預けさせることだけを意図していた。

このことは、問題解決能力を持つ熊へのグラフトンの人々の態度が多様であったことを明確に示している。あらゆる家には栄養源となるものがあるが、そこに住む人々は、逃げることも、ラマをけしかけることも、食べ物を与えることも、その頭に爆竹を投げつけることもある。対処法は無限にある。

テント・シティを去る前、私はフランツに、もっといい解決策は州の魚類鳥獣局に連絡して熊退治を頼むことではないかと訊いた。

「魚類鳥獣局を呼ぶなんて自分で自分の首を絞めることだ。そんなの、やってたまるか」フランツは言う。だがグラフトンにこれだけ熊が集まっているのに役人が自分からやってこないことを、彼は少々不思議がっているようだ。

「やつらの姿が見えないってことは、やつらはよっぽど人員不足なんだろうな」

この点に関して、フランツは正しかった。

第七章　官僚と熊

著者は以下のことを申し立てた。もしも女王陛下の政府が、都市のあらゆる場所を――たとえば少なくとも一週間に三頭くらいが――訪れることができるほど多くの熊を英国にもたらし、公の費用で一般大衆の娯楽のために保持するのであれば、それは完全かつ充分に成し遂げられるであろう、と。こうした動物を迎えるのにふさわしい場所を提供することには、なんの困難もあろうはずがない。適度に広い熊園を議会両院のすぐ近く、明らかにそのような施設に最もふさわしく望ましい場所に設立することができるのだから。

――チャールズ・ディケンズ、『全進歩のためのマドフォッグ協会第二回会議詳細報告書』、一八三七年

ある意味では、グラフトンの熊は森から来た。そしてまたある意味では、彼らは遠い先史時代からのしのしとやってきた。だがまた別の、同じくらい本当の意味では、彼らはニューハンプシャー州という社会からやってきた。

グラフトンのすべての熊は、以前は熊のない風景を支持していた州の政策の積極的な変化によって、意図的にそこに置かれたのである。フリータウン・プロジェクトが始動したとき、グラフトンは六〇年

にわたる熊の発展の真っただ中にある広い地域の小さな一部分にすぎなかった。野生保護活動家、写真家、趣味の猟師は、その発展を歓迎していた。

グラフトンは中央権力から離れておくためにあらゆる努力を重ねている。それでも、一時間もかからないところに位置する州都コンコードで黄金色のドームを頂くニューハンプシャー州議事堂で起こることに、深く影響を受けている。

議事堂とは、州で最高に優秀で頭がいい、有権者に選ばれた人々が集まって、社会のあらゆる課題の解決を図る場所である。もちろんそこには熊の問題も含まれる。一七〇〇年代、議会は地域から熊を一掃するため報奨金を出した。その結果、一九〇〇年代半ばには州の大部分のエリアから熊はいなくなり、人がめったに入らない山に少数が孤立して生き残っているだけだった。

一九五五年に州が報奨金制度を廃止し、一九五六年に資金を拠出して熊の個体数調査を始めると、ニューハンプシャー州に棲息する熊の数が（予想どおりだが）増えていることが明らかになった。

一九六〇年代と七〇年代初頭は環境保護主義が世間をにぎわした。特にニューイングランドでは、猟師もヒッピーもそれ以外のほぼあらゆる人も加わった真の全党派的協力によって自然保護が進められた。現在では考えられないかもしれないが、環境保護庁を創設したのは共和党の大統領リチャード・ニクソンである（ただしその四五年後、同じく共和党大統領のドナルド・トランプはそれを〝消し去る〟と公約した）。

この時代、ニューハンプシャー州の熊は、社会への脅威から、公益のために州が管理すべき資源に変わった。一九七八年、ニューハンプシャー州は初の専任熊生物学者を雇用した。学者はパンチカード式計算法を用いて猟師が殺した熊の数の統計を取った。
新たなパラダイムのもとで、熊は繁栄した。一九八九年には、州は熊を約三〇〇〇頭まで増やすことに成功し、二〇一〇年頃になるとニューハンプシャー州はとにかく熊であふれた。六一〇〇頭以上が森林再生、狩猟規制、そして――あまりにもよくあることだが――人間の食料源の入手による恩恵を受けていた。

〝熊にささやく男〟ベン・キラムのような研究者たちは熊の質的分析に頼りすぎているとして批判されることがあったが、州は熊に関する政策決定を行うのに、科学的範疇のちょうど反対側である数値データに頼るという過ちを犯したと言えるだろう。数十年のあいだ、ニューハンプシャー州魚類鳥獣局は熊管理計画作成のために、熊の平均年齢、発行された狩猟ライセンスの数、鶏が襲われた回数といった統計値で埋め尽くされた報告書をまとめた。毎年、州の統計専門家は複雑なアルゴリズムを用いて何十もの管理区域における一平方マイル当たりの熊の数の推計を行った。数十年にわたって蓄積されたデータは非常に素晴らしい。しかし一方で誤解を招くものでもある。

問題の一つは、データの視野の狭さだ。こうした報告書に頼る政策立案者たちは、任意の町に存在する熊の総重量の推計を容易に知ることができる。だが報告書は、自然の食用作物の豊富さ以外には、熊の行動に影響を与える可能性のある要素を突き止めていない。たとえば、人間の残飯の利用のしやすさや、森での法の規制を受けない狩猟や罠猟の実態については、誰も調べていない。ドーナツ祭から爆竹攻撃に至るグラフトンで知られている熊関連の活動のほぼすべては、そうしたデータの枠外にあると考えられる。

そして量的アプローチには、熊に関する死角があるのに加えて、人間に関するさらに大きな死角が存在する。州は、熊についての苦情と熊の問題には直接的な相関関係があると想定しているが、実は熊に対する寛容の度合いは人によって非常に異なる——そして州の役人に対する寛容の度合いも。ある地域のゴミ箱を熊が初めて訪れたときは何十もの通報が殺到するだろうが、同じ地域への一〇回目の訪問では通報はゼロになるかもしれない。

多くの人が政府を罵倒し、自由を求める人々が熊との遭遇について自ら対処しようと奮闘しているグラフトンでは、魚類鳥獣局への通報数は熊との憂慮すべき遭遇の数を大幅に下回っている可能性がある。

基本的に、グラフトンには熊に関して〝人に頼むな・人に言うな〟というポリシーがあると考えられる。理由の一つは、画一的な熊対処法のアドバイスでは、場合によっては逆に熊が襲ってくるリスクを増大させるという合理的な疑いがあるからだ。

幸い、州魚類鳥獣局にはデータに頼るアプローチにつきものの弱点を補う手段が一つある。訓練された猟獣監視員を職員として雇っており、熊問題の調査のために派遣することができるのだ。何百という熊との遭遇を調べてきた経験を持って現地に派遣された監視員は、住民に話を聞き、そのエリアを精査して、尋常ならざる事態が起きているかどうかを見きわめるのに必要な情報を得ることができる。

一九七〇年代には州全体で監視員は五〇名しかいなかったが、熊の数も人の数も比較的少なかったため、このシステムはうまく機能した。しかし二〇〇二年になると、従来から漁業と狩猟の許可手数料に大きく依存していた魚類鳥獣局の予算が乏しくなりはじめた。納税者は減少を続ける許可手数料を補うための支出を拒んだため、局は職員を削減し、施設を閉鎖し、装備の補修を先送りし、黒熊狩猟ライセンスの費用を上げざるをえなかった。

二〇〇七年にニューハンプシャー州が雇用していた猟獣監視員はわずかに三二名だった（隣のメイン州では一三〇名）。各監視員は一人平均七七〇平方キロメートルの範囲を担当していた。誰かが病気になったり休暇を取ったりして（そういうことは毎日起こった）空席ができた場合は、担当地域はさらに広くなる。三六パーセントの人員削減は、思った以上に大きな減少である。なにしろ、一九七〇年に比べて二〇〇七年のニューハンプシャー州の人口は二倍、熊の数は六倍になっていたのだから。

州は毎年平均六三五件の熊に関する通報を受けているが、対応できるのはごくわずかにすぎない。猟獣監視員が取り組む問題は熊以外にも多くあるからだ。彼らの仕事は、今や船の進水の監視からハイカーの遭難救助まで多岐にわたっている。

幸運にも、こうした問題をすべて解決する権力を持つ者がいる。ニューハンプシャー州議会だ。そこでは、有権者の代表が法律を立案したり社会的問題解決のため資源を割り当てたりする。

州がその気になれば、熊との厄介な遭遇の数を劇的に減らすことは可能である。一つの方法は熊自体の数を劇的に減らすことだ。少なくとも人間の人口密度が高くて軋轢が起きそうな地域において。もう一つの方法は、有効な熊対策すべてを法律化することだ――生ゴミや鳥の餌箱をもっと責任を持って管理することを強制し、開発によって熊をあまり引きつけないような土地区画規制を採用し、野生の熊に餌を与える人々への罰則を強化する。そして第三の方法は、効率的に問題解決に当たるのに必要なレベルまで魚類鳥獣局の予算を増強して、猟獣監視員が個々の事態に対処したり一般大衆への啓蒙活動を行ったりする時間をより多く取れるようにすることである。

過去二〇年間で熊に関連した法案を少なくとも一五本作ってきた議会なら、こうした措置について真剣に議論したと思いたいところだ。

だが、その一五本の法案はあまり熊との軋轢に関係したものではなかった。法案のうち実際に法律として成立したのは二本だけであり、内容は熊狩りライセンスの手数料を値上げするというものだった。それ以外の法案は、猟師や罠猟師の利益と、革新的活動家が提示した倫理上の問題とのバランスをうまく取るために、熊狩りの規則を微調整することを目的としていた。

野生動物を引きつける生ゴミの責任者に「そのような固形廃棄物を野生動物に襲われない方法で（たとえば防熊処置を施したゴミ収集容器などで）保管または処理」させることによって熊との軋轢を減らすという法案を議会が作ったのは、二〇一三年になってからだった。

そうした措置は国立公園で熊に関する苦情を減らすのに効果的であることがわかっているが、多くのニューハンプシャー州民にとって、この法案は国家統制主義と税金のにおいがした。議会の魚類鳥獣資源委員会では、ある男性が、防熊処置を施したゴミ箱の重い部品には危険があると証言した。子どもが中に閉じ込められたり、勢いよく閉じる蓋で首を切り落とされたりする（あるいは閉じ込められた上に首を切り落とされる）という危険である。ただし証拠は示されなかった。とはいえ最もよく口にされた懸念は、ゴミ回収業者や土地の持ち主が今より高価なゴミ箱に金を出すとは考えられない、というものだった。提出の二カ月後、委員会は一四対〇で法案を否決した。

魚類鳥獣局は必ずしも立法府に頼らねばならないわけではない。行政命令によって措置を講じることも可能だ。たとえば二〇一四年、チョコレートによる集団食中毒で熊が四頭死んだとき、野生動物担当の役人はこの事件が「おそらくチョコレートの引き起こした歴史上最も深刻な死亡事件である」と重々しく述べ、熊にチョコレートを食べさせることを禁止した。だが、人間と熊の軋轢に関してそういう迅速な解決策が取られたことはない。費用がいっさいかからず政治的に望ましいアイデアを誰かが思いつくまでは、金欠に悩む魚類鳥獣局は熊との軋轢について予算に優しい立場を取ることにした——「悪いのはあいつではなく、あなたです」という立場だ。

それが、現在魚類鳥獣局が進めている教育的キャンペーン、『ニューハンプシャーにはクマくんがいる——熊とともに生きることを学びましょう』を支える第一のメッセージである。一九九六年に始まったこのキャンペーンは、「一般の方々に熊への寛容さを育んでもらう」よう努めており、多くの人は正当な理由なく熊を恐れているという前提に基づいている。

キャンペーンの主な狙いは、住民にあまり熊を引きつけないように生ゴミや鳥の餌箱を管理してもらうことだ。これは大切なことだが、州政府にとって都合のいい方法でもある。熊に関する苦情の矛先を、森に熊を増やしてきた州の政策に向けるのではなく、苦情を申し立てた人自身やその隣人たちに向けているからだ。

住民に自分たちの行動を変えるよう呼びかけるのは、効率的な罠を仕掛けたり移住（地主でなく熊を）させたりするのに投資するよりもはるかに安くつく。

非常に現実的な意味で、魚類鳥獣局は熊に依存している。熊狩り許可手数料をもたらしてくれるからであり、自然保護の象徴となる生物種を守ろうという熱意を喚起するのに役立つからでもある。だからこそ、できるだけ多くの場所にできるだけ多くの熊が暮らせるように魚類鳥獣局が各エリアの〝環境収容力〃［ある環境において、そこに存在できる生物の最大量］の上限を引き上げているのだ。

また、魚類鳥獣局が熊の数を減らすことを望んでいるときでも、そうするにはかなりの困難があったことがわかっている。熊が地域の入植者にとって差し迫った危険と考えられていた時代と同じく、州は熊の個体数をコントロールするのに充分な予算も人員もないので、その仕事を〃外注〃している（ただし昔は猟師に報奨金を払っていたが、現代では逆に料金を請求している）。

一九九〇年、ニューハンプシャー州の森林に三五〇〇頭の熊が棲息していたとき、魚類鳥獣局は数十年ぶりに州の大部分を熊狩りに開放した。そのあと数年間で、局は数万件の熊狩り許可証を発行し、二〇〇一年頃には最高の一万七〇〇〇件に達した。

猟師は喜び、金はどんどん流れ込み——そして熊はまだ繁栄していた。二〇〇三年から二〇〇四年にかけて一五〇〇頭近くが殺されたが、熊はそれ以上に繁殖し、二〇〇五年にはそれまでで最大の個体数、四八三〇頭を記録した。

熊はもう充分多いと判断した魚類鳥獣局は、さらに多くの人々にさらに長い期間熊狩りを許可して数を減らすことにした。ニューハンプシャー州の官僚の計画は、数を五一〇〇で安定させることだった。だがニューハンプシャー州の熊の計画は少々違っていた。さらに一〇〇〇頭の熊を増やすことだ。

熊が勝利した。二〇〇六年から二〇一三年までの期間に、熊は一一四〇頭増えた。

魚類鳥獣局は、以前は狩りによって熊の個体数が減りすぎることを危惧していたが、熊は想像以上に屈強だった。

「州内に存在する熊の個体数は不定期な収獲数の増加にも耐えられることが判明した」彼らは年次報告

書にそう書いた。そのため、州は狩猟許可を一気に増大させ、一万以上の熊狩りライセンスを発行した。それには、鹿狩りの猟師が予想外の機会に乗じてたまたま歩いていた不運な熊を撃つ許可も含まれている。州は餌による猟の許可証も一四〇〇件発行して給餌場のネットワークを作った。そこには（当時は合法だった）チョコレートやミミズ型のグミが置かれ、猟師は腹を空かした熊を殺そうと待ち構えた。猟師がGPSつきの首輪をつけた訓練された犬を用いて熊を追って殺す許可も数百件与えられた。

州は熊を銀の皿に載せて猟師に差し出しているも同然であり、猟師は喜んでそれを受け取った。二〇一三年以降、州全体で猟師に殺された熊（違法な狩りを除く）は五五八頭から、二〇一八年には史上最高の一〇八三頭へと増加した。

それでも熊市場は強気だった。二〇一六年、魚類鳥獣局の局長は、平然として、熊の個体数はさらに増えて六五〇〇頭になったと報告した。二〇一八年には、州はかなり緩やかな目標を設定したものの、ほぼすべての郡で熊密度は高すぎると考えられた。グラフトンを含む野生生物管理区域では、熊は一九九八年から二〇一三年までのあいだに倍増した。二〇一八年、熊は州が意図した数を五〇パーセント以上上回った。

グラフトンでは、熊に寛大な魚類鳥獣局と、熊に悩まされているが州政府を忌避する地元住民とのあいだの根本的な断絶が、熊の管理に関して無数の可能性を生み出した。

二〇〇五年に、たとえばニューハンプシャー州の熊やピューマの問題について〝野生動物対処〟といった地域活動に取り組む正式な武装市民軍を組織すべきかどうかというリバタリアンの議論を活気づけていたのは、こういった社会動向だった。

フリータウン・プロジェクトで提唱されたほかの多くのアイデアと同じく、これもついに実現しなかった。おそらくそれでよかったのだろう。だが、何か手を打たなければならない。バングタウンのジェシカ・スールなど一部の人々は、熊はまったく手に負えなくなっていると考えるようになっていた。

第八章　動けなくなった管理人

鬱蒼とした森の中、立ち並ぶ巨大な樹木は周囲の闇へと溶け込んでいく。動くものは何一つない。一度、がに股の生き物――アリクイか熊――が暗闇の中であわててよろめきながら逃げていった。それが、この広大なアマゾンの森林で私が唯一目にした、この世の生命の兆候であった。

――アーサー・コナン・ドイル、『失われた世界』（光文社、伏見威蕃訳、二〇一六年、ほか）、一九一二年

統一教会がグラフトンを去ったあとも、ジェシカ・スールはこの地に残った。窓を下ろして髪に日光を浴びながらバングタウンの石ころだらけの道をトラックでガタガタと走るのを、愛するようになっていたのだ。自費で購入した農家には、家じゅうを暖める暖房装置が二つついている上に薪ストーブもあって、前の持ち主の風変わりな性質を表している。もう一つの特徴は裏のポーチだった。ここには流し台と、ピクニックテーブルが二台置けるスペースがあり、壁には穴が開いていて、食べ物と皿が中の台所からポーチへ直接届けられるようになっていた。

一九九九年に子猫を熊にさらわれたあと、裏のポーチに通じる穴はアンバーたち猫にとって欠かせない出口になった。スールは猫が屋外へ出るのを許さなくなったからだ。ポーチにはカウンター台があっ

て、折りたたんで壁に留めれば穴を覆えるようになっている。だがスールは、網戸で囲んだポーチに猫が自由に出入りして風を感じられるよう、暑いあいだは穴を開けっぱなしにしていた。

しばらくのあいだ、スールは教会との密接な関係を維持していた。二〇〇〇年、文は旅費を出してスールを韓国のソウルに招いた。文はそこで東洋医学と西洋医学を合体させた医療センターを開こうとしていた。だがその頃には文は年老いており、教会では彼の子どもたちが力を振るうようになっていた。権力構造の変化に伴って、スールは日常的には教会活動にかかわらなくなっていった。

二〇〇三年、スールは身体的な問題をいくつか抱えていた。彼女は若い頃からよく発作に襲われていて、そのため脚の神経に損傷を負っていた。自ら考案した集中的な理学療法によって歩行能力を維持していたが、近年再び脚が弱ってきた。歩き回るとき、特に屋外のでこぼこした地面を歩く場合は、杖に頼るようになった。猫が熊に襲われてからは、おぼつかない足取りで外をうろつくのが不安になり、今は網戸つきの窓やドアを開けて外の雰囲気を感じるようにしている。玄関を入ってすぐのニューイングランドの伝統的な靴脱ぎ室を通ってリビングルームから裏のポーチへと抜ける風は、春の大掃除を思わせる心地良さがある。

暖かいときは裏のポーチで夕食をとり、昔教会で親しくしていた人のことや、ちょっとした家事のことを考えた。元気だったら、そういう家事で忙しくしていられただろうに。ここからは裏の小川へ向かう鹿やヘラジカが見える。ゆったりした食事のあいだ、猫はカウンター台の上にあるトンネル型の穴を通って何度も出入りした。スールと並んで座ることもあれば、そうしないこともある。

ある日スールがリビングルームで友人とおしゃべりをしていると、裏のポーチで猫たちが争う音で会話が遮られた。ところがスールがドアを開けたとき、そこにいるのは猫ではなく二頭の子熊だった。子熊は目を丸くして、怯えた様子でスールを見つめている。スールは破壊の跡を一瞥した。網戸は破れ、裏のドアの一部分は蝶番が外れ、椅子や鉢植えはボウリングのピンのように倒れて散乱している。

「じぃっと見つめることはしなかったわ」スールは言った。「ぴしゃりとドアを閉めたの。どうしよう、どうしようと言いながら」

スールはあわてて安全錠をかけ、その足で台所へと駆けていった。どんな恐ろしい光景が待っているかはわからなかった――外を覗くため穴をくぐっていこうとしている愛する猫の尻尾か、あるいは目を輝かせて押し入ろうとしている子熊か。

現実はどちらの可能性よりも悪かった。熊の足――成獣の熊の足――が壁の穴から入ってきて台所のカウンターの上を探っている。分厚いカギ爪は何もつかむことができず、棚のコップや食べ物の容器を倒していた。

熊の体は外から壁に押しつけられているに違いない。スールはそんなものを見たくなかった。穴は、台所側から小さなスライドドアで閉めることができる。スールは叫び声をあげながらドアを勢いよく引き下ろした。ギロチンよろしくドアの木枠が熊の腕まで下りてくる。とはいえ尖っていないため腕を切り落とすことはできない。それでも突然のことに驚いて熊が足を引っ込めたので、スールはスライドドアを完全に閉めた。ドアを押さえていると、急に現れた薄い木のバリアに熊がおずおずと鼻を押しつけているのが感じられる。やがてカギ爪が木を軽く引っかくキーキーという音がした。

スールは友人に大声で呼びかけ、近くの引き出しから金槌と釘を取ってこさせた。スールが最初の釘を金槌で打つやいなや、熊は木を押すのをやめた。数分後、スライドドアは釘づけされ、ポーチは静かになった。

「猫を数えてきて」スールは友人に頼んだ。

すべての猫が無事なのを確認すると、ポーチまで出て木のカウンター台を上に折りたたみ、外からも穴を覆った。

「釘を打って閉鎖したわ。今も閉じたまま。絶対に開けなかった」

一週間後、スールは人を雇って裏のポーチを板で囲わせた。板は熊を遮断すると同時に、日光も、風も、ヘラジカや鹿や小川の光景も遮断した。一度そこで食事をしようとしたけれど、見えるのは洗濯乾燥機――洗濯すべきであることを思い出させて憂鬱にさせるもの――だけだった。

犠牲は払ったものの、それと交換に安心感を得ることができた。

何年かが経った。

スールの運動能力は徐々に悪化し、交流の輪は小さくなっていった。寒さはどんどん耐えがたくなり、冬はリビングルームで毛布をかぶって猫に囲まれて過ごすことが増えた。歩行を助けてもらうため医者を呼び、暖かく過ごすためプロパン会社を呼んだ。しかしどんなに頑張っても、脚も暖房装置も古い農家で使いものにならないほど老朽化していることは否めなかった。

二〇一一年の冬。嵐、冷気、紙吹雪のごとく霙や雨を空中に撒き散らす北東の暴風など、特別不愉快な天気のパレードがグラフトンの空を行進していくのを、スールはじっと耐えた。彼女にとって、寒さは単なる気温の問題ではなく、骨の髄まで疼かせる痛みを意味した。狼瘡ならびに骨粗鬆症と診断された彼女は杖を歩行器に取り替え、のちに歩行器を車椅子に取り替えた。

一方、退役軍人省との対立は続き、スールは疲れ果てていった。年金を求める訴訟には勝っていたが、今は退役軍人省がスールを攻撃目標とし、彼女の家を利用しやすくする責任を意図的に逃れているように感じられた。車椅子で階段は上がれず、トイレへ行こうとしても車椅子はバスルームのシャワーの横を通れない。なのに退役軍人省は、車椅子リフトやバスルーム改修のための費用の請求を拒んだ。一階の床の上をよたよた歩くことはできたが、骨がどんどんもろくなっているため、転ぶかもしれないと思うと恐ろしくてたまらない。実際に一度、よろめいて壁にぶつかり、肘の骨を折ったことがある。だから転んだときクッションになるよう、バスルームに服を積み上げた。毎日、車椅子からよろめいて立ち上がり、ドアノブや洗面台のカウンターをつかんでトイレへ向かった。年を取って謙虚になった老齢のターザンのように。

ある日、車椅子で靴脱ぎ室に入ったとき、網戸と窓越しに春の風のにおいがした。髪を乱すほど強くはないけれど、甘い香りで顔を撫でる、昔を思い出させる弱い風。それは、いつになく暖かく乾燥した春、骨から痛みを取り除いてより良い日々の訪れを約束する春だった。

もう歩行器で外を歩く自信はなかったので、ほんの些細な外出にも車椅子を使った。たいてい、一日のハイライトは郵便を確認しに行くことだった。ちょっとした、でも大切な外出――天候を肌で感じられ、何かいい知らせをもたらす封筒が届いている可能性を秘めた外出。

靴脱ぎ室のドアを開けると、明るい日光が彼女を照らした。暖かくて素晴らしくてまばゆい光がスールの横を通って陰鬱な家に差し込む。暗い中から出て敷居を越えると、懐かしい自由と独立の感覚に襲われた。ドアをフックで留め、明るさに目を慣らしながらスロープを下がって郵便を取りに行く。だがそのとき、ほんの三メートル先に熊がいた。スロープの下方にあるゴミ箱を漁っていたが、今はスールを凝視し、椅子に座って目の高さまで滑り下りてくる人間の正体を見きわめようとしている。

スールは愕然とし、自分が完全に熊の支配下にあることを悟った。

気味悪い静寂が広がる。四号線を走るトラックの音が遠くからかすかに聞こえたが、たとえ大声で叫んでもそこまで聞こえるとは思えない。熊が静止しているあいだは口を利いたり急に動いたりするな、と何かがスールに告げた。

「巨大というほどじゃなかったけど、充分大きかった。でも熊は、私をやっつけられる自信がなかったみたい」

スールは時間をかけてじりじりと後退していった。彼女が敷居に軽くぶつかり、それを乗り越え、網戸で囲んだポーチに戻っていくまで、熊は凝視していた。フックを外すとドアは小さな音をたてて閉じ、熊は見えなくなり、奇妙な静寂は破られた。スールはドアを施錠した。ちゃちな金具だったが、少しは安心できた。息を止めていたことに気づいて吐き出す。一気に吐くのではなく、ゆっくり静かに。スールの姿が見えなくなるやいなや、熊は近づいてきた。額縁のように網戸の上半分におさまった熊の頭が現れた。一人と一頭は無言のまま網戸を挟んで見つめ合った。

熊が網戸を探ってそれが薄っぺらいことに気づいたりしませんように、とスールは祈った。車椅子をできる限り内側のドアまで近づけ、入り口にまっすぐつけていることを確かめるためそっと後ろを見る。それはほんの一秒のことだったが、再び前を向いたとき熊は消えていた。

私がグラフトンで話した数十人のうち、熊との厄介な遭遇をニューハンプシャー州魚類鳥獣局に通報したのは二人だけだった。一人はスールだ。その日、彼女は即刻通報した。通話を保留されて待っているあいだ、血はまだ激しく体じゅうを駆けめぐっていた。役所とグラフトン住民との断絶の広がりを示すかのように、彼女は不満足な答えしか得られなかった。

「向こうは言ったのよ、熊を煩わせないでくださいって」のちに彼女は言った。「撃ち殺さないでくださいって。私は言ってやったわ、もし熊がまた現れたらそいつは死ぬことになると。そしたら向こうは、熊を撃ったらあなたは逮捕されますよ、ですって」

だからスールは自衛のため別の手段を講じた。次に連絡した相手はグラフトンの郵便局長、口調は荒いが非常に陽気なデブ・クラフだ。クラフは、手紙は外の郵便受けではなく直接玄関の中まで届けることを承知した。

靴脱ぎ室をより安全にするため、スールは玄関ポーチにガラス窓ともっと重いドアを取りつけたが、その結果、風はまったく入ってこなくなった。ドアを開けたまま置いておくことはやめた。生ゴミは家の中に置き、外に出すのはゴミ集めのために雇った民間の回収業者が来るほんの数時間前にした。それ以来、なんらかの理由で前庭まで出なければならないときは銃を携行した。

二〇一二年九月、祈りの甲斐もなく、尊師の文が九二歳で死去した。スールは親を亡くしたように感じ、文の家族が彼の遺した富と権威をめぐって争うようになったのを機に教会を脱退した。

それから数年間、スールは同じ問題との格闘を続けた。衰えゆく健康、痛みをもたらす冬の寒さ、故障ばかりの暖房装置、まったく解決の見込みがない退役軍人省との戦い。孤独感は強まっていった。リバタリアンが町の予算に圧力をかけはじめると、家の前の道路は除雪されなくなった。特に、冬期の整備予算が尽きる晩冬の嵐のときは。

「除雪は完全にストップしたわ」

スールはいわば霞のかかった現実に入っていった。最初の二幕が無限ループで繰り返されるサスペンス映画。緊張は高まる一方で、クライマックスを迎えて緩和することがない。一晩に四、五時間しか眠れなくなった。時々家の外で熊の動き回る姿が垣間見えたり音が聞こえたりする。猫をしっかり抱きしめた。発作は悪化の一途をたどった。熊が生ゴミや食べ物や猫のにおいを嗅ぎつけて押し入ってこようとするのが怖くて、窓はめったに開けなくなった。

二〇一六年、新聞が退役軍人省のことを書きたてて面目をつぶさせたら、退役軍人省は家を住みやすく改造してくれるのではないかと期待して、スールは地元紙に連絡を取った。私の机の電話が鳴ったのは、そのときだった。

その秋、私は四号線に車を走らせた。グラフトンを訪れるのは、それが初めてだった。道路は森を横切っている。森は美しかった――二、三の沼を除けば。沼では、濁った水に浸かった枯れ木が、咎めるように上方の空をつついていた。

バングタウンのスールの家は白い羽目板で覆われている。正面にある車椅子用の金属製スロープは、私の体重を受けてきしんだ。スールが電動車椅子でドアまで来るのには数分かかった。スールがほぼ引きこもって生きるようになって四年が過ぎていた。彼女は二枚のセーターの下に首までボタンを留めたブラウスを着ていた。きちんと編んで片方の肩にかかった女らしいお下げ髪は、年齢や不安や怒りのせいで徐々に女らしさを失っていた顔つきを和らげている。体重はかなり落ちて、四五キロほどになっていた。

「人間らしい生活ができるぎりぎりの状態だった。もう万策尽きていたわ」のちに彼女は言った。「神の摂理を教えられてなかったら、またバスの前に飛び出してたでしょうね」

目が慣れてくると、妙な角度に歪んだ黒い木の壁が見えた。窓が閉まっているため空気はこもり、猫のにおいが漂っていた。猫はスールの周りで歩き回っていて、リビングルームで車椅子から椅子に移った彼女の膝の上を目がけて駆けてくる。私はキルトが広げられた妙にごつごつしたカウチに座った。話しているあいだ、スールが用いるフレーズに私は引っかかりを覚えた――「熊が来る前」だ。

「よく猫を外に出してたわ、だけどそれは熊が来る前のことよ」

それは、グラフトンで何か妙な出来事が起こっていること、何か根本的なものが変化していることに私が気づくきっかけとなった、最初の兆候だった。自分にとっては、バングタウンの猫が食べられたことが熊と人間の関係が取り返しがつかないほど壊れた瞬間だった、とスールは説明した。

私はスールに、アンバーはどうなったのかと尋ねた。一九九九年の襲撃のとき落ち葉の下に隠れて生き延びた、三匹目の猫だ。

「ここにいるわ」彼女は自分の膝の上の中央で、まるで猫の王族のように座っている猫色の猫を指差した。濁った色の目をした猫と私は、互いの力量を見きわめるべくにらめっこをした。アンバーの毛皮はごわごわで、剥製みたいに見える。子どものお気に入りのぬいぐるみが大人になるまで何度もつくろわれたかのようだ。老いぼれているので、もう爪を引っ込めることもできない。それでも間違いなく、疑いの余地なく生きている。バングタウンの伝説的猫熊戦争の最も年老いた生き残りだ。続く質問は、私が座っているカウチの塊の一つが動いて驚かされたために遮られた。それは別の猫だった。

「その子、隠れてるの」スールは言った。

結局、私はスールに関して新聞に数本の記事を書いた。退役軍人省はスールの件を調査すると公に発表し、彼女は第三者から何件か協力の申し出を受けた。だが、やがて騒ぎが一段落したとき、スールはまだバスルームや二階の寝室に安全に行き着くことができずにいた。自由を求めてグラフトンに来たのに、どういうわけか今までよりも身動きが取れなくなっている。彼女は、町が文字どおり自分を殺そうとしていると感じはじめた。

「私は自分の家が好き」彼女は力なく自分の周りを見回した。「だけど生きていたい。目いっぱい人生を満喫したいの」

第九章　隠れたヒッチハイカー

私は腰に縄を巻かれ、従順に船のコックのあとについて歩いた。コックは縄を手で持ち、端を丈夫な歯でくわえている。あらゆる点で、私はまるで踊る熊のように縄で引かれていた。

――ロバート・ルイス・スティーヴンソン、『宝島』（新潮社、鈴木恵訳、二〇一六年、ほか）、一八八三年

グラフトンで暮らす人間と熊のますます奇妙になる行動に科学的な説明があるとしたら、それは一九〇二年に端を発していた。地中海のティレニア海南岸に旅客船が入港し、一人のフランス人が若い家族を連れて通路を進み、日光の照りつけるチュニジアの海岸に生まれて初めて足を踏み出したときである。

当時三六歳のシャルル・ニコルの写真はほとんどない（主な理由は、その頃は誰も彼が写真を撮るに値すると思っていなかったからだ）が、彼は長身で痩せていて、礼儀正しくて思いやりがあり、口髭を生やし、頭の形は丸く、ぱりっとした白いシャツにはしっかり糊を利かせることを好むという非常に知的職業人らしいファッション感覚を持っていたと言われている。

ニコルの小ぎれいさは、今彼が立っているアラブ支配下の首都チュニスとはまったく対照的だった。

そこでは、多くの政治勢力や病気が渦巻いているせいで人が路上で悲惨な死を迎える可能性が非常に高かった。街の向こうには、ニコルの記憶にあるフランスの緑のなだらかな丘陵とは似ても似つかぬ、険しく不毛で広大な荒野が広がっている。フランスで働いていたときニコルは他人との衝突が絶えず、最終的に政治上のライバルによってルーアン大学を解雇された。そのため妻アリスと七歳の息子マルセル、五歳の息子ピエールを伴い、年長の（そしてより名高い）科学者の兄が断った仕事を受けてここへ来た。パリ・パスツール研究所付属のチュニス・パスツール研究所所長である。

ニコルはチュニスに足を踏み入れるやいなや、小さな細菌は巨大な問題を引き起こしうるし人間を大量に殺すこともできる、という反直感的なパスツールの考えを熱心に追求した。彼は手ごわい敵と戦う兵士を自任していた。「［もしも］こうした微生物が（中略）少しでも理解力、あるいは最低限の知性を有していたなら」彼は同僚に語った。「彼らはさっさとこの星の人間を殺して全滅させることができただろう」

ニコルは発疹チフスをアフリカで最も危険なものだと考えた。田舎の貧困層に流行しているこの病気には発熱・発疹・意識混濁という三症状があり、刑務所や軍の宿営地など人が密集して暮らす状況では、しばしば死に至る病気として伝染が広がる。

不格好に結んだ模様入りネクタイの上に白衣をはおったニコルは、乳鉢と乳棒、顕微鏡、木軸綿棒、ガスで燃焼するブンゼンバーナー、透明な液体を満たした蓋つきビーカーや瓶、そして最も愛した道具である皮下注射針をお供に、長い時間を過ごした。

針はまるで、先細の管状の鼻を持ち腹がガラスでできた寄生生物だった。ニコルの手の中でそれは命を得、一本の血管から血を吸い取り、別の血管にその血を吐き出した。最初、彼は発疹チフスにかかった人間の血をその針でマカクサルに注入した。次に何種類かの虫をすりつぶして、それをもっと多くの猿に注入した。

注射の合間にパリに向けて緊急の手紙を書き、チンパンジーを送るよう要請した。チンパンジーが到着すると、彼はその哀れな動物に発疹チフスに感染した人間の血をもっと多く注射した。チンパンジーが発疹チフスになると、感染した血液を頼もしい注射器に吸い上げ、それをさらに別の猿に注射して発疹チフスに感染させた。

ニコルはこういう針仕事を続ける中で、実験科学における根本的な真実を思い知った。霊長類に致死性の病原菌を注射するのは高くつくということだ。そのため彼は齧歯類に目を移した。齧歯類になら、非常に安価に発疹チフスの病原菌を注射できる。

以来、ニコルの研究室には常にチューチュー鳴く小さなグンディが豊富に揃えられていた。グンディは、北アフリカの乾燥した環境に非常によく適応していて、生涯一滴の水も飲まずに生きていける齧歯動物だ。グンディの逃亡を防ぐため、ニコルは警備用の猫を研究室で放し飼いにした。監獄島アルカトラズの周りの海を泳ぐ鮫と同じである。

一九〇三年、チュニスの南約八〇キロのところにある刑務所で発疹チフスが発生したとの報告が寄せられると、ニコルはほか二人の医師とともに訪問する予定を立てた。だが彼は行けなかった。風邪を引いて直前にキャンセルしたのだ。しかし二人の医師は刑務所を訪れて発疹チフスに感染し、死亡した。全部で、チュニジアの医師の三分の一が発疹チフスで死んでいた。

今や刑務所は危険すぎ、用心深いニコルは訪問できなくなった。それでも彼は、発疹チフスが個人というより集団にどのような影響を与えるかを知りたかった。だから次に伝染病が国を襲ったとき、彼はその現場であるサディキ病院に向かった。

ニコルが訪れたチュニジアは、見かけ以上にグラフトンと似ている。両者のどういう政治情勢が共通しているかを知るため、名高い作家ギ・ド・モーパッサンに目を向けてみよう。彼はニコルが来る一五年前、ムーア式風呂を備えた元の兵舎を転用して精神病院にしたサディキ病院の迫真的な描写を、フランス人大衆に届けていた。

モーパッサンは、サディキ病院に収容されているアフリカやアラブの精神病患者が、静かなヨーロッパの精神病院の患者とは異なる、もっと恐ろしいレベルの狂気に襲われていることを知った。彼はサディキ病院の患者について、「顔は死人のように土気色」で、「動物園の動物のごとく檻の中で飛び跳ね」、「薄気味悪い笑い声を発しつづけて」いる、と書いた。ある老人は「笑ったり叫んだりして、熊のように踊って」いたという。フランスじゅうの精神医学関係の雑誌で何度も熱心に引用された記述には、アラブ人のほとんどは麻薬のハシシを吸って自ら狂気を招いたとある。モーパッサンはまた、彼らの精神状態に伝染性があることも突き止めた。彼自身、「狂気の息吹、伝染する恐ろしい空気が、我が魂に染み込む」のを感じた（そして実際、六年後には梅毒による妄想症で自らの喉をかき切ろうとし、その後は彼が好む〝お上品な〟パリの精神病院に監禁された）。

モーパッサンの大仰で少々冷酷なアフリカ人精神病患者の描写は、その少し前にうさんくさい状況でチュニジアに来ていたフランス人にとっては、非常に都合のいいものだった。一八七八年のベルリン会議でチュニジアへの支配権を認められたフランスは、チュニジアの部族によるフランス領アルジェリア襲撃を口実に、一八八一年に三万六〇〇〇人の軍隊を送り込んでチュジニアを正式な保護領としていたのだ。

それまでの植民地支配者であるオスマン帝国が崩壊したあと独立を期待していたチュニジア人にとって、これは歓迎されざる事態だった。だが、モーパッサンのような人々が首都チュニスを精神病院や売春宿、下水網といったものに焦点を当てた偏った描写をしている中では、いくら自治を主張しても効果はなかった(モーパッサンは下水網について「ゆっくりと吐き気を催させながら汚物だらけの土地を通っている」と書いた)。

ニコルは、チュニジアの未開なムーア人にフランスの高い水準をもたらすことに熱意を燃やす善意のフランス行政官による侵略に加わった一人だった(フランスの〝高い水準〟の一例として、政府は近年、一般大衆による過激なデモの圧力を受けてフランス人の女性と子どもに一日一一時間という法定労働時間の上限を定めていた)。

当然ながらチュニジア人は新たなフランス人支配に不満を抱き、長年にわたり組織的な抵抗運動を続けた。自由を求める戦士たちは、暗殺の試みから路上での公然とした暴力に至る種々の戦術を用いた。

フランス支配下のチュニジアの動向が独特でも非凡でもないのは、オックスフォード大学のダニエル・バット教授など植民地主義の研究者が述べているとおりである。多くの人は、植民地主義を過去の遺物、人類の歴史における暗い汚点だと思っている。だがバットは異なる立場を取り、植民地主義を現代まで続く三つの特徴を持つものと定義している。その一、植民地の支配者は、政治的決定や刑事裁判における発言権を制限することで人々を服従させる。この場合で言うと、フランスはフランス人やフランスへの協力者を任命して送り込み、チュニジア政府を無力化した。

その二、支配者は（バットによれば）先住民文化を一掃し、その代わりに入植者の慣習を押しつけた。フランスは、アラブ人やアフリカ人の子どもにフランス語やヨーロッパ文化を教える学校を数多く設立してこれを成し遂げた。

バットは三番目の特徴によって、善意の植民地主義という概念を否定している。支配者は不当な税金を課すといった手段によって被支配者を搾取する、という特徴である。フランスは公衆衛生ネットワーク（チュニス・パスツール研究所を含む）、政府の庁舎、道路などを設置する資金を得るためチュニジアの天然資源を利用した。これら三つの特徴を合わせれば、バット教授が提唱した植民地主義に関するきわめて真剣な理論が完成する。

こうした植民地主義の特徴は、自由志向の人々が長らく抑圧的支配のもとで苦しんでいたグラフトンと非常に似通っていると感じられる。ただし、その支配者が、アベナキ族を排除した入植者か、現在の住民の中に割って入ろうとしたフリータウン信者か、野生化の進むグラフトンに権威を振るいつづけているアメリカ政府かは、見る人によって異なるだろうが。

ニコルはサディキ病院で、アタマジラミと発疹チフスに関係があることを発見し、それは発疹チフスとの戦いにおける必勝法を生み出した。シラミを殺して伝染を止めることだ。チュニジアの田舎では、

郵便はがき

料金受取人払郵便

新宿局承認

779

差出有効期限
2024年9月
30日まで

切手をはら
ずにお出し
下さい

1608791

343

東京都新宿区
新宿一ー二五ー一三

（受取人）

株式会社 原書房

読者係 行

1608791343　7

図書注文書 （当社刊行物のご注文にご利用下さい）

書　　名	本体価格	申込数
		部
		部
		部

お名前　　注文日　　年　　月　　日

ご連絡先電話番号　□自　宅　（　　　）
（必ずご記入ください）　□勤務先　（　　　）

ご指定書店（地区　　　）　（お買つけの書店名をご記入下さい）　帳合

書店名　　書店（　　　店）

7155

リバタリアンが社会実験してみた町の話

愛読者カード　マシュー・ホンゴルツ・ヘトリング 著

＊より良い出版の参考のために、以下のアンケートにご協力をお願いします。＊但し、今後あなたの個人情報(住所・氏名・電話・メールなど)を使って、原書房のご案内などを送って欲しくないという方は、右の□に×印を付けてください。　□

フリガナ
お名前　　　　男・女(　　歳)

ご住所　〒　　－

市　　町
郡　　村
TEL　　(　　)
e-mail　　@

ご職業　1会社員　2自営業　3公務員　4教育関係
5学生　6主婦　7その他(　　)

お買い求めのポイント
1テーマに興味があった　2内容がおもしろそうだった
3タイトル　4表紙デザイン　5著者　6帯の文句
7広告を見て(新聞名・雑誌名　　)
8書評を読んで(新聞名・雑誌名　　)
9その他(　　)

お好きな本のジャンル
1ミステリー・エンターテインメント
2その他の小説・エッセイ　3ノンフィクション
4人文・歴史　その他(5天声人語　6軍事　7　　)

ご購読新聞雑誌

本書への感想、また読んでみたい作家、テーマなどございましたらお聞かせください。

フランス当局がどんな対策を提案しても不信感を持って受け止められたせいで、発疹チフスの保菌者はまだ残っていた。だがこの発見が世界に与えた影響により、ニコルはノーベル医学生理学賞を受賞した。その後、チュニス・パスツール研究所はそれほど素晴らしい業績を挙げていない。

かつて慎重だったニコルは、医学界に反抗し、自分個人の自由を追求するようになっていった。妻と離婚して、彼女の強い反対を押し切り家族をフランスに送り返した。海外をめぐり、もてなしてくれた科学者に一種の手土産として病気のグンディを配った。医療全般における権力と資源の集中と、特にパリのパスツール研究所を、手厳しく批判するようになった。

「革命には有用なものもある。過激な革命が必要かもしれない」彼は書いた。「機械が錆びついているときや、機械工が愚か、利己的、あるいは無能なときは、前者を取り替え、後者を追放せねばならない。もしも抵抗に遭えば、このプロセスは暴力的にならざるをえない」

どこかの時点で、ニコルの新たに見出したリスクへの欲望は強まり、針への情熱は暗い方向へと転じた。発疹チフスワクチン開発を追い求める中で、発疹チフスに感染した血液など数種類の材料を手作業で混ぜるという無謀な手段に出たのだ。

「私はその混合物を自分自身に注射した」のちに彼は発表した。彼が生きてその発表ができたこと自体驚くべきことだが、まったくなんの悪影響もなかったという。だが不幸なことに、この結果によって彼はさらに無謀になった。

「そのあと数人の子どもにも注射した（後略）」彼は書いた。「彼らが発疹チフスを発症したとき私がどれほどの恐怖に陥ったかは、想像にかたくないだろう」

幸運にも、その子どもたち（ニコルは身元を明らかにしなかった）は回復した。しかし残念ながらニコルはついに発疹チフスワクチンを完成できず、最終的にはニコルの研究をよく知るポーランドの科学者がその栄誉に浴することになった。

ニコルに関して最もよく知られているのは発疹チフスの研究だが、あまり知られていない研究も同じくらい重要であることがのちに判明する——グラフトンにとっても、世界全体にとっても。

それはちょっとしたミステリーとともに始まった。一九〇八年、研究室のグンディの数匹が突然死んだあと、ニコルはその肝臓組織中に興味深い弓型の病原体を発見した。やがて彼と一人の同僚は、それが未発見の微細な寄生生物であることを知った。彼らはそれを *Toxoplasma gondii*（トキソプラズマ）と名づけたが、それは誤った命名だった。ニコルは、研究室で飼っているのはグンディ（*gundi*）でなくゴンディ（*gondi*）だと思い込んでいたのだ。彼が誤解していなかったら、寄生生物の名前は *Toxoplasma gundii* となっていただろう。ゴンディにせよグンディにせよ、それは重大な発見だった。

後年、ほかの研究者はチュニジアの野生のグンディの体内にトキソプラズマが存在しないことを証明する。これは不可解な疑問を提起した。この病原体が野生界から来たのではなく、ニコルの頼もしい注射針から来たのでもないとしたら、どうやってチュニジアの研究室にいる隔離したグンディの集団に入ったのか？ だが、発疹チフスの研究に没頭していたニコルはトキソプラズマの問題にあまり真剣に取り組まず、疑問はその後六〇年間解決されないままだった。ついに科学者が答えを突き止めたとき、ニコルはその問題について何も言わなかった——おそらく、そのずっと前に彼自身が発疹チフスで死んでいたからだろう。

それはさておき、科学者はトキソプラズマがグンディのみならずさまざまな場所でさまざまな動物に死をもたらしていることを知った。海のカワウソ、ブラジルの兎、ニューヨークの猫、ニュージーランドの羊、フランスやインドやチュニジアやアメリカ合衆国の犬。一般人はほとんどその存在を知らなかったが、トキソプラズマは科学者のあいだで、世界でもきわめて多芸な寄生生物として知られるようになった。地球上のほぼすべての温血動物の内臓を襲撃できるのだ。

人間を含めて。

トキソプラズマ症（トキソプラズマが引き起こす感染症）は人間における種々の深刻な（死を含む）症状と関連づけられたものの、あまり目立つことはなかった。ほとんどの健康な人間にとって、この寄生生物は、特に明らかな悪影響を及ぼさないヒッチハイカーのようなものだったからだ。トキソプラズマに特有の感染経路はわからなかったため、身を守る最も適切な方法は肉を調理するときしっかり火を通すことだった。といっても、これはほかのいろいろな寄生虫から身を守るため既に採用されていた方法だった。

グンディの感染に対する答えがついに得られたのは一九七二年だった。ホノルルに本部を置く南西太平洋研究所の研究者が、小さな環状珊瑚島という隔離された環境に棲息する鼠や蝙蝠や鳥もトキソプラズマに感染するが、それは猫もそこで暮らしていた場合に限る、ということに気づいた。ほかの研究者も、オーストラリアやアメリカ合衆国の猫のいない島にはこの寄生生物が存在しないことを確認した。

猫とトキソプラズマとの関係が徐々に明らかになっていった。トキソプラズマの卵はほぼどんな哺乳動物の体内でも孵化して幼生になるが、卵を産んで繁殖するのは猫の内臓に入ったときに限られる。産みつけられた卵は猫の糞を経由して世界にばら撒かれる。その糞に触れたほかの動物（過去九〇〇〇年ほどのあいだ飼い猫と接して暮らしてきた人類を含む）は卵を取り込み、さらに多くのトキソプラズマの宿主になる。

誰かが一九〇八年にニコルにそれを教えていたなら、彼はグンディを見張る研究室の猫がグンディ（またはゴンディ）の体内にいるトキソプラズマの源であることを突き止めただろう。

猫が致死性の寄生生物を運んでいるという発見によって、妊娠した女性は猫砂など糞が含まれたものに近づかないようにとの衛生上の警告が新しくなされるようになった。だが二〇〇五年頃、研究から不思議なことが明らかになった。

齧歯動物の体内にいる寄生生物にとって、猫に近づくのは難題である。齧歯動物は猫の尿のにおいを嗅ぐと逃げる傾向があるからだ。ところが研究者は、トキソプラズマ症にかかった鼠は猫の尿をまったく怖がらないことを発見した。むしろ、そのにおいは鼠を引き寄せ、興奮すらさせるようだった。

トキソプラズマには有利だが鼠にとっては不利なこの現象が発生するのは、トキソプラズマが宿主である鼠の脳に嚢胞を形成したときである。この嚢胞は、脳に影響を与える化学物質ドーパミンの生成で重要な役割を演じるチロシン水酸化酵素の生産を促す。ドーパミンのレベルを操っても、トキソプラズマが鼠の筋肉を動かせるわけではない。しかしもっといい効果がある。鼠が何を快適だと感じるかを変えられるのである。

鼠の脳を操る寄生生物のニュースは見出しを通じてすぐさま全世界に広まった。それを読んだ霊長類は、スマートフォンをいじっている自分の脳もまったく同じ寄生生物に操られているかもしれないなど、以前は夢にも思っていなかった。

そういう霊長類の一人はロバート・サポルスキー、トキソプラズマの脳への影響について研究していたスタンフォード大学の神経内分泌学者である。

「トキソプラズマに感染した鼠は、本来なら生まれつき警戒しているはずのおバカなことをする。猫の口にまっすぐ駆け寄ることだ」彼は言った。「そしてもしかすると、トキソプラズマに感染した人間は、本来なら嫌悪しているはずのおバカなことをする傾向を示すようになるわけだ」

チロシン水酸化酵素やドーパミンを持っているのは鼠だけではない。人間を含むすべての哺乳動物の脳は、ドーパミンを用いて社会学者が〝動機づけの顕著性〟と呼ぶものを制御している。これは、望ましくて満足できる結果（ハグやチーズケーキなど）に向けて行動し、危険（発砲や投稿サイト『レディット（Reddit）』のフォーラム）から遠ざかるよう動機づける、きわめて重要な認知プロセスである。

サポルスキーはその例として、トキソプラズマに感染した人間が無謀な運転による自動車事故で死ぬ確率は普通より三、四倍高いことを証明した研究を引き合いに出した。

トキソプラズマ症は人が寝室でボンデージやマゾヒズムを楽しむ可能性を高めていることを突き止めた研究者もいる。感染した男性はテストステロンのレベルが高くなり、法律の定め（任意の例を二つ挙げると、土地区画規制や熊の扱いについての規則）を無視しがちになる。女性の退役軍人の調査では、感染していると憂鬱、混乱、怒り、不快感などを示すことが多くなるという。トキソプラズマに感染した人間はネガティブな結果を恐れなくなるため、自殺を図ったり暴飲暴食を行ったりすることも多い。ワクチンは自閉症を引き起こす、水は生きている、と信じたりもする。さて、私も変な仮説を思いついてしまった——フリータウンにおいてもトキソプラズマ症が異常に強力な役割を演じているのではないだろうか。

寄生生物は本当に、グラフトンの人間を砂場のおもちゃのように振り回しているのか？　確かなことはわからない。トキソプラズマ症研究者がグラフトン住民の感染率を調べたことはないので、当然ながら状況証拠しか存在しない。しかし、トキソプラズマに特別感染しやすいコミュニティがどんなところかと考えてみたなら、グラフトンのような場所を思い浮かべるだろう——低水準の上下水道や、庭や森や寝室を自由に動き回る猫を特徴とする、非伝統的な居住環境で人々が暮らす地域。野生動物管理局や公衆衛生局からの専門的な助言を無視し、ゆえに手を洗ったり猟獣の肉に完全に火を通したりするといった当然の行動をさほど推進しない文化の土壌がある地域。

高い感染率のもたらす影響を考えたときも、やはりグラフトンのような場所を思い浮かべるかもしれない——一般に権威を嫌い、人々がリスクの高い行動にかかわり、女性は普通以上に神経質で、男性は普通以上にテストステロンに後押しされた危険な行動を取る。

町がトキソプラズマ症に侵されているなど、単にカクテルパーティで話題になるような仮説だとして普通は無視するだろうし、無視すべきかもしれない。だが、トキソプラズマもそのパーティに参加していて、招待客のラズベリーマルガリータやスモークサーモン・クロスティーニと胃袋のスペースを分かち合っているのはほぼ確実であることを、忘れないでほしい。トキソプラズマ症は、過度に熱狂的なごく少数の猫愛好家だけがかかる稀有な病気ではない。社会、文化、国の経済を形作るくらい広く一般に流行しているのだ。

研究者の推計によれば、地球上の三人に一人はトキソプラズマ症に感染しているという。そして、ほかの集団より感染率の高い集団もある。おそらくは、猫を飼っているかどうか、文化的にどんな衛生上の習慣があるか、近代的なインフラが利用できるかどうか、といったことで異なるのだろう。アメリカ合衆国での感染率は一一パーセントと見積もられているが、六〇パーセントという高い感染率の国もある。二〇一八年に行われたある調査では、感染レベルの高い国では起業家精神のレベルも高いことが判明した。この寄生生物が、ビジネスが失敗するのではという不安を生じさせる脳の部分をショートさせるからだと考えられる。

その研究内容を読んでいるとき、私は考えた――グラフトンのリバタリアンの移住者たちは、トキソプラズマの行動を、自分たちの自由を侵すものと見なすだろうか。それとも、承知のうえでの自業自得を招くもの、猫の糞に自らの身をさらすことを積極的に決断した不幸な結果と見なすだろうか。

その不穏な思いを押しのけて、さらに不穏な思いが現れた。熊もトキソプラズマに感染することがあるのか?

すぐに私は、アメリカ合衆国農務省（ＵＳＤＡ）の研究者による研究論文を読んだ。一九九五年、研究者たちは猟師に、捕獲した黒熊の心臓を取り出して検査のためメリーランド州ベルツビルにある研究所に送るよう依頼した。一部の心臓からトキソプラズマが検出されると、研究者は感染した肉の塊をミキサーで粉砕して猫に与え、熊の中のトキソプラズマが猫の中でライフサイクルを完成させることができるかどうかを調べた。それは残酷で気味悪く聞こえるかもしれないし、実際そうだ――とはいえ、農務省のトキソプラズマ症研究プログラムの別の実験に比べれば、まだましだろう。研究所は二〇一九年、三七年間にわたってアジアの肉市場から死んだ猫や犬を買ってそれを研究所で育てた子猫に与えており、また何千匹もの大人や子どもの猫を安楽死させて焼却したことがメディアに暴露され、閉鎖されたのである。

研究方法は残酷だったが、熊の心臓の研究は興味深い結果をもたらした。黒熊がトキソプラズマ症に感染していることは予測されていた――そのときには、トキソプラズマは猪からカンガルーまでほぼすべての動物に現れていたからだ。しかし私が驚いたのは、寄生生物を体内に持つ熊の多さだ。

地球上で、黒熊の特定の集団以上に感染率の高い動物はいない。ペンシルベニア州のある調査では感染率は八〇パーセント、ノースカロライナ州のある集団は八四パーセント。一〇〇パーセントに近い集団すらある。

熊には、その強欲なカギ爪を食い込ませることのできるあらゆるものに鼻を近づけ、口に入れ、においを嗅ぎ、飲み込む習性がある。おそらくそのせいで、トキソプラズマを含むものを大量に体内に取り込んでいるのだろう。

宿主に危険な行動を取らせるこの寄生生物は、一キロ以上離れたところからでも人のポケットに入ったキャンディーバーのにおいを嗅ぎつけることのできる体重一五〇キロの熊に、どれだけの影響を与えることができるのか? まだよくわかっていない。だが研究の大部分は公衆衛生の立場から行われており、熊が人を襲う危険にはあまり目を向けていない。むしろ、襲われるのは熊のほうであり、大事なのは獲物を衛生的に処理する(肉を適切に扱って完全に火を通す)ことだ、という前提に基づいて公衆衛生上の助言を行っている。また、トキソプラズマワクチンを開発して人々の健康を守ろうとしている科学者もいる。

しかしトキソプラズマの拡散を減らす取り組みは、科学のみならず政治にも依存している。昔ニコルが発疹チフス伝染の仕組みを解き明かしたとき、フランスからの入植者と自由を求めるチュニジアの戦士とが激しく争っていたせいで、田舎では政府の助言がほとんど無視され、発疹チフスの流行は続いた。そして現代のアメリカでは、寄生生物やそれ以外の感染症による影響の度合いは、コミュニティや人口層により異なっている。我々はワクチンを開発し、狩猟をもっと衛生的にする方法を学ぶだろう。しかしワクチン接種の推進や、狩猟の習慣の細かな管理は、まさに多くのグラフトン住民が政府による過度の干渉と考える類のことなのだ。

リバタリアニズムの基本にあるのは、銃を所持する、どんな相手とでも結婚する、自殺する、熊を撃つ、上流社会で悪態をつく、ニューヨーク・シティで不健康なほど大量のソーダを買うといった選択の自由を行使させろという訴えである。もしもそういう選択が実は寄生生物に促された結果だとしたら、この訴えにあまり説得力はなくなるだろう。

そして、はびこっている寄生生物はトキソプラズマだけではないかもしれない、とサポルスキーは論じる。自由意志とは、我々の決断の大部分は文化、脳内の化学反応、腸内の細菌、そしてとりわけ寄生生物によって作られたというあまり愉快でない現実に直面したくない人々がでっち上げたものである――サポルスキーは今やそういう説の主唱者になっているのである。

第一〇章　牧師の計画

熊には獅子の巣穴に入っていく勇気があるか？
獅子がその前足を一度振り下ろすだけで
汝の視界も、男性自身も、命すら奪われるであろう。
行け、私が汝に呪いをかけ、
とてつもない恐怖を与えることがないように。
——アルフレッド・テニスン卿、『ベケット（*Becket*）』（未邦訳）、
一八八四年

二〇一二年初めにジェシカ・スールを苦しめた過酷な冬の寒さを、ジョン・コネルも痛感していた。昼間、コネルは深く積もった雪が風景を清純で気持ちのいいものに変えるのを眺めて楽しんだ。時間を自由に使える彼は、スノーシューズを履き、静寂に包まれた冷たい大聖堂のような松林を抜けて丘の上に登り、眼下に広がる冬のきらめきを眺めた。帰ってくると教会の駐車場で雪かきをし、やがて白くなりつつある髪の下で顔はビーツのごとく真っ赤になり、鼻の先は冷たさで赤らむのだった。氷の板を積んで禅宗にふさわしそうな像を作り、芸術的野心を持つアマチュア写真家の目で像の写真を撮った。そういう活動によって熱い血が体の隅々にまで行き渡ったが、夜に屋内にいるとき寒さに対処するの

は難しかった。彼は当初から、教会の建物の壁はザルのようなものであることに気づいていた。古い暖炉が温めた空気のほとんどは外の凍てついた世界へとまっすぐ出ていってしまい、あとには冷気しか残らない。彼は平和アッセンブリー教会の隙間風が入る屋根の下、ギターが乱雑に置かれた寝室で震えながら何時間も過ごした。その寝室の隣は散らかった広いスペースで、一方の側は中央集会室、反対側は小さな食品庫になっている。

建物の維持管理の費用は急速になくなりつつあった。というより、何を買うための金も急速になくなりつつあった。彼はソーシャルメディアにメッセージを投稿し、資金が枯渇していることを教会の支持者に訴えた。

「もうあまり長くは持たない」彼は言った。

しかも、町当局はコネルをさらなる経済的困難に陥れるつもりのようだった。一二月、コネルは二一八六ドルの税金の督促状を受け取った。督促状がこのあともっと届くのはわかっている。彼はまたしても税金免除を求める申請書を町に提出したが、国税庁に非営利団体と認定されていないため町の行政委員会はまたしても申請を却下した。

勝ち目はないように思えた。

彼はソーシャルメディアやフリーダム・フォーラムに頻繁に投稿し、支持者相手に町の役人を罵った。

「これは真剣だ」彼は書いた。退職金を教会に費やしたコネルは、自分に残されたものすべて――「私の命、私の財産、私の聖なる名誉」――を喜んで税金との戦いに注ぎ込むつもりだ、と述べた。

と同時に、教会活動の強化にも努めつづけた。ある木曜日の夜には、リチャード・〝ディック・エンジェル〟・アンジェルと友人たちが『ウィーダ・クラウスの慢性クリスマスキャロル』のリハーサルをするための合唱練習会を主催した。古典的なクリスマスの歌にリバタリアンをテーマとした歌詞を組み込んだ、一連の替え歌である。

冬の寒さがようやく緩みはじめると、春はコネルに暖かさだけでなく希望ももたらした。救いは、しばしばそう感じられるように、上方からやってきた。

神がコネルに話しかけたのだ。元工場労働者に教会を買うよう命じたのと同じ内なる声を使って。神がコネルに直接話しかけるとき、信者たちが用いる〝内部独白〟という確立したコミュニケーション方法が使われる。カトリック教会は、この方法によって神の声を直接聞くことができると固く信じている。だがその最大の落とし穴は、聞こえてくる声がすべて神聖な啓示とは限らないことだ。邪悪な霊から発せられたり自らの人間的欲望から無意識に生じたりする〝偽の独白〟と、真のメッセージとを区別できない人もいる。

内部独白は世界じゅうで宗教的ムーブメントを誘発してきたが（神から文へのお告げを軸に展開した統一教会もそれに含まれる）、神がジョン・コネルに授けた言葉はもっと範囲の狭いものだった。

神が将来への不安をすべて捨てて生涯の貯蓄を教会に投資せよと命じたとき、コネルは当然のように、自分はその教会で神の仕事をして残りの人生を過ごすものだと思い込んでいた。

ところが二〇一二年の夏、熱と日照りによって森の熊が絶望的な暑さにうだりはじめたとき、コネルはあるメッセージを受け取った。平和アッセンブリー教会の純粋な使命は実は長期にわたるものではない、というものだ。それが持続するのは三年という短期間で、既にそのうち二年が過ぎていた。

コネルの内部独白によって定められた期限は二〇一三年八月一日。町が権力を行使して、未払いの税金の代わりに教会の建物を押収することが可能になる日である。

コネルはさらにメッセージを受け取った。「全能の政府というチンピラ連中」（インターネットのフリーダム・フォーラムへのコネルの投稿によれば、神は政府をそのように呼んだ）に奪われるくらいなら、彼はすべてを手放す覚悟を決めねばならない。

コネルの説明によれば、神は非常に具体的に述べたそうだ。今すぐ手放せということではなく、そうする覚悟を決めろ、と神は言った。時機が来れば神はコネルに言葉を届ける。そうしたらコネルは世俗的な持ち物すべてを手放すという計画を実行すればいい。神は、町の行政委員会のメンバー（神は聖なるウィットによって「行政チンピラ」と呼んだ）一人一人が正しいことをするための期限を定めてはならない、とも言った。

神はまた、コネルに向けてちょっとした感情のメッセージも届けた。以前教会を買うよう命じたとき、そのメッセージは《恐れるな》だった。

コネルは恐れていなかった。

今、神はコネルに言った。《辛抱強く、落ち着いていろ》

だからコネルは辛抱強く、落ち着いていようと心に決めた。神の計画に関して自分が知っていることについてじっくり考えていると、感じていた恐怖はすべて消え去った。この計画はコネルを無一文のホームレスにするものではない。彼が税金の重圧から逃れ、それをこの二年間彼を煩わせていた役人どもに押しつけることを可能にするものだ。

具体的にはこういうことだ——コネルの教義は国税庁と直接交渉することを禁じている。だが、教会を別の人間、連邦政府機関との交渉に関してコネルのような警戒心を抱いていない人間に譲れば、彼が教義に反することをしないですむ。

非営利団体を作ってくれる信頼できる人々の集団を見つけられたなら、彼らは税金の問題を逃れるために平和アッセンブリー教会を非営利団体にする書類仕事をしてくれるだろう。

その考えを最初に思いついたのは、コネルがジェレミー・オルソンと話しているときだと思われる。オルソンは二〇〇七年にマサチューセッツ州から引っ越してきたコンピューターエンジニアだ。彼はリバタリアン活動家コミュニティにおける希望の星だった。履歴書には、カナン・ライオンズクラブでのオートバイイベントの立案から、ニューハンプシャー自由同盟のための研究の統括まで、さまざまな職歴が書かれていた。刑事司法改革市民連合の会長でもあり、グラフトン町役場でいくつかちょっとした公的な地位についてもいる。町が有する少額の信託基金の管理者と、町計画委員会の補欠も務めた。

オルソンは、非営利団体の設立に参加して理事会のメンバーになってくれそうな人間のリストをコネルが作るのに協力し、フリータウン・プロジェクトにかかわる人々を推薦した。そのメンバーとは、寡黙な性質によりサイレント・ボブというあだ名を得た、フリータウンの〝建国者〟ボブ・ハル、ハルの土地に住み、バビアルツのもとでボランティアの消防士を務めているジェイ・バウチャー（前年の秋にコンクリートの型枠をめぐる口論でマイク・バースキーを乱暴に押した男性）、リバタリアンではないが、気がつけばいつもリバタリアンの活動に参加しているトム・プロゼイ、そして、やはりリバタリアンの集まりによく現れる地元の活動家、三二歳のジェームズ・ライハー。

計画は完璧な解決策に思えたので、コネルはすぐさま、人前でもこのアイデアについて熱弁を振るいはじめた。事を起こせという神からの言葉を待ちながら、自分は「組織構造に変化をもたらす」つもりだと人々に告げるようになった。

コネルは、神が教会の建物を譲渡しろと命じたあとも自らは引き続いて霊的研鑽を行えるようにしたいと考えていた。のちにコネルが語ったように、彼はオルソンたちと話し合いを続ける中で、契約に絶対的な保証を含めることを求めた。彼らはコネルが牧師兼用務員として死ぬまで教会に住み込むことを許し、コネルがそこで自由に宗教活動を行えるようにする。もしもコネルの活動に不満があれば、彼らには建物をコネルに買い戻させる権利がある。理事会にこの約束を守らせるため、契約のどのような変更も、多数決ではなくすべての理事会メンバーによる全会一致でなされねばならないようにする。

万事遺漏のない取り決めに思えた。こうした詳細な条項すべて――終生の地位、全会一致の意思決定、建物をコネルに戻す出口条項――を書き込んだ契約書は複雑で、プロの弁護士が何時間もかけて作成しなければならないだろう。しかしそれは、政府の官僚が好きそうな煩雑な手続きに感じられる。

だから彼らは、握手によって合意を確認することで契約を完結させた。

第一一章　人を襲う熊

彼が上がっていく途中、何人かの幼い少年が町から出てきて彼を嘲り、「上がれ、禿げ頭！　上がれ、禿げ頭！」と言った。振り返った彼は少年たちを見、主の名によって彼らを呪った。すると二頭の雌熊が森から出てきて、少年たちのうち四二人を引き裂いた。

――『列王記　下』第二章第二三～二四節

二〇一二年初頭、雪はやんだが、雨はいっこうに降らなかった。その春はニューハンプシャー州の記録に残る中で最も乾燥した時期だった。町を囲む暗い森は、一世紀にわたって容赦なくグラフトンの人々に向かって行進を続けたのち、その歩みを止めた。地中深くに埋まったオークやブナの根はいくら求めても水を得ることができず、栄養と水分が欠乏した木々は一種の無気力な老衰状態に陥って、いつものエネルギーの詰まった捧げものであるドングリを生み出すのを拒んだ。

木の実を主食とする熊たちは、裸の枝など、普段なら食料がたわわに実るはずの風景に現れる乾燥の兆候を、物欲しげに見たに違いない。水がなければ、虫も、果実も、草も、水気の多い若木も、乏しくなる。だが、一つの天然資源だけはたっぷり存在した。飢えである。

干魃は広がっていた。州の至るところで、野生動物管理局の机の電話は鳴りっぱなしだった。熊の数は史上最高を記録し、自然の食料の不足を人間が関係したバイキング料理で補おうと、森から人里へ出てきている。その年には一〇〇〇人以上が熊に関する通報を行った。家の周辺をうろつく熊は、以前よりも大胆、必死、脅しへの反応が薄い、などと言われた。

スールが車椅子用スロープにいる黒熊を見下ろすことになったのも、そういう状況が原因だった。ワイルド・メドウ・ロードをもう少し進んだところでは、庭の真ん中で鋼鉄製の柱に鎖でつながれていた隣人の犬が、夜中に少量の血だけを残して姿を消した。グラフトンのほかの場所でも、熊は紐でつながれた小さな犬を怖がらせ、網戸を破って空き家に押し入った。怪我人は出なかったものの、あらゆるところで不安が募っていた。

ラマのハリケーンの威厳ある飼い主ダイアン・バーリントンすら、心配になっていた。二〇一二年までは、彼女はグラフトンの使われなくなった砂利道沿いで何百回とブラックベリーを摘んでいた。熊を見た場合、普通なら近くにある別の区画まで移動して熊との距離を空けていた。ところがその年に出くわした熊は、距離を空けることを望まないようだった。

「熊は私をちっとも恐れてなかった。そのことが恐ろしかった」バーリントンは言った。「熊が少し離れたとき、私は大声で叫んだ。だけど熊は、私のいるところに引き返してくるみたいだったわ」

バーリントンは怯えてトラックまで戻り、その場を去った。

怪我人が出るのは単なる時間の問題に思われた。

トレーシー・コルバーンは昔から、森の中にぽつんと立つ黄色い小さな家であるトレーラーハウスの周りに棲む熊と、そこそこうまくやってきた。庭の端のそばの小道を歩いたり木に登ったりしている熊を見ると、ちょっとぞくぞくした。熊が堆肥の山を漁ってさもいやそうにキャベツを押しのけている様子はユーモラスで、笑ってしまった。

フリータウン時代に町が混乱したとき行政補佐官を辞職したトレーシーは、女優アナ・ケンドリックを四〇歳過ぎにしたように見える。大学へ行ったが乳癌のため中退し、ニューハンプシャー州の片田舎で事務仕事や行政の仕事を転々とした。どれだけ人に親切にし、信頼を示しても、たいていの人はそれに報いてくれないので、少々戸惑い、また傷ついていた。

二〇一二年六月、トレーシーは失業中で金に困っていた。それでも数ドルを見つけてメレディスの中古店で版画を買い、父の日に父親にプレゼントした。それは、カナダの画家R・A・フォックスが子熊二頭を連れた母熊を描いた絵の版画だった。

彼女は保護施設からもらってきたシベリアンハスキーとラブラドールレトリバーの雑種カイに食べさせる小さなポットローストを作るため、さらにあと数ドルかき集めた。カイは小麦とトウモロコシにアレルギーがあり、トレーシーは安物のドッグフードを食べさせないようにしていたのだ。金曜日、彼女はポットローストを調理した。

空はようやく干魃を終わらせるに足る雨を降らせていたけれど、自然の食料の不足を補うには遅すぎた。だから雨の主な効果は、空気そのものが汗をかいていると感じられるほどの湿度を暑さに加えたことだけだった。

土曜日はトレーシーの新たな仕事の初日だった。ブリストルの金物店にある温室での仕事だ。仕事が終わったときには暑さですっかり消耗し、疲れ果てていた。帰宅すると窓を開け、ベッドに倒れ込む前にカイのポットローストをスライスしておくことにした。そのあとカイが外で小便できるよう、ガラスのフレンチドアを開けた。

ポーチは二・四×三メートルと狭かった。そしてそこは、彼女が言うには「熊だらけ」だった。それぞれ体重九〇キロはありそうな二頭の若い熊は、トレーシーの左手で四つん這いになっていた。床板に鼻を押しつけてクンクン嗅いでいる。トレーシーの目の前には、優に一三〇キロはあるもっと大きな別の熊がいた。隠れた寄生生物が、ポーチまで忍び込んでくるほど熊を大胆にしたのだろうか？それはわからない。

トレーシーが反応するより早く、カイがポーチまで突進した。二頭の子熊はあわててポーチの横から逃げていき、カイは体重三〇キロの体で大きな熊に飛びかかった。犬と熊は互いに激しく相手に嚙みつきながらポーチの階段を転げ落ちた。階段の下まで行くと、熊はカギ爪でカイの体を捕まえようとした。しかしカイは熊の背後につき、脚の後ろに嚙みつこうと小さな円を描いて走った。

大声で怒鳴るのは往々にして熊を追い払う最も効果的な方法である。だからトレーシーは意味のない原始的な叫び声をあげた。ところがこの場合、熊の出口はカイに遮られており、トレーシーの悲鳴は鬨の声のように聞こえた。

トレーシーには、のしかかられるまで熊の姿が見えていなかった。

「熊はすごく速く動けるから、こっちはなんにもできないの。熊って、のろくないのよ」のちにトレーシーは言った。「まるで電光石火。熊は素早く私の上にのってきた。文字どおり、ほんの一秒で。鹿みたいに速く走るの。とにかく速いんだから」

熊はトレーシーに飛びかかって、左前足の大きなカギ爪五本で顔と腹を引っかこうとした。トレーシーは横を向き、手のひらを内側に向け両手を上げて顔を守った。熊のカギ爪は彼女の右前腕と右手の甲の皮膚を激しく引き裂いたあと、体を横切って左の前腕の皮膚をはがした。あまりの勢いに、トレーシーは仰向けに倒れ込んだ。

背中を床につけたまま体をねじり、足を踏ん張って家の中まで体を後ろへ押していこうとする。ところがなぜか背後のドアは閉まっていて、頭がガラスにぶつかった。

右手でドアノブをつかもうとしたとき、また熊が襲ってきた。熊の顔は、息のにおいを嗅ぎ、呼吸音が聞こえるほど近くにあった。けれどもトレーシーは、においも音もまったく覚えていない。覚えているのは、彼女の世界を覆う巨大な毛むくじゃらの頭、黒い目、尖った歯による、無声映画のような映像だけだ。

「熊は私を殺そうとしてた、私にはそれがわかってた、とにかくわかってたの。だって顔がすぐここにあったんだから」トレーシーは自分の手を顔から二〇センチほどのところに持ち上げた。「私は熊の目を覗き込んでたわ」

そのときカイが熊の後ろ脚に嚙みついたらしい。熊はぱっとトレーシーから飛びのき、再び犬に襲いかかった。またしても歯とカギ爪の音が響く。やがて熊は森に駆け込み、カイはうなって、すぐ後ろから追いかけた。

トレーシーは立ち上がって家の中へ逃げ込んだ。アドレナリンが噴出して体が震えている。《ああ、もう。怪我しちゃった》彼女は思った。《どのくらいひどい怪我かわからないし、犬はどこにいるかわからない》

わずかにドアを開けると、カイは森からトレーシーのもとへと直進してきた。

「ハスキーは元気よく走るの」トレーシーは言う。「カイは暗がりから勢いよく走ってきたわ、満面の笑みを浮かべて。自分が生涯で最高に素晴らしいことをしたみたいに。あの子にとっては、いわば熊との大決戦だったんでしょうね」

そのとき初めてトレーシーは自分の右手を見た。痛みは——まだ——それほどでもなかったが、胃袋が引っくり返った。熊はクリスマスプレゼントの包装紙をはがすように、彼女の手の甲から皮膚をはがしていた。靱帯、筋肉、血の塊が見える。

トレーシーは力なく台所を見回し、きれいな布巾を取って傷にしっかり巻きつけた。すぐに、バラのように真っ赤な血が表面に広がった。

薄いドアの向こうの暗闇の中で熊が待ち構えているかどうかはわからない。でも、家に携帯電話の電波は届いていないし、お金がないので固定電話は持っていない。

日光が木の葉のあいだから差し込んでサージェント・ヒルの砂利道を照らす比較的安全な時間まで待つことはできない。夜明けまでまだ七時間あるし、もうかなりの血を失っている。血は既にTシャツやショートパンツを濡らし、素足の白い肌を流れ落ち、狭いダイニングルームの床にこぼれたワインのようにたまり、カウンターを赤く染めている。

彼女の車、古い白のスバルは庭の向こうに停めている。そこでは木々が星の光を遮っていて、暗闇は何を隠しているかわからない。もっと近くに停めておけばよかった。でも、今それを言ってもどうにもならない。生き延びるには車まで行き着くしかない。

彼女は覚悟を決め、自分の血が飛び散るポーチに出た。夜の空気はまだ暑いのに、体の震えは止まらない。震えは体の中から、鉛の手すりを握った震える左手へ、そして大きな傷口に布巾を不器用に巻いて胸に押しつけた右手へと広がっていく。

そのニュースが広がったあと、いったいどういうことだったのかと誰かが尋ねたのは、ずっとあとになってからだった——体重五四キロ、四六歳のグラフトン元行政補佐官トレーシー・コルバーンはどうしてドアを開け、暗闇に踏み出し、さっき三頭の黒熊を見たところへと走りだしたのだろうか。

ほどなく彼女は車のドアをロックし、差込口のキーを回した。車がうなりをあげると、熊を怯えさせるためエンジンをふかし、勝ち誇ってクラクションを鳴らし、目の前をヘッドライトの白い閃光で照らした。

運転は無理だと気づいたのはそのときだった。これはマニュアル車だが、疼きはじめている傷ついた右手では変速レバーを握れない。彼女はシートにじっと座ったままクラクションを鳴らし、どうしようかと考え、そのあいだも血は流れつづけた。

窮地が長時間続くことはなかった。傷が右手よりはましな左手をぎこちなく体の反対側まで伸ばして、古いスバルのギアをローに入れられたのだ。痛みがますますひどくなり、血がどんどん失われていく中、ゆっくり車を動かして、私道から真っ黒なでこぼこの砂利道に入った。

町まで行き着けそうにはなかったので、少し先に住む知人、ボブの家の私道に乗り入れた。

ドアベルを鳴らすと、ボブが窓から顔を出した。

「今、熊に襲われたの」トレーシーは呼びかけた。「病院に行きたいんだけど、車を運転してくれないかしら」

ボブは目を細め、闇の中で震えるトレーシーを見つめた。

「ちょっと待って」

彼の顔が引っ込む。トレーシーはもじもじして立っていた。血を流し、車に戻ったほうがいいだろうかと考えながら。

ボブの顔がまた現れた。

「あー。ええっと」彼の声は眠たげでくぐもっている。状況をのみ込めていないようだった。「その、冗談だよな？」

トレーシーは声を荒らげた。

「違う、冗談じゃないわ、痛くてたまらないし、今すぐ出てきて車に乗ってくれなかったら、私は気絶しちゃうから！」

ボブがちゃんと理解しているかどうかはわからなかった。

「ちょっと待って」

彼はまた引っ込んだ。

はっきり目覚めたボブは、急いでトレーシーを小さな光のオアシスたる消防署まで連れていった。そこで任務についていたのは消防署長ジョン・バビアルツだった。熊を憎む彼は、ようやく長らく待ち望んでいた危機に対応できることになった興奮を露わにした。

「熊のクソ野郎！」

声は繰り返すたびに大きくなっていく。

「熊の**クソ野郎**！」

ほどなく救急隊員が消防署に殺到し、一方バビアルツはニューハンプシャー州魚類鳥獣局に連絡を取った。恐ろしくて気づまりな一瞬、熊への対処に関する二つの世界観が衝突した。電話に出た男性は疑わしげだった。

「熊が人を襲うなんて、ここ一〇〇年なかったんですけどね」

しかし彼が引き合いに出した統計は、現にグラフトンで展開している事実と一致していない。だからバビアルツは声をあげた。

「俺は**ここにいるんだ**！　この目で**血**を見てるんだぞ！」

救急車では、キャシーという救急隊員が同情を込めてトレーシーに優しく声をかけながら生理食塩水を注ぎ、布巾をはがした。布巾は今や、トレーシーの靭帯と筋肉のあいだにできかけている血の塊に深く食い込んでいる。

「ごめんなさいね。だけどこれを取らなくちゃいけないの」

布巾が徐々にはがれていくにつれて、トレーシーの苦痛はさらに激しくなっていく。まるで拷問だった。

「もういや！」

ついにトレーシーは泣きだし、涙ながらに言った。

「だって」彼女はわめいた。「もう充分つらい思いをしてきたんだから」

今夜の出来事の話ではなかった。グラフトンでの生涯に起こったあらゆる出来事の話だ。乳癌、蒸し暑い温室、家の中では使えず一分ごとに課金される携帯電話、散歩に出たらあとをつけてくるコヨーテ。

「で、今度は熊よ！」

トレーシーはすすり泣いた。

「信じられない」

それに続く月日、グラフトンでは灼熱の怒りがあふれ、沸騰していた。それは、誰彼と区別なく非難し、誰の失敗も許そうとしない、理不尽な怒りだった。あらゆる人が無限の毛皮と熱という悪魔と格闘しているように思えた。教会をただで譲り渡せという神の言葉を待ちつづけているジョン・コネルは、被害者のない犯罪に対して法を執行するのはいやがらせかどうかをめぐって警察署長と口論した。ジェシカ・スールは片方の手にゴミ袋、もう片方の手に銃を持って、車椅子用スロープを下りた。トレーシーは汗びっしょりのシーツに横たわったまま覚醒し、家の外で熊が動く音が聞こえないかと耳を澄ませた。強盗は増え、薬物犯罪も増える。この地域の多すぎる熊への対処方法について、二つの集団がそれぞれ真剣な話し合いを始めた。州政府の役人は個体数減少一〇年計画を検討し、グラフトン住民のグループは町にいるすべての熊の頭を吹き飛ばすことを検討した。

そのあいだも、ドーナツ・レディと数人のリバタリアンは熊に餌をやりつづけた。熊は今までに増して食料を必要としていた——なにしろ干魃の年だったのだから。

第三部　無限の荒廃

私はおまえたちに熊と野牛を与え、
鹿とトナカイを与え、
黒雁とビーバーを与え、
沼を水鳥で満たし、
川を魚で満たした。
では、おまえたちはなぜ満足しない？
では、おまえたちはなぜ互いを狩ろうとする？
おまえたちの争いにはもううんざりだ

——ヘンリー・ワズワース・ロングフェロー、『ハイアワサの歌』
（作品社、三宅一郎訳、一九九三年）、一八五五年

第一章　猟師の群れ

変化、それも大きな変化が社会で起ころうとしている。だがもしかすると、それは熊が予期する変化ではないかもしれない。熊は、私たちを踏みつぶすと言った。私たちが熊を踏みつぶすとしたらどうだろう？

――ジャック・ロンドン、『鉄の踵』（新樹社、小柴一訳、一九八七年）、一九〇八年

何本電話をかけ、どれだけ多くのドアをノックしても、グラフトンの秘密を隠した深い淵から私が見出した答えにはすべて、三つか四つの疑問がまとわりついていた。フジツボのようにぴったりとくっつき、何も語らず、奇妙な形をした疑問が。

それが何より顕著に現れるのは、違法な熊狩りに関する情報を探ろうとするときである。州法のもとで一般的に熊殺しが合法とされるのは、狩猟シーズンに狩猟許可を受け、どの熊を狩っていいか、殺害をどのように報告するか、どんな武器を使ってもいいかなどを規定する長いリストに従っているときのみである。もちろんチョコレートを与えるのは厳禁だ。

州公認のこうした狩猟以外で熊を殺すことについての第一の規則は、人間を殺すことについての第一の規則と同じだ。すなわち、正当防衛の場合のみ許される（ただし熊殺しの場合、飼っている犬や鶏を

守るのもこれに含まれる)。

ところが、こういうまっとうな規則という建前の後ろで、忌むべき熊殺しが秘密裏に行われているという噂が聞こえてくる。ある人は明らかな怒りを込めて、狩猟シーズン外に自分の裏庭で傷ついた熊を見つけたと話してくれた。熊は銃弾によって、食べることができないほどひどく顎を砕かれていたという。

だから、即席のインタビューのためポケットからノートを出すたびに、私が持ち出す話題の一つは違法な熊狩りである。そういうことは実行されているのか? 誰がやっているのか? なぜ?

特に興味があるのは〝なぜ〟の部分だ。グラフトンの男たちが危険を感じて熊を殺しているのだとしたら、それはフリータウン信者が心から敬慕する過去の独立戦争時代への究極の回帰だと言える。自由の炎が熱く明るく燃え、男らしさが熊の毛皮の数で評価されていた時代である。

トレーシー・コルバーンが襲われた場所からそう遠く離れていない、急勾配で草が伸び放題の私道を上がっているとき、私の頭にあったのはそういう思いだった。木々に囲まれたトレーラーハウスが間もなく完全に森にのみ込まれてしまうのは予想できる。この結末を防ぐ最後の砦となっているのは、優しく穏やかな丸顔の男性、ティム・ボーウェン。自称三〇歳だが、声は二〇歳に聞こえ、顔は四〇歳に見える。フリータウンのために移住したのではなく、グラフトンで生まれ育ったリバタリアンだ。

「この世界にはメディアとハリウッドがある」彼はポーチに座って言う。「リベラルな政党や民主党のやつらは、人にどんなふうに人生を送るかを命じるのに忙しい。知ってるだろうけど、メディアは人に商品を売ろうとしてる。だけど、僕はどんな商品にも関心はない」

彼は息を吸い、うめきともため息ともつかないものを吐き出した。

「チーズ以外はね。それ以外はどうでもいい。チーズは僕の大好物だ。キャボット［酪農製品を扱う協同組合］が世界的に有名になったら、僕は大喜びするよ」

裏庭には、ボーウェンの経歴の痕跡が残っている。彼が〈ウォルマート〉での四年間の深夜シフトに乗っていった、おんぼろ中古車二台だ。車が壊れたため、仕事を辞めざるをえなかったそうだ。今は庭の手入れの仕事をやっていると彼は言い、トレーラーハウスに立てかけた錆びた熊手や鍬を顎で示す。だが、なぜ自分自身の庭が犬の糞だらけのもつれた草で覆われているのかは説明してくれない。

私は穏やかに会話を誘導した。多くの人はこれだけ多くの熊の活動に不安を感じているように思える、不安のあまり行動に出ざるをえないと感じているらしい人もいる、と言ってみた。ボーウェンはすぐさま同意した。猟獣監視員は好きではないが、人が違法に熊を撃つのには心が痛む、と彼は言った。

「ナチスの支配するドイツで暮らす、ユダヤ人を殺したくないドイツ人みたいな気分だよ」その根底には、熊を撃つことと大量虐殺は倫理的には同じことだという認識があるのだろう。「そのことについて耳にして、何が起こっているかはわかってる、だけどそれについて考えたくない」

ボーウェンはできればそういう行動への反対意見を発表したいと思っているが、そのせいで二つの危険な敵のあいだに身を置くことになるのを危惧している。平和主義者の彼は、猟師に撃ち殺されることも、熊に食い殺されることも望んでいない。

熊殺しに対するボーウェンの見方に、私は興味をそそられた。彼の口ぶりからすると、それは一件の熊の密猟ではなく、継続的に行われている活動であるようだ。熊殺しを行った人の名前やその日付を私が尋ねると、彼は少しのあいだ口を閉じたあと、魚類鳥獣局の話題に戻った。局は狩猟ライセンスに三五ドルもぼったくっている、と彼は言う。

「三五ドルは法外な金額だよ。半日働けばそれだけの金額は得られる。だけど僕は喫煙者だしビールも好きだ。いろんな請求が来るのに加えてほかの費用も必要だ。それに、チーズなしじゃ生きられない」

チーズか狩猟ライセンスかの選択で悩む人間はボーウェンただ一人かもしれない。だが違法な熊狩りについて同じくらい口が重くなる人はほかにもいる。

私がトム・プロゼイにその話題を持ち出したとき、彼はグラフトンの世間話における定番、〝友好的アドバイス〟をしてくれた。プロゼイも初めてグラフトンに来たとき、いろいろな物事の仕組みや誰が誰に何をしたかについて過度に多くの質問をしたとき〝友好的アドバイス〟を受けたという。

「ここには、人が絶対に掘り起こそうとしない場所がたくさんある」彼は穏やかな口調で言った。「そういう場所を見つけようとしないほうがいい」

私が返事をしないでいると、プロゼイは私の目を見つめてもっとはっきり言った。

「あんまり多くの質問をしすぎたら、森の穴に落っこちて、誰にも見つけてもらえないかもしれない」

グラフトンでは〝友好的アドバイス〟はさまざまな形を取る。時には、「私は誇り高い銃の持ち主だ」といったフレーズがペットや天気の話の合間にさりげなく挟み込まれる。時には噂話を装って、「あの男は私の家に押し入らないほうがいいことを知ってる、私が銃を持っているのを知ってるからね」などと言う。おそらくは、同じ理由で私もその家に無理やり入らないほうがいいことを知っているべきだ、とほのめかしているのだ。あるいはプロゼイの友人、自由奔放なジョン・レッドマンのような人間が、時々車のコンソールに銃の弾倉を叩きつける。

すべてのケースに共通するのは、誰かが苦心して私に伝えようとしているということだ——容易に手に取れるが人には明かしていない場所に銃があり、その銃は私に向けられるかもしれない、と。必要とあらば。

熊狩りに関する疑問は、町に残る最後の小売店、四号線沿いの雑貨店を訪れたとき、さらに焦点が絞られた。床はグラフトンがもっと繁栄していた時代に敷かれていたでこぼこの板がそのまま残っているが、ソーダクラッカーの樽はなくなっている。その代わりにあるのは、冷凍庫で生まれ乾燥して死ぬ運命にあるピザを入れて、ランプに照らされながら回転するガラス容器だ。グラフトンの最後の商業であるこの店も、衰退の一途をたどっている。数カ月後、私は図書館で、グラフトン住民が地元の店を支えるのではなくカナンのもっと現代的なガソリンスタンドに並んでいることに舌打ちする女性の話を漏れ聞くことになる（ただし、その舌打ちに応えて、グラフトンの雑貨店はいつもガソリンの〝レギュラー〟を〝レギラー〟と看板に書いて間違いを正そうとしないなどまったく改善の意欲がないとして、さらに舌打ちがなされるのである）。

飲み物を手に雑貨店を出た私は、木製の玄関ポーチにいる二人の老人相手に、熊に関する会話を始めた。彼らが言うには、グラフトンの男たちの一団がつい最近、一日に二三頭の熊を殺したそうだ。最初、老人たちは熊どもの自業自得だと言わんばかりの満足げな様子だった。だが私にとっては寝耳に水のニュースだったし、その反応が顔に出ていたのだろう。ノートを出して詳しいことを聞こうとすると、二人は顔を見合わせ、口をつぐんだ。

熊殺し――娯楽ではなく、食べるためでもなく、熊の自業自得だからという理由による大量処刑――が私の最大の関心事になった。調べるべきことが明らかになった今、私は情報の断片を集めはじめ、最近行われた大量の熊狩りの実態が少しずつわかってきた。

もちろん、その引き金となったのは二〇一二年の出来事だ。トレーシー・コルバーンが襲われ、干魃で破れかぶれになった熊と暑さで頭のいかれた人間とが、危機の縁まで追いやられたことである。

トレーシーの事件がメディアに取り上げられて繰り返し報じられたため、これは町での熱心な議論の的になった。グラフトンの多くの人は熊を非難しなかったが、無視できない数の少数派は、これをコミュニティを守るための出動の合図だと考えた。退院したあと、トレーシーが友人とともにポーチに出てみると、荷台に大きな木箱を積んだピックアップトラックがこの人里離れた砂利道をガタガタ揺れながらやってきた。熊の狩猟シーズンはまだ数カ月先だというのに、トラックには男たちと銃が満載だった。ベニヤ板を組み立てた箱には犬がぎっしり入れられていて、においを嗅ぎ取ろうと穴から顔を突き出して鼻をぴくぴくさせていた。

熊を狩るため猟師が訓練された犬を使うとき、彼らは猟犬が吠えるまで待ち、それから犬を放す。首輪にはGPSがつけられていて、猟師はそれを頼りに追う。熊はしばしば犬に取り囲まれるが、それは熊と犬双方にとって致命的にもなりうる遭遇である。熊は木に逃げようとする場合もあり、そうすると猟師が追いついて撃ち落とすことが多い。トレーシーの家をトラックで通り過ぎた男たちは彼女を一顧だにしなかった。湿度の高い空気にはまだ熊のにおいが残っていたものの、猟犬は吠えなかった。その後トレーシーが彼らの姿を見ることはなかった。

数カ月が過ぎた。それは長く、暑く、湿った夏で、緊張はくすぶりつづけていた。熊は干魃のない年に比べてはるかに活動的だったが、人を襲う事件はもう起きなかった。秋が来ると、気温も険悪なムードも緩んだ。

その年は、自然の食料が乏しいせいで、ほとんどの熊は普通よりも痩せていた。秋の冷気が訪れると、大部分の熊は冬じゅう脂肪を燃やすのではなく眠けに襲われるようになった。晩秋、バーベキューグリルは片づけられ、森からドングリは消え、ほぼすべての熊は眠って熊の夢を見ることのできる巣へと引っ込んだ。

男たちが襲撃したのはそんなときだった。

グラフトンの住民は、狩猟シーズンに森から響く銃声には慣れている。銃声は勝った戦いや負けた戦いの物語を伝えている。熟練した射撃手による一発の破裂音、二度の発砲のあいだに広がる恐怖と苦痛に満ちた静寂（二発目はとどめ）。丘には束の間の栄光を追い求める猟師のたてる音が響き渡るかもしれない。狂った鼓動のように不規則な三連符、あるいは大量のビール瓶を開ける気だるく果てしないプシュッという音――瓶にとっては気の毒なことだ、ビールを密封する仕事を直前まで上手にこなしていたのだから。だが二〇一二年の遅く、狩猟シーズンが終わって寒さが訪れたとき、森の中から響く銃弾の轟音は新たな物語を伝えはじめた。

一一月、町の外から来た報道写真家シェリル・センターは、夏の盛りに亡くなった母親の家を売る準備をしていた。センターはその広々した歴史的な農家を見て回りながら、家具や道具に関する小さな決断と、人生に関するより大きな決断を下していった。経済的には家を売るのが理にかなっていることはわかっていたが、ここは子どもの頃に家族で夏を過ごした場所でもある。情緒的な価値と現実的な価値が葛藤しているとき、彼女の物思いは農家の向こうの森から響いた破裂音に遮られた。それが銃声だと気づいたときには、さらに三発が続けざまに聞こえてきた。

「今住んでいる場所で銃声を聞くのには慣れているの」彼女は言った。だがこれほど連続した音を聞いたのは初めてだった。また数発、さらに数発が響く。「まるで森で戦争をしてるみたいだった」

狼狽した彼女は窓から離れ、一斉射撃の音に耳を傾けた。あたかも銃殺隊が母親の土地を侵略しに来たかのようだった。「すごくたくさんの銃が発砲してた。果てしなく続いた」

実際の音が消えて頭の中の残響だけになっても、センターは外へ調べに行かず、聞こえたことを魚類鳥獣局に通報しなかった。だが母親の家を出たときには不安に怯えていた。

《どうしてあんなに銃声が聞こえたの？　どうしてあんなに派手に銃を撃つ必要があったの？》

その年、森での尋常でない一斉射撃に気づいた人はほかにもいた。合法的な狩猟で、あのような射撃は行われない。普通、猟師が集団になって、南北戦争の部隊が石壁の後ろから援護射撃をするように、同時に同じ獲物を狙って撃つことはない。

だが、撃っていたのは誰なのか？　質問をすればするほど、密猟者がいかにうまく隠れているかが私にもわかってきた。彼らを隠しているのは、葉が絡み合う鬱蒼とした藪でも、崩れかけた岩壁でもない。人間関係という茂み、よそ者に反発する固く結束した文化だ。時には、グラフトンの男性と話しているとき、その顔は仮面であり、熊殺しの犯人が目の穴からこちらを覗いているという感じを覚えることがある。とはいえ、それを確かめるすべはなかった。

明らかだと思えたのは、州に熊から守ってもらうのを拒否する町にとって唯一可能なのは自警行動だ、ということである。リバタリアンが望んだとおり、あらゆる男も女も、そして熊も、自分の身は自分で守らねばならないのだ。

第二章　襲撃のあと

スージーが最後にどうなったのかを君たちに話さねばならない。彼女は夢にひどく苦しめられている。よくある夢は、熊に食べられるというものだ。彼女は謹厳で思慮深い子どもである、君たちも覚えているように。

（中略）自らが公平に扱われていないと感じている人間の悲哀を持って、「彼女は」言った。「だけどママ、困るのは、私は絶対に熊になれなくて、いつも人間のほうだということよ」

たとえ夢の中であっても、常に食べられるほうでなく時々は食べるほうになることに有利な点があるかもしれないなどと、私ならまったく思いもしなかっただろう。

——マーク・トウェイン、友人たちへの手紙、一八七八年

トレーシー・コルバーンに森の中の小さな黄色い家を去ろうと決断させるには、たった一度の熊の襲撃で充分だった。

トレーシーを探し出した私は、今彼女が借りている狭い家に案内された。家は、グラフトンの消防署、町役場、図書館のある建物群から南に広がる一〇軒余りの居住用建物の一軒だ。荒野が文明という城を

襲う手に負えない暴徒だとしたら、この地域はグラフトンの最後の都会的な砦、近くの家の玄関ポーチに座る人々が互いの存在を見てそこから安心を得られる数少ない場所の一つである。

「ゴミが散らかっててごめんなさいね」膝丈のデニムのショートパンツ姿で強い夏の日光を浴びて玄関ポーチに立ち、トレーシーは謝った。両腕の傷は縫われて白っぽい痕になっている。「掃除してるところなの」

襲われてから一、二日のあいだは、いろいろなことがあって目の回る忙しさだったという。地元の記者の取材に対応し、狂犬病の予防注射を受け、ダイニングルームにこびりついた血をそろそろきれいにしたほうがいいとやんわり勧める友人の話に耳を傾けた。結局カイも無傷ではなかった。トレーシーが寝室からバスルームへ、台所へ、そのほかの場所へと移動するとき、カイは常にぴったりあとをついてきた。脚を引きずってはいたが、いつもと変わらず献身的で陽気だった。

襲撃のあと、州の猟獣監視員はトレーシーにいくつもの質問をし、庭に大きな箱罠を設置した。熊が入ってきたなら、重い金属のドアが下りてロックがかかり、箱は運搬用の檻となる。監視員が去ると、トレーシーと友人は何が餌に使われているかを見ようと箱を覗き込んだ。中に置かれていたのは、小さなピンクのドーナツ一つだった。

トレーシーは家に一人でいたくなかったので、友人に頼んで泊まってもらった。その夜、ベッドに横たわったトレーシーの耳に、熊（彼女を襲った熊なのは間違いない）が箱の横壁を叩く音が聞こえてきた。熊は捕獲されたに違いないと思ったが、翌朝目覚めると、ずる賢い熊は中でなく外から箱罠を叩いていたことが判明した。箱は空っぽで、ドーナツは手つかずだった。数日後、猟獣監視員は箱罠を撤去し、二度と現れなかった。

トレーシーは、自分を襲った熊のことをよく考えた。熊はこれまでに何度、庭に入ったり玄関ポーチまで来たりしたのだろう。何度、窓から彼女を見つめたのだろう。覗き魔というわけではない。覗き魔は人間だし、トレーシーは野生動物を擬人化できなくなっていたのだ。あの熊の頭が夜空を覆い隠したとき、キャベツを転がすかわいいクマくんという昔のイメージは消え失せ、その代わりにリスクとリターン、苦痛と栄養とを計算する何ものかが現れた。彼女は二度と、その冷たい計算の対象にされたくなかった。

「あいつらの目を見たなら、あなたにもわかるわ」彼女は言う。「あいつらは私たちとはまったく異質の生き物よ」

襲われたあと数週間、トレーシーは頭の中で何度もあの場面を再生し、シナリオをちょっと変えては異なる結果を思い描いた。あるバージョンでは、彼女は大音量で音楽を鳴らし、怯えさせて熊を追い払う。別のバージョンでは、ドアを開ける前にカーテンを開けて外にいる熊を見る。あるいは悲鳴をあげるのではなく黙って家の中に逃げ込み、熊は襲ってこない。

彼女はシナリオを悪い方向にも変えてみた。熊は一撃でカイを倒してトレーシーへの攻撃を続ける。熊は彼女を地面に引きずり出し、下草に隠れていた子熊が出てきて、自分たちの縄張りで暮らす体毛のない霊長類を母熊がどう殺すのかを学ぶ。

「おかしな考えかもしれないけど、やつらにはそういう本能があるのよ。子どもに実演して教える本能が」

魚類鳥獣局は問題の熊を捕獲できなかったのみならず、世論の裁きからトレーシーを守ることもできなかった。襲撃の数時間後、当局はニューイングランドじゅうのメディアに、熊はトレーシーがそのとき調理していたポットローストに引きつけられたと語った。その発表は非難の矛先を熊からそらすとともに、どんどん無法化するグラフトンの森で干魃のため自暴自棄になった熊の数を記録的に増やすことになった州の政策からもそらすものだった。

しかし、たとえ自宅の台所でポットローストを調理するのが無責任な行為だったとしても、トレーシーは問題の夜にポットローストを調理していたわけではない。単に冷蔵庫から冷たいポットローストを取り出し、一、二分かけて台所のカウンターでスライスしていたにすぎない。

トレーシーの悲惨な遭遇が、ニューハンプシャー州が熊を増やしはじめて以来最も衝撃的な熊との軋轢の例だったことから、私は魚類鳥獣局がどんな反応を示すのかと興味を持った。

州専属の主導的な熊学者アンドリュー・ティミンズに手紙を書いて、襲撃に関係したすべての書類のコピーをもらいたいと頼んだ。ところがティミンズは、書類は存在しないと返答した。事件の説明も、熊の行動の分析も、役人同士の書簡も、何もないという。この事件に関する唯一の公的な記録は、人間の食料の存在に関係した熊との遭遇の記録における多くのチェックマークの中の一つのチェックマークだけだった。

これが量的アプローチの結果であり、究極の欠陥である。紙の上では、トレーシーが死に瀕した経験は、ゴミ箱が漁られた事象とまったく同等に扱われたのだ。

だが役所を責めるつもりはない。役所には、データの向こうにあるものを見通す能力があるわけではない。ティミンズは精いっぱい親切に寛大に自分の時間を割き、私からの情報の要求に対して、箱罠を仕掛けた猟獣監視員を含めた五年間の関係者の一覧を提供してくれた。

その一覧は不正確なものだった。トレーシーの過失を強調しているという意味でも不正確だった。私が、文書記録がないことについて尋ね、見解の食い違いについて疑問を呈する返事を送ると、彼は理想的とは言いかねる資源の制約のせいでそれ以上の返答ができなかったことを認めた。

「要は、毎年夏になると、我々は少数のスタッフで何百もの熊の通報を処理しているということです。仕事量が莫大であるゆえに、時には詳細が抜け落ちてしまうのです。なぜ［対応した猟獣監視員が］分刻みの詳細報告書を書かなかったのかはわかりません。私の経験から言うと、そういうことをするだけの時間がない場合もあるのです」彼はそう書いてきた。

医学的な診断は受けていないが、トレーシーはＰＴＳＤの症状を示していた。前触れもなく心臓がどきどきする。気がつけば熊が手首に残した傷痕の縫い目を指で軽くなぞっている。最初のうち、彼女は家の中にこもり、親しい友人や家族に一人にしないでと懇願した。体内にアドレナリンがあふれる感じに慣れようとした。

自分を見失うまいと努める中で、彼女は徐々にある一つのことに気づくようになり、胸のむかつきを覚えた。グラフトンのコミュニティはトレーシーに同情してくれると思い込んでいた。ところが現実には、多くの人が彼女を責めていたのだ。

夏がすぎると、聞こえのいい社交辞令は枯れ葉のように落ちていってしまい、人間の本質という真っ黒な樹皮が現れた。どこからともなく熊の擁護者が現れて事実をねじ曲げ、トレーシーをさらに悪く見せた。

ある人々は、熊にカイをけしかけたとしてトレーシーを非難した。彼らは犬が熊の腹を裂いて子熊に大怪我を負わせたと言い、子熊は噂が広がるにつれ小さくなっていき、最後には無力な赤ん坊だったことにされた。トレーシーは鳥の餌で熊をおびき寄せた、ほうきで熊を殴った、麻薬でハイになっていた、開いた窓枠に熱いビーフシチューを置いていた、などと言われた。まるで、何をして相手を興奮させたのかと問い詰められる性的暴行の被害者になった気分だった。

「あの人たちは、相手は動物なんだからこっちが何か悪いことをしたに違いない、と考える。でも本当はそうじゃない。私は台所のカウンターで冷たいローストを切っただけなのよ」

トレーシーは引きこもった。

《しばらくのあいだ人から遠ざかっているだけよ》彼女はひとりごちた。《家にいて怪我を治さなくちゃ……》。意地悪な噂があったって気にしない。気にするもんですか》

トラウマの苦しみに明るい面があるとしたら、それは自分自身を知る機会、それまで認識していなかった内なる強さの芯を心の指でなぞる機会が得られることだ。

トレーシーが一人で安心して家にいられるようになるのには数週間を要した。七月半ば、彼女は勇気を奮って庭に出るようになった。ひび割れたカエデの幹が不吉な傷痕のように見えている庭の端までは行けなかったが、太陽が照らして草が生える中央あたりまでは出られた。

アドレナリンの噴出は弱くなり、頻度も減った。

トレーシーの個人的な旅の最初の一歩は、熊から離れておこう、そして何よりも熊を見て悲鳴をあげるのをやめようという固い決意だ、と思われるかもしれない。

だが実際には、彼女はすぐに別の野生の黒熊と一メートルほどの距離で出合った。前よりもずっと大きい熊だ。そして——実のところ——悲鳴をあげた。

それは友人宅でのことだった。友人は、規則正しく二週間に一度、鳥の餌箱から羊の脂肪を漁っていく年老いた雄の熊を見に来るようトレーシーを誘った。精神的トラウマに対処するにはこれが絶好の機会だ、と彼女はトレーシーを説得した。クモ恐怖症の人の手首の素肌に牙を持つタランチュラを這わせて症状を治すのと同じ理論である。

すぐに、熊——トレーシーが言うには、ばかでかい、見たことがないほど大きな熊——が、トレーシーが窓越しに見ていることも知らずに玄関ドアの前までやってきた。とてもおとなしそうだった。

「私たち、この熊をテディと呼んでるの」友人は言った。「大丈夫よ」

トレーシーはわずかに窓を開けた。

「テディ」熊に呼びかける。「そんなとこにいちゃだめでしょ」

熊はのんびり窓まで歩いてきた。トレーシーは息を吐いた。熊は巨大だ。でも恐ろしくはなかった。その時点までは。

出し抜けに、前触れもなく、テディは後ろ脚で立ち上がった。すっくと立ってトレーシーを見下ろす。

トレーシーは悲鳴をあげた。

「きゃあっ！　神さま！」後ろを向き、家の奥まで走っていく。一方の熊も驚いて背を向け、反対方向へ駆けていった。

トレーシーはまだ悲鳴をあげていたが、実は恐怖からではなかった。むしろ、ジェットコースターに乗ったときのような絶叫だった。

「大丈夫よ」彼女は笑い、息を整えようとしながら友人に言った。

「もう充分」

第三章　密猟者の攻撃

バン！　彼女は肩の上を撃たれて倒れた。体は動かず、今にも死にそうになっている。三頭の子熊は途方に暮れ、母親に駆け寄った。

——アーネスト・トンプソン・シートン、『シートン動物記　灰色グマの伝記』（集英社、藤原英司訳、一九七八年）、一九〇〇年

女性は自分の名前を明かさないことを求めた。熊の密猟者からの報復が怖いからだ。

「あの人たち、家を焼き払うのよ。前にもやったことがあるの」

私が承知すると、彼女はドアがノックされたときのことを話した。それは二〇一二年の冬、グラフトンの谷間まで続く森の斜面が奇妙な銃声であふれたときだった。グラフトンに住む一人の男性が車庫から家までの屋根つき通路に立っていた。よく知っている人だ。一緒にいるのが誰かはわからなかったが、彼が話している様子からすると、彼女から見えない道路のほうに四、五人がいたらしい。

男性は、自分たちのグループは彼女の土地に巣を作っている熊を殺すつもりだと言った。女性は巣穴の場所も熊もよく知っていた。ここ数年で何度か、熊は子熊を連れて巣穴から姿を現していた。密猟者はトレーシー・コルバーンが襲われたことには言及しなかった。その必要もなかった。

「私にはなんの関係もないわ」彼女は答えた。

密猟者は彼女に、中立の立場を越えて共謀者になるよう求めた。

「俺たちがおたくの敷地に入っていいということを、はっきりさせておきたいんだ」

ジャングルの掟と法廷の法律、熊殺しと熊の擁護者で二分されている世界にあって、人は一瞬で、ある質問への答えが対立する二者のうちどちらに自分を置くことになるかを判断せねばならない。それは恐怖か自警行為、熊の口か銃口のどちらを選ぶかということだ。女性は法律を破りたくなかったが、法律は遠くにあり、ここには密猟者が友情もしくは敵意という暗黙の約束を示して立っている。雪の塊が彼のブーツから玄関ステップに落ちた。

しかも、彼女は熊がグラフトンの人間にもたらす被害を目にしていた。何か手を打たねばならない。だから彼女は、迷いを悟られないよう即座に答えた。

「知らないことは心配しようがないわ。それに、窓の外を見るつもりはないから」

ほどなく銃声が響いた。復讐の集中砲火、血には血を。女性は窓から離れた場所で耳を澄ませた。見たくなかった、見られたくなかった、そして絶対に、流れ弾によって熊との激しい戦いの犠牲者にはなりたくなかった。

女性と話したあとでも、密猟者が冬眠中の熊を殺すところを思い描くのは難しかった。州政府の基準からしても、まともな狩猟組織の基準からしても、きわめて非倫理的な行為である。密猟は一般に強く非難されているため、秘密裏に行われており、実態を記録した映像が世間の目に触れることはない。

二〇一八年の四月までは。そのとき、アラスカの一台の猟獣監視カメラが、一人の男性とその成人の息子が辺鄙な田舎で熊の巣穴を襲撃するところをとらえた。

米国人道協会が公開した映像では、父親と息子はクロスカントリー用スキー板を履いて並んで立っている。ハンサムな顔に豊かな山羊鬚をたくわえた息子は上半身裸だ。無精髭を生やした父親はジーンズをはいて素肌に袖なしダウンベストを着た無雑作な格好で、狩猟帽は髪の生え際が後退しているのをうまく隠していない。二人は奥行きの浅い熊の巣穴の暗闇へと近づいていく。巣穴は垂れて雪についた松の枝で半ば隠れている。

真冬、巣穴という安全な避難所に潜った雌の黒熊は、しばしばリスのような大きさの子熊二頭を産む。新生児にとっても母熊にとっても、その最初の数カ月は安心を感じて穏やかに密着して過ごせる唯一の時期だ。子熊は春まで乳を飲んで過ごす。春になると、体重が四〇パーセント減った母熊はよろよろと巣穴から出て最初の食事を探しに行く。冬じゅう熟睡する動物たちとは違って、黒熊は必要に応じて途中で目を覚ますことができる。ただし、そのときはふらついていてうまく動けない。

映像では、息子は両脚を開いた古典的な射撃姿勢ウィーバースタンスでリボルバーを構え、父親は猟銃を巣穴の入り口に向けている。二人は同時に巣穴に銃弾を撃ち込む。猟獣監視カメラに装着したマイクが音を拾っている。銃声と二頭の子熊の哀れな鳴き声。巣穴から一メートルまで近づいた父親は再び発砲し、泣きわめく孤児一頭だけが残る。息子が証拠を消すため薬莢を三個、四個、五個と拾い上げているあいだ、父親は慎重に狙いを定めてもう一発の銃弾を巣穴に撃ち込む。すぐさま鳴き声がやむ。母熊の重い死骸を力を合わせて巣穴から引っ張り出したあと、父親と息子はハイタッチをする。二人の両手は熊の血で赤く染まっている。

「俺たちの仕業だなんて絶対にわからないよな」息子が言う。

二人はナイフで、ついさっきまで子熊に栄養を与えていた母熊の肉と脂肪から皮を切り離す。慣れた手つきで皮をきれいに巻く。

「俺たちは遊びでやってるわけじゃない」息子はそう言って片方の手にスキーのストック二本を持ち、父親は熊の肉でふくらんだバックパックを背負う。「俺たちはなんでもやる——行きたいところへ行って殺すんだ、クソッタレどもを」

最後の下品な言葉はピーッという音によって映像から消されている。たった今ぞっとする残忍な場面が展開されたというのに、ここだけ慎み深くするのはバカみたいだ。

二人は猟獣監視カメラにまったく気づいていない。彼らが翌日戻ってきてさらに薬莢と二頭の子熊の死骸を回収したときも、カメラはまだ回っている。二人は子熊を小さな袋に入れて持ち去る。映像はその後、有罪判決が下されて量刑が言い渡される場面へと進む。父親は懲役三カ月だった。

女性は、男たちが熊の巣穴へ行くため彼女の土地に立ち入るのを認めるよう強要した日、このようなシーンがグラフトンでも繰り広げられたのだと話した。父親と息子が銃を構えて並んで立つ映像を見た今、巣穴にこもって動かない的を半円状に取り囲んで立つ多くの猟師による銃声が、その冬グラフトンで人々の聞いた継続した集中砲火として響いたことは、私にも想像できる。

次に女性が会ったとき、その武装メンバーの男性は、あの日自分たちはグラフトンの熊を一掃したと言った。既知のあらゆる巣穴を襲い、成獣も子どもも含むあらゆる熊を処分したのだ。

「あの人は言ったの、やつらを始末して、巣を空っぽにしてやったって」女性は言った。殺した熊は「一三頭だったわ」私は彼女の話を信じている。一三という数は、私が雑貨店の玄関ポーチで聞いた殺戮数と一致しているからだ。その数からすると、彼らはその日、熊の家族が棲む少なくとも四つか五つ、もしかするともっと多くの巣穴を訪れたと考えられる。私は統計の数字に頼りすぎることには批判的な人間だが、この場合、熊に関する通報の州のデータベース上に、その女性の話を裏づける数が現れている。猟獣監視員を信頼していないグラフトンにあっても、ジェシカ・スールなど一握りの人々からの通報は、毎年魚類鳥獣局に寄せられている。普段なら、通報は年に四、五回だ。ところが干魃に見舞われた二〇一二年には一二回の通報があった（うち一回はおそらくトレーシー・コルバーンからのもの）。

グラフトンからの通報が一年に一件も記録されなかったのは一度しかない。二〇一三年、武装隊による熊の大量殺戮が行われた次の年である。

女性は、武装メンバーから聞いたほかのことも話してくれた。私が町に来て以来、彼らはあるジャーナリストが違法な熊狩りについてあまりに多くの質問をして回っているという話を聞いた、というのだ。私の取材によって、犯罪の告発がなされたり、合法的に取得した狩猟ライセンスが取り上げられたりすることになるのを、彼らは恐れている。

「あなたとは話をしない、ということであの人たちの意見はまとまったわ」私がしつこく尋ねた結果、彼女はある名前を教えてくれた。私はダメ元で質問してみることにした。

熊密猟者とされる人の名前からバングタウンの住所を突き止め、車を走らせてそのあばら家を見に行った。壁際には暖房に使用するらしい薪が積んで置かれている。外の庭は、木材運搬機らしきものの重そうな車輪によって土の大部分が泥になっており、中では大型犬が不吉に吠えている。

家の外の道の路肩に車を停める前から、ここで車を停めてドアをノックするのはこれが初めてではないことに気づいていた。

その年の初め頃、違法な熊狩りについてまだあまり知らなかったとき、私は質問をするためここに立ち寄っていた。あのときドアを開けた男性の用心深い態度は、強い不信感を示していた。私はグラフトンで起こっている熊の話を聞いて記事にしようとしていると説明した。熊との遭遇に関心はあるか、と私は尋ねた。

「俺は引っ越してきたとこだ」彼はそう言ってドアを閉めようとした。「熊なんて見たことない」

当時私はそれを、町の何軒かで受けたのと同じ不愛想な拒絶にすぎないと考えた。しかし今は、彼の返答が嘘だったのを知っている。彼はグラフトンで生まれ育ち、家族ともどもコミュニティに深く根づいて、何十年も町の熊と共存して暮らしていたのだ。今回車から出たときは、前回ほど当たり障りのないものではない質問をするつもりだったし、温かい歓迎は期待していなかった。私が近づいていくと、彼は庭でじっと立ち、目は雲母のように暗く光っていた。彼は細身の筋肉質で、唇は剃刀のように薄く一直線に結ばれている。日に焼けた額と白くなった髪は、くっきりした線で区切られているようだ。

また引っ越してきたばかりだと言われて逃げられたくなかったので、私は声が聞こえる距離まで近づくとすぐに話しはじめた。彼の名前を呼び、彼が誰かは知っていると極力愛想よく言ってみた。

彼は石のようにじっとしたまま耳を傾け、私を見つめている。まるで会話の当事者ではなく傍観者であるかのように。私は近づきながらさらに言葉を重ね、あなたの熊狩りに正当な理由があるかもしれないことは理解しているし、その理由を読者に伝えたいのだ、と説明した。

私が言い終えると、彼はようやく、愛想よくはないが悪くもない口調で話しはじめた——自分は熊狩りの武装隊の話など聞いたことはないし、いずれにせよそれに参加するはずはない、なぜなら自分にはチェロキー族の血が入っていて、熊を殺したらその血統を冒瀆することになるからだ。

彼の狩猟ライセンスを取り上げさせようとしているわけではない、と私は説明した。狩りの様子を書きたいけれど、彼の正体を明かしたり彼を窮地に陥らせたりすることはしない。

「それでも、誰にも話す気はないな。なんにもかかわりたくない。あんたがいくら説明しても、俺には関係ない話だよ」

彼は狩りをしたことをあからさまに認めはしなかったが、彼なりの〝友好的アドバイス〟はしてくれた。

「あんたが言いつづけてるその熊狩りってことについて突き止めたら、あんたは困ったことになるぞ、だってあんたはこう言われるんだ、『なあ、おまえはあいつらを売ったんだ』ってな。誰がなんのためにそんな噂を始めたのか、全部わかっちまうことになる」

私たちはさらにもう少し話を続けた。彼は熊が出る季節に鳥の餌箱を外に出しておく「クソみたいなバカ野郎」を批判した。しかし彼からそれ以上のことを聞き出せそうにはなく、私は時間を取ってくれたことに礼を言って立ち去った。

「俺を巻き込まないでくれよ」歩み去る私に彼は声をかけた。「そんなことしたら騒ぎになるし、俺はその真っただ中にいることになっちまう」

そのあと私は彼の友人の一人に電話をかけた。その人物も二〇一三年の冬に集まった武装メンバーの一人だと言われている。彼が電話に出ると、私は自己紹介し、グラフトンの町での熊との遭遇について記事を書いていると言った。

「俺は引っ越してきたとこだ」彼は答えた。「熊なんて見たことないな、悪いけど」

これが嘘なのはわかっている。彼の友人に接触したときとほぼ一語一句同じ表現を用いている。リハーサルしたみたいだ。

「へえ、そうなんですか?」私は疑念を隠して、親しげな世間話の口調を保った。「いつこの町に引っ越してこられたんです?」

「そういう質問に答える義務はないね」彼は電話を切った。

私はほかの密猟者にも接触を試み、率直に話をしてくれないかと頼んだ。けれども、これ以上の答えは得られなかった。

そしていずれにせよ、彼らの自警行為はあまり役に立たなかった。熊の個体数は短期間局地的に減ったものの、それ以上の効果はなかった。魚類鳥獣局がいまだに忙しすぎて何も手を打たなかったため、ほどなく森はまた熊だらけになった。グラフトン住民は自分たちには熊の問題があると考えていたかもしれないが、それは彼らの宿敵の後退によってもたらされた問題だと言うこともできる。その宿敵とは――税金である。

第四章　牧師は窮地に陥る

汝は覚えているか、フィリップ、古い寓話を
我々が少年だったときに語られた話を、
蜂蜜を狙った熊が巣箱を倒して
蜂に刺されて目が見えなくなった話を？　私がその熊である
——ヘンリー・ワズワース・ロングフェロー、『マカベウスのユダ（*Judas Maccabaeus*）』（未邦訳）、一八七二年

二〇一三年五月二一日、平和アッセンブリー教会の屋根を揺らし、急に熊が消えた森を覆う枝葉をずぶ濡れにした暖かな嵐のとき、神はジョン・コネルに待期期間の終わりを告げた。

「時機が来た」神は言った。

「すべてを手放せ」

だからコネルはそうした。

神が語りかけてくる瞬間まで、コネルは教会の建物を押収するという町の脅しと必死に戦いつづけてきた。最終期日まであと一二〇日とフェイスブックに投稿したあと、彼はマサチューセッツ州に住む娘のテレサ・ローズ・コネルからテキストメッセージを受け取った。

「つまりそれって……町のものになるということ？　父さんは売らなくちゃいけないの？　対抗策はあるの？」

対抗策はない、とコネルは返信した。お得意の大仰な言い方で、やつらは彼の持ち物を奪うことはできるが魂を奪うことはできない、と付け加えた。

娘は、自分は味方だと言い、彼が感じているに違いないストレスへの同情を示した。

「やつらが強欲に奪いに来るなら、その前に手放すつもりだ」コネルは言った。「こういう言い方を許してほしいが――その――クソ野郎どもめ！　俺の心の中には、やつらよりずっと崇高なものがある。平和、愛、それに許しだ」

「投稿は続けてね」娘は言った。

町がコネルから建物を押収できるようになったとき、コネルはもう押収すべき建物を所有していなかった。彼は八月に、平和アッセンブリー教会という名の法人に建物を譲渡していた。法人の理事会はフリータウン信者とその仲間だけで構成されている。ジェレミー・オルソン、ボブ・ハル、トム・プロゼイ、ジェイ・バウチャー、ジェームズ・ライハーである。

教会の新たな理事たちは、税金問題を解決するのにもう少し時間をくれるよう町の役人を苦もなく説得した。反抗的な納税者に対して町が取る最終手段は不動産の押収ではあるが、町が本当に求めるのは不動産よりも税収だったのだ。

教会を買ったときコネルが見出した自由は、手放したとき感じた自由と比べれば些細なものだった。突如法的なごたごたから解放されたコネルは、神の道を追い求め、信仰に身を捧げた。彼がコミュニティの精神的支柱として重んじられていることを示す兆候は多く見られた。教会の理事は彼を、困窮した人に感謝祭の食事を提供する州レベルのリバタリアン主催の企画に参加させた。コネルはそこで一〇数個の食事のバスケットを配った。毎月の聖書勉強会などの企画も継続して行った。芸術を推進する新たな取り組みを始め、ある若き芸術家の後援者となった。その芸術家は、麻薬まみれの人生から脱却するだけの強さを神の中に見出した。コネルにとって、物事は順調に動いていた。

しかし、苦労からの解放は長く続かなかった。

翌二〇一四年、三人から成るグラフトンの行政委員会は、円いプラスチックテーブルの周りに並べたパイプ椅子に座って、教会の運命を決めようとしていた。頭上からの消防署の蛍光灯の光が作る暗い影からは、外が美しい夏の日であることなど想像もできない。

行政委員会と教会理事会との書簡のやり取りや交渉は、一ドルの税金も生み出していない。代わりに出てきたのは新たな税金免除の申請書だ。コネルのときと同じように、その申請書も適切に検討されねばならない。

提出された新たな申請を行政委員会が却下したなら、町は改めて不動産の押収に乗り出すことができる——コネルが建物の譲渡によって防ごうとした、まさにそのシナリオである。

コネルよりも事務手続きに精通しているトム・プロゼイとジェレミー・オルソンは、差し押さえを防ごうと奮闘した。自分たちがニューハンプシャー州の認めた非営利団体であることを示した法人登記簿謄本を提出したのだ。

だが議論の論点は、新たな理事会も、連邦税を免除してもらうための国税庁による指定である宗教・慈善団体としての正式な認定を取る必要があるか否かに移った。

一連の経過を記録しているオルソンは、役人を相手に述べた。

「一人で教会を運営していたとき、ジョンは連邦政府と交渉したくないという立場だった」彼が強いニューヨーク訛りでまくしたてる声は、消防署の壁に反響した。「ジョンは連邦政府とかかわりたくなかった。やつらと話したがらなかった。やつらの書類に署名したがらなかった」

だが現在、教会は新たな所有者、新たな指導者のもとにある。新たな理事会は国税庁に申請すべきかどうかを検討して結論に達した、と彼は言った。

「我々もそうすることには反対だ。……理事会もジョンと同じく、連邦政府には申請しないことにした」

オルソンは、活動中の教会は宗教活動に従事している限り個別に認定を受ける必要はないとの国税庁の規定を引き合いに出した。そしてコミュニティ活動のリストを配布した。聖書勉強会の主催や、地元のルター派公会議との協力による貧しい人々への食料配給などである。それは教会の宗教的・慈善的な性質を証明している、と彼は言った。

行政委員会の前では、並べたパイプ椅子にいかめしい表情の民間人四人が肩を並べて座り、発言の機会を待っていた。四人は平凡なファッション感覚を持つ女性らしく地味な色のトップスを着ている——濃紫、薄紫、ピンク、薄緑。

濃紫は反対だった。「そんなことしたら、大勢の人が同じことを求めてくるようになるわ。……ええ、私だって申請するわよ、こんなに簡単なことなら」

薄緑も反対だった。「私に言わせれば、これはペテンよ。私は絶対認めないわ、ちゃんと自分の払うべき分を払っている人間としては」

薄紫も同意した。「私にはイデオロギーの対立に思えるわね。あなたたちが連邦政府を認めないとしたら、どうして私たちは、［あなたたちが］町の納税者のお金を使うために地方自治体を認め［るのを支持し］なくちゃならないの？」

ピンクは、自分自身もオルソンが言及した公会議に協力しており、公会議と連携しているというオルソンの主張は疑わしい、と言った。

「あの人たちはかかわってないと思うわ」彼女は言った（彼女は言わなかったが、オルソンはその組織の名称〝マスコマ・バレー公会議〟を知りもせず、しかもそれはルター派ではなく超宗派連合体だった）。

プロゼイはきれいな白いTシャツの胸の前で腕を組み、パイプ椅子にもたれて座っていた。いつもの〝浮浪者風〟の姿をしておらず、髪をきちんととき、髭をきれいに整えている。強情な子ども相手に自分の立場を説明せざるをえなくなった親のようなこわばった口調で、教会の活動を自分の目で見に来たこともない人間に批判されるのは心外だと述べた。

「教会はすべての人に開かれている」彼は役人たちに言った。「どんな信仰を持つ人にも、信仰心のない人にも。彼らが教会のドアを開けて中に入ったり敷地に足を踏み入れたりしないと決めたとしても、我々は何も強制しない。強制力は行使しない」

彼は両腕を広げて肩をすくめた。教会が無関心な人々を活動現場へ物理的に引きずってこないことは大きな美徳なのに、人々はそれに気づいていないのだ、と言いたげに。

「僕はいつも、我々は義務でもないことをしなければならない、絶対にしなければならないと言われている。僕が言いたいのはそれだけだ」その直後に彼は言葉を続け、町が教会への課税の試みを続けたならばどうなるかに関するあからさまな脅しを並べ立てた。

「我々は次のステップに進まなくちゃならない……。それは難解な法律用語を連ねたものになるかもしれない。弁護士なしでそういう手続きに対処するのは大変だろうね」

三人の行政委員が投票する時が来ると、一人目は課税免除を支持すると言い、二人目は反対した。最後の一人、濃紺のTシャツを着て灰色のカプリパンツをはいた人物は、痩せた体の上に大きな頭がのっていて、まるでペッツのディスペンサー［キャンディーを詰めた細長いスティック部分の上にキャラクターの頭部がつけられた容器］だった。迷っているようだったが、プロゼイが法的手段に言及したことに「うんざりした」と言った。

「コミュニティに対して、あまりに冷たい態度だ」彼は座ったまま体をもぞもぞさせ、投票の順番が来るのを待ちながら腕組みをしたりほどいたりした。

投票の結果、二対一の多数決によって課税免除は否決された。


この投票によって、コネルは以前と同じ立場に置かれることになった。建物が押収されるという危険はダモクレスの剣のごとく頭上に吊り下げられ、法的論争という弱い糸一本だけで支えられている。フリータウン信者が次から次へと起こしている町への訴訟の一環として、教会の理事たちも法廷闘争を行うという脅しを実行する気満々だった。彼らはコネルに、来るべき法廷での争いに協力するため弁護士による証言録取に応じるように言った。

コネルはこの指示を、彼の主義への侮辱だと考えた。コネルは長年、公的書類には記入しないと町に言いつづけていたのだ。それなのに、なぜ理事たちは彼が方針転換することを期待するのか？　彼は理事たちに、税金問題の解決は彼らの責務だと指摘した。コネルは、「教会を公権力から守るために公権力を利用すること」には反対だった。

理事たちがその問題を持ち出すたびに、つまりコネルと話をするたびに、彼は新たなキャッチフレーズによって会話を断ち切った。

「頼るのは神だ――人間ではない」

四月、月に一度の日曜礼拝のあと、理事たちは教会の建物の外で正式な会議を開いた。コネルは、彼らに招かれて自己紹介した人間を見て驚いた。ジョン・レッドマンだ。

私はのちにレッドマンに会うことになる。プロゼイと会ったとき、あのポニーテールのフォーク歌手は弾倉を私の車のコンソールに叩きつけたのだ。

だが理事会の関心はレッドマンの別の面にあった。コネルと同じく、レッドマンも宗教的リーダーシップ（クエーカー牧師としての宗教教育を少々受けていた）と司法制度への反抗（お気に入りの標的は警察だった）の両方に関与していたのだ。理事会の説明によれば、レッドマンをコネルとの共同牧師にすれば、レッドマンはコネルが忌み嫌う法的手続きを行って税金問題の解決に寄与できるかもしれないという。

既に教会の支援者としてレッドマンを知っていたコネルは、その案を気に入った。理事会がレッドマンを共同牧師に任命すると評決すると、コネルは教会の支援者に温かな紹介を行った（ただし、あからさまな縄張り意識により、彼はレッドマンを共同牧師でなく牧師補佐と表現した）。

事態がうまく進まないことを示す最初の兆候は早い時期から現れた。共同牧師としてのレッドマンの最初の行動は、教会のすぐ外で「非常に派手な」ライフルを誇示することによる武器携帯の権利の表明だったが、それはコネルにはバカバカしいほど芝居がかっていると感じられた。コネルは、平和の鳩を描いた大きな絵のすぐそばで軍国主義をひけらかされるのが気に入らなかったけれど、事態は自然に解決するだろうと信じて口をつぐんだ。

それに、コネルにはほかの世俗的な心配ごとがあった。彼は献金皿に集まった金で基本的な必要は満たせると思っていたかもしれないが、それは間違いだったのだ。一〇月、広く一般に寄付を募る中で、彼は教会の暖房費を支払えず食べ物を買う金にも困っていると告白した。

「私は持てるものを**すべて**費やし、**無給**で**フルタイム**の**ボランティア**「ママ」の牧師兼用務員を（ほぼ四年半にわたって）務めて、平和アッセンブリー教会を維持してきたのです」彼はそう書いた。

冬が来ると、ぽつぽつと届く寄付のおかげで暮らすことはできたものの、それはぎりぎりの生活だった。時には、天井の高さ一メートルほどの狭い貯蔵室に引きこもらざるをえなかった。室温を摂氏四度以上に保てるのは教会の中でそこだけだったからだ。

「それでも、平和アッセンブリー教会を守るためなら少々の苦しみは平気です」彼はそう締めくくった。

二〇一五年五月、彼は適正な価格を提示した人にお気に入りのギター三本を売ると申し出た。

冬が厳しかったとしても、夏の明るく長い昼間はコネルにとって快適だった。教会の裏の鉄道の廃線跡に沿ったハイキングコースを歩く人々が裏口のすぐ前を通っていくのを喜んだ。ハイキングコースを素敵に見せるため芝や切れた雑草を掃き集め、歩行者を呼び止めては彫像を見せたり面と向かって平和と愛のメッセージを伝えたりした（その年、〝素敵に見せる〟について異なる定義をしていたニューハンプシャー州当局は、公道であるハイキングコースから芸術作品をどけるようコネルに命じた）。

六月、格別気持ちのいい日があった。禅宗風の庭園の手入れをし、ハイキングコースを整備し、通りかかった人々（コネルはそのうちの一人を、危機的状況にあると表現した）に信仰を説いた。太陽が地平線の向こうに沈んだとき、さらに数人のハイカーがおしゃべりをしようと立ち止まったので、コネルはギターを持ってきた。

「誰かが大昔に言った、嵐の前には静けさがあると」彼はだみ声で歌いはじめた。「俺は知ってるぜ！嵐はしばらく前からこっちに向かってるのさ」

コネルが平和の歌と呼ぶもののレパートリーは広かった。ただしそれは、若き歳月のことを歌う歌に偏っていた。彼は少数の聴衆に向かって歌い、やがて夕日の存在を示すものは廃線跡の砂利から立ち昇る暖かさの名残だけになった。

ついに彼らに別れを告げて教会に引っ込んだとき、コネルは意気揚々としていた。

「許しのメッセージが届けられ――そして受け取られた」彼はそう言ってベッドに倒れ込んだ。

ロザリー・バビアルツは、温室で採れたイチゴをコネルに持っていったときのことを覚えている。コネルは果物が大好きだった。彼は常に果物から純粋さと善意を連想していたようだ。二人は一緒に外で座り、穏やかな陽光を浴びながら、柔らかな果皮とジューシーな実を味わった。それはロザリーが彼についで記憶している中で最も気に入っている場面だ。

「彼は幸せな人だったし、みんなに幸せになってほしがってた。みんなに自由になってほしかったのよ」

それがコネルにとってグラフトンでの最後の夏だった。

夏の暑さが去ると、コネルと自由を愛する教会理事たちの意見の食い違いは大きくなっていった。自身の宗教的活動は主な教会の活動と違っていたものの、コネルは銃器と信仰との混在を許すことはできず、理事たちが平和についての彼の中心的メッセージから遠ざかっていると感じていた。

九月になると関係はますます悪化し、理事会はコネルに教会を去ることを求めた。コネルは断った。

対立はほかにもあった。税金問題に関する一〇月五日の証言録取において、レッドマンは教会理事の友人、マサチューセッツ州出身でバリトンの声をした憲法修正第二条推進活動家デイヴ・コパックズと対決した。よく学校での喧嘩の前に行われる、攻撃的な姿勢でのにらみ合いのように。

一方コネルは、公然とレッドマンを非難するようになった。この共同牧師の資格に疑問を呈し、レッドマンが「神のクソッタレ」という表現を用いたと文句を言い、レッドマンは「内なる悪魔」に操られていると言った。レッドマンが人の胸に照準を合わせてレーザー光線を発していると糾弾し（レッドマンは否定した）、以前教会の敷地で銃器をひけらかした話を持ち出した。

「平和アッセンブリー教会は」コネルは問い質した。「『許しによる平和』から『銃器の優勢な力による平和』に移行しているのか？」

一〇月二九日、彼はレッドマンが反撃してきたEメールを引き合いに出した。

「あんたは頭がおかしくなったみたいだ」そのメールでレッドマンは言った。「（中略）あんたは最近ツキに恵まれず、グラフトンで何も事を起こせていない」

コネルが教会の外でポーズを取った写真が残っている。上半身裸で、胸には大きな的が描かれている。真っ赤な標的の中心は心臓の上に置かれていた。それはレッドマンが演じたレーザー光線騒ぎを表しているという。

「胸の的は、近いうちに起こるであろうことの私の独創的・芸術的表現である」彼はフリーダム・フォーラムで支持者に向けて書いた。

コネルが自由を求めて激しく戦えば戦うほど、彼を束縛する輪はきつく締まっていった。昼間は再び短く寒くなっていくのに、プロパンも灯油も買う余裕はなかった。彼は冷たい水で体を洗い、何枚も重ね着をするようになった。

感謝祭の一週間前、コネルは銀行口座から三〇ドルを引き出した。残高は一ドル一セントになった。フリータウン信者との言葉の戦いはエスカレートした。今やコネルは、耳を傾けてくれる人なら誰に向かっても、彼らを「偽善者の乗っ取り連中」と呼んだ。直接向き合ってでも、フェイスブックやフリーダム・フォーラムへの一連の投稿でも。

「一部の人々の目や顔に恐怖や憎しみを垣間見ることが、ますます多くなっている」彼は書いた。隠した拳銃の台尻をちらりと見せてコネルを脅そうとしたとして、一人の理事を批判した。

感謝祭の三日前、その年初めて気温が摂氏マイナス六度以下を記録した。翌日はほぼ一日じゅう氷点下だった。リバタリアンたちは数年前に、州内の自由愛好者をつなぐポーク四一一という通信ネットワーク（彼らの自衛の象徴であるヤマアラシ《ポーキュパイン》から命名）を作っていた。

コネルはポーク四一一に接続し、グループ全体に向けたまとまりのない六分間のメッセージで、彼との契約を「完全に裏切って」教会の宗教的使命を放棄したとして理事たちを非難した。

「彼らが求めているのは自由のクラブハウスにすぎない。彼らはとてつもなく邪悪な力に操られている」

寒空で祝日が近づいているにもかかわらずプロゼイとオルソンは教会の鍵を替えてコネルを締め出そうとしている、と彼は言った。

それに付け加えてコネルは、町による教会への課税に関して考えを変えたと言った。フリータウン信者か町かという選択において、「これは完全なペテンであり、町当局はこの建物を押収すべきだ、と判事に述べるつもりである」

第五章　隣人は苛立つ

光沢ある床には熊と虎の毛皮が敷かれている。安楽椅子やソファが配置され、窓際の腰かけには派手なデザインの柔らかなクッションがいくつも置かれている。一角はペルシャ風にしつらえられ、大きな天蓋の下には宝石をはめ込んだランプがあった。ドアの向こうは寝室で、その先には四万ドルほどかけて作った純白の大理石製プールがあった。

——アプトン・シンクレア、『ジャングル』（松柏社、巽孝之訳、二〇〇九年）、一九〇六年

「お願い。やめてちょうだい！　それを美化する記事を書くのは」

年配女性が私に美化してほしくない〝それ〟とは、隣人による熊の餌づけ行為である。その隣人とはドーナツ・レディだ。より広い視野を持って育ったことを窺わせる抑えた軽蔑の口調で、女性はあたかもドーナツ・レディが名もなき群衆であるかのような言い方をした。

「たくさんの人が錯覚しているんだと思うの。それは単に楽しいお遊びだと。お客さんを楽しませる娯楽だと」

私はその女性をベレッタと呼ぶことにする。私に、今やすっかりおなじみとなった〝友好的アドバイ

ス〟をしてくるからだ――もしも彼女の家に押し入りでもしたら私は撃たれるかもしれない、などなど。

ドーナツ・レディが楽しく熊との絆を深めていた歳月は、ベレッタから見れば危険にあふれた歳月だった。熊が来たときはいつも（それは毎日のことで、しかも一日に一度ではなかった）、ベレッタはカーテンの隙間から、熊が草むらでのんびり過ごすのを覗き見た。熊がドーナツ・レディのリンゴの木の枝を折っても誰も気にしない。しかしベレッタは、自分のリンゴの木に同じことをされたとき激怒した。

熊に対するベレッタの反感の大部分は、熊の体格が原因のようだ。彼女が熊を描写する表現を聞いて、私は自分の贅肉だらけのずんぐりした体を意識させられて居心地悪かった。

熊は「とんでもなく大きい物体」だと彼女は言う。「まるで相撲取り。大きい。太っている。脂肪だらけ」

熊は木の実や魚を漁るのではなく、ドーナツなど人間の食べ物を食べていたという。それは熊にとって非常に悪いものだ。それに、と彼女はいたずらっぽく私を見て言った。「ラベルを読んでみて。人間にも非常に悪いのよ」

「非常に悪いですね」私は素直に同意した。

ベレッタは動物が好きだが、グラフトンの森に棲む不自然な獣は気に入らない。異様に大きなコヨーテや、人家に入り込む野生の猪だ。一九七〇年代、ダートマス大学の研究者はビッグフットが存在する証拠を求めてこの地域に猟獣監視カメラを設置したそうだ。バカげたことだ、と彼女は言う。ビッグフットなんて実在しないのだから。それでも、監視カメラのことはよく覚えていた。

ドーナツ・レディがおとなしい熊というディズニー映画のような世界に浸っている一方、ベレッタはサスペンス映画の中に閉じ込められていた。その映画で彼女は（ヒロインがよくそうするように）常に血に染まったラストシーンを見越している。

「私は熊に襲われたくないの。本当に、絶対にごめんだわ」

一度、病院でのボランティアの仕事に行くため家を出る支度をしているとき、外に熊が見えたことがある。彼女は警察に通報し、自分の車まで行くのに助けを求めた。警察の指令係は、彼女が無事に車へ行き着くまでこのまま電話を切らずに通話を続けると言った。そんなことをしてもベレッタが八つ裂きにされる様子が録音されるだけで、なんの役にも立たない。だから彼女は電話を切って別の番号をダイヤルした。時間どおりには行けない、予期していなかった熊が出たから、と病院に連絡したのだ。

ベレッタにとって最も差し迫った危険は熊かもしれないが、危険はそれだけではない。彼女はフリータウン・プロジェクトにも苛立っていた。投票日、ベレッタは彼らの集団を目にした。

「ドクター・スースの帽子〔絵本作家ドクター・スースが描く猫がかぶる紅白の横縞の帽子〕をかぶっている人がいたわ。それに、あの人たち、狂人の集団みたいにふるまっていたの」ベレッタは特にどの党も支持していないが、法と秩序を重んじる人間である。

「ほかの政策がどうであっても、自警によって正義を守ることには賛成よ。だけど社会を混乱させるのには反対。誰があの人たちにそんな権利を与えたの？　今に、ハットフィールド家かマッコイ家か、みたいな戦いが起こるわよ〔実在する両家は一九世紀末に激しく対立したことで知られている〕」

フリータウン・プロジェクトが動きだして以来、銃声――おそらくはＡＫ－47――が彼女の敷地を囲む森の闇を引き裂いて聞こえてくる。人が森で銃を撃ちまくっているのはいやだし、グラフトンでもほかの場所でも無法状態が広がるのは気に食わない。たまに、町で暴徒が群れをなしたらどうなるのか、と考えることがある。

「自殺願望があるわけじゃないのよ。それでも浴槽で手首を切るでしょうね。暴徒が丘を登ってきたら」彼女は言う。「私はいつも言うのよ、丘のふもとに跳ね橋をつけるべきだって」

熊のせいで、ベレッタは時間をかけて注意深く行動するようになっていった。車や庭まで行こうと家を出るときは必ず、安全なドアから出る前にさっと熊チェックをした。屋内のグリルでステーキを焼いたあとは（彼女はさりげなく、そのグリルがジェン・エアーであると口にした。高級ブランドである）何時間も家の中に引きこもる。ステーキのにおいを体につけたまま外に出て災難に遭うのが心配だからだ。

といっても、ベレッタは危険を前にしてびくびくする人間ではない。実行力のある彼女は、大きく見苦しい熊に備えている。ベレッタ自身と同じく、小さく、均整の取れた、ちゃんとした武器を用意して。

彼女が持っているのは「小さなグロック」と、別の「超小型拳銃」だ。

「でもね！」彼女はそこで言葉を切り、私がちゃんと聞いていることを確かめる。ベレッタのいちばんのお気に入りは「使いやすくて優れもののベレッタよ。一六口径」

銃を三挺持っていれば一挺だけ持っているときに比べて安全性も三倍になるのか、三倍にまではならないのか、それは私にはわからない。

ベレッタは時が経つに従い、銃を取り出して（彼女がアガサ・クリスティの登場人物にならって一挺を傘立てに隠していることを知り、私はうれしくなった）ドーナツ・レディの熊の一頭を撃つことを真剣に考えはじめた。話しているうちに、熊を攻撃するという思いに彼女を駆り立てているのが恐怖だけではないことがわかってきた。レモンからレモネードを作るように、ベレッタは自分の家の外をうろつく熊から熊皮の敷物を作ることを考えているのだ。

真剣に。

新鮮な熊の死体はジェン・エアーのグリルよりずっと安上がりだ、と彼女は言った。

「熊を手に入れるのは簡単よ。銃弾が一発あれば充分、狙いが確かならね」

難しいのは、頭がついたままの形で熊の生皮をはいで敷物にすることだ。素敵なスキー場の山小屋や、素敵なスキー場の山小屋を模倣した建物でよく見られるようなものに。

ベレッタはそういう敷物から贅沢なライフスタイルの構図を連想する。剝製師に問い合わせたところ、費用は八〇〇ドルだった。

「だけど今は」彼女は憤懣やるかたないという口調になった。「もっと上がったの。一〇〇〇ドルよ！」

その法外な金額により、彼女の夢は手が届かないものになった。ベレッタの財源は限られているのだ。

「二、三カ月飲まず食わずで生活しなくちゃならないでしょうね。熊皮の敷物一枚のために」

ベレッタが次に考えたのは、願望と財源とが折り合える妥協点を見出すことだった。もしかすると、それほど豪華ではない室内装飾を作れるかもしれない。熊の死体の重要な部分を使ったものが。頭のついていない敷物など考慮に値しないけれど、敷物のない頭ならいいかもしれない。屋根つき通路の小さな陳列棚に置いて訪問客を出迎えさせるのだ。

ところが、その希望も短命に終わった。熊の頭は熊皮の敷物と同じくらいの費用がかかると言われたからだ。それは不公平に思えた。

だからベレッタは、骨、筋肉、ドーナツでぶよぶよになった脂肪を不格好にまとわりつかせた熊の頭と熊の皮が彼女の庭をのしのし通り抜けていくのを、窓越しに見つめているだけなのである。

第六章　牧師の犠牲

上品な入植者たちが五月柱の周りで戯れていた。もしかすると熊にダンスを教えていたのかもしれない。（中略）しばしば、行政長官も加わって入植地全体で目隠し遊びをした。一人のスケープゴートを除いて全員が目隠しをし、衣服につけた鈴の音を頼りにそのスケープゴートを追いかけた。一度、彼らが花で飾られた死体を、陽気に、楽しい音楽に乗って、墓まで追いかけたところが目撃されたと言われている。だが、その死人は笑ったのだろうか？

——ナサニエル・ホーソーン、『メリーマウントの五月柱（*The May-Pole of Merry Mount*）』（未邦訳）、一八三二年

紫に塗られた教会にとって激動の秋が過ぎたあと、コネルは最終的に暴力に行き着くことを危惧していた。

二世紀のあいだ、嵐が教会の古い神聖な木材を土台から引き抜いて吹き飛ばすことはできなかった。だが今、外では激しい風が真っ赤に染まった木の葉を枝からちぎって地面に散らしている。そして中では、非難、権力闘争、非難の仕返し、法的脅威という旋風が、すべての関係者の評判と財布をひどく傷つけていた。

コネル、理事たち、町、そして建物を買ってコネルが来る前の状態に戻したがっている歴史的建造物保存主義者の新たなグループを巻き込んだ主導権争いは、今やフリータウン全体を包む不満の靄の一部を成している。隣人同士は、誰が自由に生きているのか、それは正しい自由なのかについて口論を繰り広げた。

初冬、ヒステリックで破壊的なエネルギーが前触れもなく突然静止した。静けさが教会を包む。その地域を覆う不毛な極寒の空気によって争いが凍りついたかのように。町の役人もリバタリアンの弁護士も、自宅で祭日を過ごすためペンを置いて戦いをやめた。

コネルの気分も変わったようだ。一二月初め、彼はなんとか暖炉を修理して少量の灯油を買うことができた。彼を悩ませる金銭的および法的問題へのすっきりした解決策はなかったものの、教会の理事への激しい個人攻撃によってリバタリアンのコミュニティを扇動するのをやめ、もっぱら神学上の疑問について考えるようになった。

二〇一五年の真冬、コネルは、一六〇〇年代に生きてヨーロッパを席巻した宗教改革にかかわったオランダ再洗礼派の宗教家、ティエルマン・J・ファン・ブラフトに関心を持った。

「今日、我々の魂に対する最大の危険は、特定の一つの宗派ではなく」コネルはファン・ブラフトの言葉を引用して投稿した。「世界のシステムに組み込まれて政府の援助に頼るあらゆる宗教の宗派である。(中略)我々はなんとしても、どんどん死のように思えてくる眠りから抜け出さねばならないと確信している」

その言葉は一六六〇年に出版された『無防備なクリスチャンの殉教者の鏡(*Martyrs Mirror of the*

Defenseless Christians)』（未邦訳）という本からの引用である。キリスト教徒のある集団を〝無防備〟と呼ぶのは、無抵抗を是認するということだ。再洗礼派は、こういう特質はその本に登場する殉教者たちに共通していると考えており、殉教者の中にはイエス・キリストも含まれている。

対立が小康状態となったこの時期にコネルが穏やかになったのは、無抵抗という再洗礼派の考えに影響を受けたからかもしれない。常に非協力こそ美徳だと信じる俗人として生きてきた彼は、そういう手法に社会変革を起こす力があることを意識していた。非協力の力を信じていたからこそ、罰金を払う用意をせず法廷に現れたり、社会的大義と連帯して断食を行ったりしたのだ。

しかし、再洗礼派による無抵抗の教義は、平和への道をはるか先まで歩んでいる。まるで禅宗のようなアプローチを取り、たとえば訴訟で自己弁護をしたり政治的なロビー活動をしたりすることを認めない。無防備な殉教者は自らを神の意思に完全に委ねているのだ、とファン・ブラフトは説いた。

コネルの無防備への誓いが試されたのは、静かな祭日のあと平和が破られたときだった。グラフトンの行政委員会は二〇一六年最初の会議で、教会の理事が累計一万四〇〇〇ドルを超えていた滞納税を支払う期日が過ぎたことを確認した。

行政委員会が採決して建物を押収する手続きを始めると、教会の理事の一人は辞職した。残った理事はその空席に、憲法修正第二条推進活動家デイヴ・コパックズをつけた。レッドマンが一〇月の証言録取の際、学校での喧嘩のように口論した相手である。レッドマンはコパックズと協力するのを拒み、共同牧師を辞めた。

コネルは、おそらくは無抵抗という再洗礼派の教義を考え、こうした展開に対してなんら表立った発言をしなかった。ある日曜日の夜、貴重な灯油のたくわえが教会をささやかな暖かさで包んだ中で、彼は長い映像を見た。その映像では、四人の宗教的リーダーが、イエスが再び地上に降臨して物理的に人類を統治する正確な時期に関して議論していた。

「道でイエスに出会ったなら、あなたは何を言い、何をしますか?」彼はフェイスブックに投稿した。コメントは、友人からの一つだけだった。「やあ、ビールでもどう?」

「なるほどね」コネルは返信した。

月曜日、彼は自分で書いた詩を複数のソーシャルメディアに投稿した。

「キリストは拳銃でもナイフでもないんだ、友よ。キリストはライフフル［ママ］でも剣でもないんだ」

彼はその詩に、銃の形に切り抜いた聖書の画像をつけた。

「福音書を読め、よく読むんだ、友よ。そして十字架を持ち、続くんだ」詩はそう続いた。「十字架を持ち、キリストに続くんだ、友よ。明日まで待つのはやめるんだ」

二〇一六年一月一二日火曜日、寒冷前線が気温をマイナス八度まで押し下げ、その冬いちばんの寒さとなった。北からの強い風にもたらされた雲が三日月を隠した。

夜が明けると、太陽は分厚い雲の隙間から苦労して数本の光線を地上に届けたが、すぐに雲との戦いに負け、空は薄暗くなった。九時半頃、風はおさまり、暗い空からは小さくはかない氷の粒が果てしなく降り注いだ。薄靄が教会を包み、しばらくのあいだ外側の派手な色を覆い隠したため、昔どおりの古風で神聖な、牧歌的なニューイングランドの建物に戻ったように見えた。

教会の外では、二人の男性が、二階から出て空へと漂う薄い煙を見上げていた。

通報が入り、ジョン・バビアルツはグラフトンの消防車に飛び乗って四号線を猛スピードで走らせた。角を曲がると、彼にも二階から漏れだす煙が見えた。炎は見えなかったため、バビアルツは用心しながらも、これはただのボヤだろうという楽観的な思いを抱いた。

燃えている建物に入るとき、消防士は労働安全衛生局の定めた〝二人は中、二人は外〟という手順に従う。緊急対応に当たる者は二人が一緒に入って互いに相手から目を離さないようにし、一方で別の二人が外から状況を監視して、救助者に危険が及んだら助けに行けるよう備える、というものだ。

しかしバビアルツは一人だった。コネルの車が二台とも外に停めてあるのは見えるが、コネルの姿はない。だからバビアルツは急いで三〇分間持つ酸素ボンベを背負い、ガスマスクを顔につけた。

正面ドアから入っていく。外界が灰色の煉獄だとしたら、内部は真っ暗な地獄だった。煙と熱の波が、見えない炎から発せられている。

バビアルツは大声で呼びかけたが、返事はなかった。

教会に二、三歩以上入っていくことはしなかった。コネルのガラクタが散乱した教会の一階のスペースに遮蔽物はない。つまり火は恐ろしいスピードで壁や床を伝わって広がるということだ。背後の長方形のドアからの明かりが見えなくなったら、バビアルツが方向感覚を失って閉じ込められる危険は非常に大きい。

援護が必要だ。

そして援護はこちらに向かっていた。外では、トレードマークであるぺちゃんこのベレー帽をかぶってジョン・レノン風眼鏡をかけたジョン・レッドマンが、車でカナンに向かっているとき、飛ばしてきた数台の消防車とすれ違った。

《こりゃ大変だ》レッドマンはそう思ってトム・プロゼイに電話をかけたが、プロゼイは今話せないと言った。車で一時間ほどの湖畔の町センターハーバーから既に火災現場へ向かっているところだという。レッドマンもプロゼイも、コネルがどこにいるかは知らなかった。

カナンから消防士の最初の一団が到着したが、すぐ建物に入ることはできなかった。燃えている建物に入る際には、人は煙を吸うと六分以内に死ぬということを考慮に入れなければならない。木造の建物は、たとえ新築でも燃えたら一〇分以内で崩壊することがある。今回の場合、地上から組み上げた木材の上にブロンズの鐘が据えられているため、さらに危険だ。鐘は直径一・八メートルで重さは推計二トンあり、中に入った者に即刻死刑宣告を発すべく待ち構えている。

午前一〇時、消防士たちは防御線を設定し、教会への送電を止め、四号線の車の通行を止めてラグルズ・マインのほうへと誘導した。レッドマンも現場に到着して、フリースのジャケット姿で震えながら写真を撮りはじめた。

二階からの煙は濃くなっている。一人の消防士がコネルの居住区画に近く鐘とは離れた北側の窓から中に入ったが、数分後に出てきた。依然としてコネルはどこにも見つからない。

さらに多くの消防団からさらに多くの設備を持ってきてもらうため、二度目の警報が鳴らされた。

レバノンとハノーバーが高価な消火設備を送り込んできた。消防車には、人が乗るバスケットを先端につけた長い梯子が備わっている。灰色の空に溶け込む煙が建物のどこから来ているのか、見抜くのは難しかった。野次馬が三々五々集まりはじめ、雪の中に立って互いに情報の断片をやり取りしている。

彼らは教会がどれくらい燃えやすいのか、広々とした屋根裏のスペースは助けになるか邪魔になるのかについて、推測をめぐらせた。一つ有利な点があるとしたら、梁に栗材が使われていることだ。栗材は火がつきにくい。

「あそこに一本の紐だけで吊るされてる鐘は、たぶん重さ四トンくらいだよ」誰かが言った。

当初、火は対処可能に思えた。一人の消防士が屋根に梯子をかけ、熱を逃がすため長いつるはしで何度も叩いて穴を開けようとした。穴が開くと、燃えている木を先端のフックで引っ張り出し、屋根から下の溝へと落とした。

やがて消防士たちは果てしないモグラ叩きゲームに巻き込まれた。ちらりとでも炎が見えるたびに屋根板や羽目板を引きはがして水を注ぎ込むが、今度は建物の別の場所からまた炎が上がる。

バスケットに乗ったハノーバーの消防士二人がチェーンソーで羽目板を切り取った。中から出てきた熱と煙によって、上方の紫に塗られた窓枠の下部が揺らめいて見える。別の二人が高くまで上げたバスケットに乗り、手袋をした手で鐘楼の鎧戸の小割板をはがすと、すすの粒子の塊が熱気流に乗って上昇した。

ジョン・バビアルツは午後のニュースの取材班に話をした。眼鏡と特大サイズの白いヘルメットは彼を少年っぽく見せたが、それはすぐさま重々しい表情によって打ち消された。彼はわずかな希望の兆しを見ていた。最初は掘削機で教会を壊そうかと考えていたが、今は建物を救うことができそうだと感じている。

ほどなく彼はその場を去り、ロザリー・バビアルッツが消防士たちのためにオレオと水を持って現れた。一人の隣人が誰でも利用できるよう自宅の玄関ポーチにホットチョコレート飲み場を設置した。

昼過ぎ、厨房で遺体が発見されたとの噂が飛び交ったが、当局は認めなかった。警察署長ラッセル・ポイトラス（ケニヨン署長は引退していた）がゆっくり車を走らせていると、レッドマンが声をかけ、署長は車を停めて窓を下ろした。

「何かわかったかい？」レッドマンは尋ねた。

「何も話せないね」ポイトラスが言う。

「誰が遺体の確認をするんだ？」

「それは私の仕事になるだろうな」ポイトラスはそう言って車を出した。

声の届かないところまで署長が離れるやいなや、レッドマンは声をあげて笑った。ポニーテールからほつれた長い髪に雪が絡まる。

「何も話せないだってさ」彼はバカにするように言った。「全部話してくれたじゃないか！」

消防士たちの頭上では小さな灰色の鳥エントツアマツバメが二羽、煙や人のあわただしい動きには無頓着な様子で鐘楼に出たり入ったりしている。

「そいつはジョンの持ってるマネキンじゃないのかな」見物しているリバタリアンが言った。

「いや、違うね」レッドマンが言う。「ついさっきのラッセルの話からすると」

一人の野次馬が歴史的建造物の喪失を記録しようと、自分のジープのインバーターに録画装置のプラグを入れた。

ミルブルック教会の牧師トム・ワーナーがやってきた。彼の会派が教会をコネルに売る前、ワーナーはそこで二二年間を過ごし、牧師として何千回も説教を行っていた。

「ここで指をくわえて教会が燃えるのを見ているのは悲しすぎる」彼はそう言って現場を去った。

夕暮れになっても、まだ鎮火していなかった。消防士たちは大きな照明灯を設置した。光が消防服の黄色と銀色の反射ストライプを照らす。

そして遺体を搬出した。最初、彼らは身元を発表しなかった。

「被害者は男性」肉づきがよくきれいに髭を剃った消防署長代理、キース・ローデンハイザーは言った。

「今言えるのはそれだけだ」

バビアルッが再びメディアの前に立った。口調は冷静でプロフェッショナルだが、雪が積もったヘルメットのバイザーの下の目には苦悩の色がある。肩にさらに雪が積もったけれど、彼はそれを払わなかった。

「お互い助け合って、素晴らしい仕事ができたと思う」彼は依然として明るい面を強調したものの、視線は定まっていない。「建物を壊さずに保つことができた」

ようやく火が消えたときも建物はまだ立っていた。理由の一つは栗材の梁だ。しかし教会は今や水や灰や氷で覆われている。あちこちに穴が開いていて、それを気にしていないのはエントツアマツバメだけのようだった。

火事の一日か二日後、遺体がコネルと確認されると、フリータウンのコミュニティには衝撃が走った。最終的に、死因は煙を吸ったことだと特定された。成人している子ども三人は強い遺憾の意を示し、コネルの体内からは麻薬もアルコールも検出されなかったという捜査官からの情報を公表した。彼の娘はコネルが自殺したのか、殺されたのか、事故死なのか、あるいは神の手による死だったのかを知るため、住民に話を聞いて回った。だが決定的な答えは得られなかった。

三年後、州政府の捜査官はいまだに事件を未解決だと考えていた。消防規則——コネルもフリータウン信者も守っていなかったもの——を順守していたらコネルが死なずにすんだのかどうかはわからない。

コネルと特に親しかったラッセルとキャット・カニングは、失った友人に関する長く心のこもったメッセージを投稿した。フリーダム・フォーラムで時に辛辣な投稿を行うジョー・ブラウンも、コネルの平和への献身について感情をほとばしらせて語った。

「彼は名誉を重んじ、清廉で、節度があり、心優しい人物だった。(中略)我々はもともとほぼ同じほうを向いて歩んでいたので、彼が私の人生を一変させたわけではないだろう。(中略)だが、同じ方向に歩む人間は、道が険しく困難なとき手を貸すことができる。(中略)友よ、君は深く愛されていたし、君を愛した人々からは決して忘れられないだろう」

それは美しい言葉であり、奇癖はあってもコネルが開拓時代の西部にどんどん似てきているグラフトンのコミュニティに安定をもたらす影響力を与えたことを表している。常に平和を求めるコネルの呼びかけがなければ、彼が助けた人々は、乱暴な利己主義の追求を伴うこともある一種の私的正義の行使を自制しなかったかもしれない。

コネルの死の三年後、ジョー・ブラウンは四号線沿いで別の車の運転手と口論になった。双方とも自分の車に幼い子どもを乗せていた。話によると、相手の運転手はブラウンを殴り、ブラウンは相手の腹を銃で撃ったという。
フリータウン・プロジェクトは継続した。

第七章　勢いの拡張

しかしカリフォルニアは既にアメリカ人によって征服されていた。一八四六年六月、戦いが近いと考え、自分たちが攻撃されることを恐れた三〇〇人ほどのアメリカ人入植者は、反乱を起こし、灰色熊の描かれた旗を採用して、カリフォルニアを独立した共和国だと宣言した。

——ジョン・バック・マクマスター、『アメリカ合衆国略史（*A Brief History of the United States*）』（未邦訳）、一九〇九年

コネルが死んだ翌月の二〇一六年二月、ダートマス大学の講師が、ニューハンプシャー州マンチェスターのラディソン・ホテル会議室で、約五〇人のリバタリアンと記者の前で演壇に立った。講師の前髪はマルチーズのようにふさふさし、顔は幼いパグに似ており、細い体にぶかぶかのダークスーツを着ているせいでいっそう少年っぽく見えていた。

「今日は、人類の自由の歴史における最高の日です」聴衆が喝采するあいだ、彼はいったん言葉を切った。「大げさに聞こえるかもしれませんが、私は心からそう信じています」

講師はジェイソン・ソレンス、ケイトー研究所の元研修生で、票を一箇所に集中させることをこの国のリバタリアンに初めて説いた二〇〇一年の論文で知られている。そうすれば、と彼は聴衆に語った。「政

府の最大の役割は個人の生命・自由・財産権を守ることであるという社会の創造に向けて、現実的な最大限の努力を行うことができるのです」

その論文はフリータウン・プロジェクトの生みの親だが、それを書いたとき、ソレンスはリバタリアンを扇動して町を乗っ取らせるつもりではなかった。州全体を乗っ取らせるつもりだったのだ。一〇数年にわたるグラフトンでの取り組みはもたもたしてうまく進まなかったものの、それで彼の熱意が失せることはなかった。

バビアルッツが二〇〇四年にラリー・ペンダーヴィスを消防署に招き入れた瞬間から二〇一六年の平和アッセンブリー教会の焼失に至る、フリータウン・プロジェクトの期間中、ほかのリバタリアンたちはもっと壮大な計画にいそしんでいた。フリーステート・プロジェクトである。

二〇〇三年に始動したプロジェクトは、ユートピア的自由地帯というアイデアをぼんやりした概念から完璧に実行される現実へと開花させることを目論んでいた。ボランティアのグループがリバタリアンたちに、ニューハンプシャー州に移住して州の権力構造や文化を再構築するという真剣な趣意書に署名するよう促した。

計画によれば、二万人が趣意書に署名した瞬間、この構想は〝引き金《トリガー》〟が引かれたことになる。フリーステート・プロジェクトが正確にいつその高い目標に達するか、そもそも達することがあるのかは、誰にもわからなかった。だがいったんトリガーに達したなら、趣意書に署名した者全員が実際に移住することになる。

フリーステート信者たちは参加者を募る中で、ニューハンプシャー州を住むのに理想的な場所として売り込む広告キャンペーンを行った。彼らのメッセージはよくある旅行の宣伝と似たようなものだったが、いきなり右方向に急旋回する傾向があった。

たとえば、フリーステート・プロジェクトのおしゃれなウェブサイトは、ニューハンプシャー州の息をのむような美しい風景、アパラチアン・トレイル沿いの数多くのハイキングスポット、そして、「市民の革命の権利を明確に守り、連邦からの脱退を特に禁止していない」州憲法を誇らしげに紹介した。自由に敏感な人々に訴えるほかの特徴としては、ニューハンプシャー州に数多く存在するガンクラブ、民間の射撃場、黒熊の狩猟機会があった。また、所得税や一般売上税や譲渡所得税がない、自賠責保険を強制したり保険未加入者に罰金を科したりしない国内で唯一の州である、という特徴もある。

こうした議論に支えられた趣意書には抵抗しがたい魅力があった。趣意書への署名は、リバタリアンの州の創造に向けた直接的で具体的なステップ、サイン一つで大きな夢を見られる方法に感じられた。初期の署名者の中には、マリファナの合法化に魅力を感じた人もいれば、戦争反対、税金反対の気運に乗った人もいた。

多くが、警察国家による迫害に個人的な恨みを抱いていた――自分たちは過剰に税金を取られている、過度に規制されている、不当に扱われている。ソレンスは聴衆に、彼自身への迫害は子どもの頃いじめっ子に押されて歩道に倒れ、歯が欠けたときに始まったと話した。彼は、自分がいじめっ子を蹴ったから仕返しに殴られたと書かれた紙に署名を強いられたという。それはいじめっ子の母親が教育委員会に属しているという政治的なコネによって着せられた濡れ衣だった。フリーステート・プロジェクト実行委員長カーラ・ゲリッケにとっては、南アフリカの女子寄宿舎学校での、警察が火炎瓶を爆発させた恐ろしい避難訓練が苦痛の始まりだった。フリーステートに忠誠を誓った者一人一人が、こういう公権力による過剰な行為や迫害のパターンに合致する経験をしているようだった。人々が署名しはじめた——最初は数十人、やがては数百人が。

「雪玉が転がりはじめたのです」ソレンスは言った。

プロジェクトが動きだして最初の数年間、ニューハンプシャー州へと引き寄せられていくリバタリアンが増えるにつれて、州は全国的なリバタリアンのコミュニティの事実上の中心地となった。少なからぬ人々がそこに集まった。バカバカしい交通違反切符や、同情心のかけらもない離婚裁判所判事から課せられた扶養手当の負担や、子どもにとって不公平な学校制度などに苦しむ被害者たちだ。年に一度の自由のフェスティバル、ポークフェストの参加者数は、当初の熱心な創始者数十人から、二〇〇七年には一万にまでふくらみ（その年現地をうろついているのが目撃されたと言われる熊は数に入っていない）、二〇一六年には二万を超えた。ゲリッケはその年のフェスティバルを、世界最大のリバタリアンの集まりと呼んだ。

由来は共通していたものの、フリーステート・プロジェクトはフリータウン・プロジェクトとその性質において顕著な違いがあった。フリータウン信者たちが強引で急進的なのに対して、フリーステート信者たちは垢抜けていて如才なかった。だがリバタリアンが本質的に政治的過激派で、リーダーシップを得たからといって穏健になるわけではない立場にあることを考えると、そういう如才ない態度を貫くのはきわめて難しい。

フリーステート・プロジェクトの幹部は、政治的に問題のあるラリー・ペンダーヴィスとの関係を断つことで、強硬なイメージを和らげようとした。同様に切り捨てられた著名なフリーステート信者の一人はイアン・フリーマンである。フリーマンのプラスの面としては、彼は自由をテーマにした国際的に人気のあるポッドキャストで司会を務め、多くのニューハンプシャー州民を魅了していた。だがマイナス面として、彼は長年、未成年者は同意があれば大人との性的関係を持ってもいいという考えを持っていた。彼がその見解を述べた二〇一〇年の音声記録が二〇一六年に公開されると、フリーステート・プロジェクトは彼のポッドキャストを後援する契約を破棄し、フリーステート・プロジェクトのイベントへの招待を正式に取り消した（それでも彼はリバタリアン界における人気者でありつづけた）。

もう一人、追放に値するとされたフリーステート信者はクリス・キャントウェルである。彼はシャーロッツビルで開かれた二〇一七年の悪名高い〝ユナイト・ザ・ライト〟集会で全国的に知られるようになった。その集会では、白人ナショナリストが松明を持ってデモ行進をし、ユダヤ人についての敵意あるメッセージをシュプレヒコールし、一般人を襲撃し、デモへの抗議者の集団に車で突っ込んで一人を死亡させるという事件まで起こした。キャントウェルは〝泣き虫ナチス〟とあだ名をつけられた。デモ行進者を催涙ガスで攻撃した件で刑事告訴されて泣いたからだ。キャントウェルがフリーステート・プロジェクトから除名されたあと、フリーマンは自分のポッドキャストで彼にインタビューした。フリーマンの主たる結論は、キャントウェルはリバタリアン思想を放棄して独裁的コミュニティを支配したがった、というものだった。それはフリーマンに言わせれば、あまりにも国家統制主義的な考えである。

フリーステートの幹部たちは、フリーマンやキャントウェルのような人々を運動の中心から遠く離しておくよう気を配った。ソレンスの論文の、リバタリアンの州は連邦政府との交渉手段として連邦離脱という脅しを用いるべきだという物議を醸す部分を否定すらした。こうした、運動を社会の主流にしようという種々の努力は実を結んだ。

二〇一六年に演壇に立ったソレンスは、意気軒昂して、一三年間にわたって趣意書を宣伝してきたのち五カ月間で突然二五〇〇名もが新たに署名した結果、フリーステート・プロジェクトの参加者は二万人を超えたと発表した。トリガーは達成された。リバタリアニズムを社会の主流にしようとする多大な努力がついに報われるのだ。

「我々は自由愛好者のニューハンプシャー州への大量移住にスタートの号砲を鳴らしているのです!」ホテルに集まった聴衆は最高の形でトリガーを引かれ、ゲリッケが演壇に上がったときも熱狂は続いていた。

「私たちは、ほかの人々が従うべき自由の狼煙です。フリーステートの未来は最高に明るいのです!」ゲリッケが言うと、さらなる喝采が起こった。「私は断言します。まずはニューハンプシャー州。次は全世界!」

記者会見が終わると、フリーステート信者たちはトリガー後の計画を実行に移した。仲間の理想主義者たちが州に入るための障害物を取り除くべく、幹部たちはありとあらゆる手段を講じた。署名者に誓約を実行させるため、ボランティアによるコールセンターは何百人もにいっせいに電話をかけた。ボランティアのワゴン車は新人を出迎えて引っ越しトラックから荷物をおろすのを手伝い、彼らをコミュニティの人々に紹介した。

フリーステート・プロジェクトに惹かれて既に何千人もがニューハンプシャー州に集まっていたが、

トリガーは運動に新たな活力をもたらし、新しい政治的な味方が何人も現れた。

そういう味方の一人はヴァーミン・スプリームという無所属の大統領候補で、トリガーの直後、リバタリアン党に加入すると宣言した。一九九〇年代から大統領選挙に立候補しつづけているスプリームは、そのトレードマークである外見ですぐに見分けられる。頭にブーツをかぶり、それとバランスを取るように長く白い顎鬚を伸ばしているのだ。

「リバタリアン党は、国家反対、戦争反対、権威反対という我が基本的信条に合致する唯一の政党である」スプリームは述べた。彼の公約とはもっぱら、法律によって歯磨きを強制する、すべてのアメリカ人に無料でポニーを配る、タイムトラベルを研究する、ゾンビによる世界の終末に備える、というものだ。二〇一七年、大統領候補を選出する投票で、スプリームは野心あふれるリバタリアン七人と争った末に三位の八・二パーセントもの票を獲得した。

大統領の地位を勝ち取る望みは依然として薄いものの、フリーステート信者たちはついにニューハンプシャー州の政治における主流の地位を確保した。多くの場合、当選するため民主党員あるいは共和党員として出馬して、州議会で権力と影響力を勝ち取ることができた。トム・プロゼイ、ジェレミー・オルソン、ティム・コンドン、イアン・フリーマンなどは落選したが、ボブ・ハルは共和党員として州議会の議席を獲得し、フリーステート信者たちはいくつかの問題に関して議会での勝利を宣言した。彼らの政策は左翼と意見を同じくすることもあれば、右翼と意見を同じくすることもある。たとえば同性婚の合法化、州予算の削減、学校選択の範囲の拡大などだ。

トリガーのあと、リバタリアンたちはニューハンプシャー州議会で急速に勢いを増した。二〇一七年、三人の若い州議会議員――二人は共和党で一人は民主党――がリバタリアン党に移籍すると発表して会派を組んだ。二〇一九年には州議会におけるフリーステート信者は二〇人を数えるようになっており、多くの教育委員会、行政委員会、地方自治体の委員会にも仲間を送り込んでいた。

フリーステートを推進する新たな議員の支持によって、ニューハンプシャー州議会は装塡した銃を隠して持ち歩くのに許可を不要とし、少量のマリファナやハシシの所持に対する刑事罰も廃止した。また、暗号資産の規制を撤廃し、家庭内での賭けポーカーを合法化し、警察が携帯電話の追跡を行うのには令状を取ることを義務化し、髪のセットに理容師資格を不要とし、花火を合法化し、酒場が醸造酒を作るのを認め、営業利益税を減税し、時代遅れと思われる一六〇〇もの州の規制を撤廃する法案を可決した。

州議会の外では、リバタリアンは永続的な文化的・経済的インフラを構築するべく努めた。ITに精通したメンバーの尽力により、ニューハンプシャーは一人当たりのビットコインの使用が最も多い州となった。リバタリアンは、政府の監視を逃れるよう設計されたインターネットの情報技術を持つLBRYのような事業も始めた（そのプロトコルを開発したのは、グラフトンの消防士で、キャンプファイアー事件のときバビアルッツを弁護した数少ないフリータウン信者の一人、レックス・ベレズニーである）。

さらに、イアン・フリーマンの協力を得て、ラッセル・カニング（その事件でバビアルッツを非難した側の一人）はシャー協会を設立した。協会のプロジェクトの一つは、部分的にはコネルの平和アッセンブリー教会から着想した〝シャー・フリー教会〟の牧師館チェーンを作ることだ。シャー協会のソード教会では、リンゴ酒による聖餐式、プラスチック製の剣による決闘、〝パイの儀式〟といった教会内の活動や、宗教施設の課税免除を求める長々しい法的闘争などの教会外の活動が行われている。

影響力は広がったものの、ニューハンプシャーのリバタリアンは、ある意味では主流の政治団体というラベルを隠れ蓑に、水面下で活動する能力を享受していた。マンチェスターのバー〈マーフィーズ〉を訪れる一般の人々は、店はリバタリアンが経営していて、世界初のビットコインのATMがある場所だということを知らなかった。ある地元の教会の礼拝に行ったらプラスチック製の剣によるチャンバラを目の当たりにするかもしれないことを知らなかった。そして間違いなく、トリガーのあと間もなくグラフトンの熊問題が州全体に広がりはじめたことも知らなかった。

トリガーだけに全責任を負わせるのは不公平だが、二〇一六年が、フリーステートの限界を尊重しつつ熊を管理するという長年の問題にとっての転換点だったことは否めない。隣接するバーモント州にはニューハンプシャー州とほぼ同じ数の熊が棲息し、面積もだいたい同じなのに、熊に関する苦情は半分ほどしかない。

二〇一三年から二〇一五年にかけて、問題行動を示したためニューハンプシャー州魚類鳥獣局が殺した熊は、人家に入り込んだ一頭を含めて全部で六頭だった。ところがトリガーのあと、二〇一六年から二〇一八年にかけては二七頭を殺している。うち人家に入り込んだのは一四頭だった。

しかし、法を無視した熊の餌づけや、またしても起こった干魃によって熊の活動は急激に活発化しており、それを懸念する人々はその程度の殺処分では満足しなかった。彼らは自ら対処に乗り出した。二〇一八年、コーニッシュの町の警察は、デイケア施設の所有者の敷地で暴れていた熊を射殺した。別の町の住民は蜜蜂の巣箱を壊そうとしていた熊三頭を射殺した。魚類鳥獣局の推計では、二〇一六年と二〇一七年に、違法な狩猟、自動車事故、市民による射撃などで、一般人が殺した熊は一二〇頭だった。

二〇一九年、人が熊と間近に遭遇する事件が数件あったため、連邦政府はホワイト・マウンテン国有林内のキャンプ場を閉鎖した。

人間に慣れた熊が、武装しておらず熊に慣れていない人間に出くわすのは、単なる時間の問題に思われた。それがアプリル・ロジャーズの身に起こったのは不運としか言いようがない。グラフトンから三〇キロほど離れた町グロトンで質素な平屋建ての家に住む、七一歳の女性である。

午前一時一五分頃、一人暮らしのロジャーズは台所での物音を聞いた。車椅子で入っていくと、台所にはゴミと熊の糞が撒き散らされており、その糞をした一頭の熊がいた。熊は施錠されていないドアから入ったらしかった。

トレーシー・コルバーンは、熊を見て悲鳴をあげ、熊に危険を感じさせたとして非難された。ロジャーズは正反対のことをした。熊を見ても、車椅子に座ったまま静かにしていたのだ。「私は落ち着いていようとしたわ」のちに彼女は言った。熊が近づいてきて黙って彼女の横に座り、頭を左右に振りはじめても、ロジャーズはおとなしくしていた。彼女は静止したままだった、熊が襲ってくる瞬間まで。

「突然」彼女は言った。「熊が殴りかかってきたの」

トレーシーと違って、ロジャーズには打撃から身を守るため両手を上げる時間もなかった。

「あいつは私の顔をつかんで引き裂いたのよ」

熊はロジャーズの頬と頭皮に大きな裂傷を負わせ、顔の骨を折り、頸椎を砕き、左目をつぶした。

そのあとのことをロジャーズ自身は覚えていないが、血の跡からすると電話まで這っていったらしく、電話は真っ赤な血に染まった状態で発見された。そして、熊が家を出ていったあとなんとかドアを閉めたようだ。

ロジャーズは入院し、回復には一カ月を要した。魚類鳥獣局はただちに行動を起こし、今回もまた、熊も、熊の存在を許した州の政策も悪くないと思わせる説明を行った。

「まず言えるのは」魚類鳥獣局長ジム・ジュノーはある記者に語った。「熊が人を襲うのはきわめて稀だということです。これを熊の襲撃と呼ぶのはあまり正しくありません」

ジュノーは別の記者に向かって、控えめな表現によって罪がないことを強調した。「熊はパニックに陥って反応し、女性は運悪く数箇所に傷を負いました」

トレーシーが襲われたとき通報に応対したのと同じ猟獣監視員は、その家での食料品の取り扱いが不適切だったことを指摘しようとしたが、それは不当な非難だった。

「玄関ドアの横に空の鳥の餌の袋が置いてありました。それから家の中にはキャットフードがあり、熊はそれを探っていたようです」

ロジャーズは庭に鳥の餌箱もバーベキューグリルも置いていなかったにもかかわらず、州当局はその機をとらえて住民にそれらのものを片づけるように言い、「自分の住む地域に熊がいるとわかっている場合は責任ある行動を取る必要がある」と警告した。州当局や自由を愛するコミュニティが、熊の管理という問題に間違ったアプローチを取ったわけではない。ただ、両者のアプローチはまったく両立しえないものであり、どちらの側も反対側に変化をもたらすことはできないのだ。

両者の溝は州レベルにまで広がり、野生動物管理局は許容できる熊の数の上限を引き上げつづけ、リバタリアンは市民の不服従と個人の権利の尊重という文化を押し進めつづけた。その権利には、自宅の裏庭にいる熊に餌をやる権利も撃ち殺す権利も含まれる。さらなる戦いの準備は整ったようだった。さらに多くの熊に死をもたらし、もしかすると人間の被害者も増やすかもしれない戦いである。

トレーシーもロジャーズも、人里離れた町でつましい暮らしをする、社会の主流から取り残された女性だった。どちらも、現状を脅かすような影響力を持つ人間ではない。私は、特権に恵まれて政治的人脈を持つ人々を熊が襲ったらどうなるのかとの疑問を抱いた。

答えを知るのに、そう長くはかからなかった。

第八章　上流社会で熊が暴れたら

最終的に、大衆を納得させるため、その奇をてらった名前は却下され、常識的な名前、わかりやすく説明的な名前が用いられた。おおぐま座は何千年ものあいだ、おおぐま座のまま——熊には見えないまま——でありつづけた。そして人々は四六時中それに文句をつけていたが、それは当然のことだった。だがそこがアメリカ合衆国の所有になったとたん、議会はそれを北斗七星と改名した。今はすべての人が納得していて、暴動の噂は聞かれなくなった。

——マーク・トウェイン、『赤道に沿って』（彩流社、飯塚英一訳、一九九九年）、一八九七年

グラフトンがニューハンプシャー州の手に負えない継子だとしたら、ハノーバーはお気に入りの娘、礼儀正しく広げた手のひらに次から次へとクッキーを置いてもらえる子どもである。およそ一万一〇〇〇人が暮らす魅力的な町は、グラフトンの北約三〇分に位置し、所得レベルはグラフトンより数段高い。町のサッカーママやラケットボールパパ［子どもにスポーツを習わせる熱心な親のこと］や株式資産マネージャーが整備された道路、気配りのできる環境管理者、一〇〇万ドル規模の助成金といった形で恩恵を受けられるよう、政界に人脈を持つ町の役人や代表者が尽力しているおかげで、町は繁栄している。

ハノーバーにはダートマス大学がある。大学では、賞だらけの学部長たちがリボンだらけの卒業生を大量に送り出し、卒業生はツタだらけの母校に寄付をして恩返しすることを目指す。ダートマス大学医学部の研究者たちは、トキソプラズマに煩わされるどころか、その寄生生物を研究して、遺伝的に異なる種々の菌株を分離してきた。

ハノーバーに関して素敵なことの一つは（低額のバイオリンコンサートから歴史あるシャタック天文台の無料公開まで、この町は素敵なことだらけなのだが）、積極的な土地区画規制によって開発と自然の素晴らしいバランスを実現したことだ。学生社交クラブが集まるダートマスの悪名高い地帯では、学生たちによる放埒なパーティを目にすることがある一方、外では鹿の親子がきれいに手入れされた芝生をゆっくり歩いている。豪華な邸宅はコンパクトな住宅地に集まっている。住宅地を取り囲む森林は、アパラチアン・トレイル、コネチカット川、グリーンズボロ・リッジ自然保護区の入念に整備された道などによって、さらに魅力を増している。

ハノーバーのもう一つの天然資源は、町の森の中を蛇行する美しい小川、ミンク川だ。

グラフトンでトレーシー・コルバーンが襲われているのとちょうど同じ頃、一頭の熊がミンク川自然保護区の境界線である険しい土手を登り、ハノーバーの上流階級の鳥の餌箱やコンポスト容器を漁りはじめた。

その熊はハノーバーに棲んでいたため名前を与えられており、その小川を気に入っていたため与えられた名前はミンクだった。ミンクは地元のメディアに大きく取り上げられて有名になった。

食べ残したピザや中華料理の容器の扱いに関して想像どおり無頓着な大学生にあふれた地域においい

て、ミンクはすぐさま、すっかり人間に慣れてしまった。鳥の餌箱を倒した。ゴミ箱に入り込んで中から顔を出し、通りすぎる人間を用心深く眺めた。

ミンクがこれほど大胆になった大きな原因を作ったのは、ミンクが食べるのを見るため食べ物を山と置いた年配の不動産業者である。彼が置いたのは、グラフトンで用いられた安物の穀物やスーパーマーケットのドーナツではなく、黒い殻つきの高品質のヒマワリの種や、ダートマスの教授が食事をするベーカリーレストランで購入したメープルシロップをかけたねじりドーナツだった。だがこのパトロンが二〇一六年に亡くなると、ミンクは困窮した未亡人よろしく三頭の子熊を引き連れ、町の人々を困らせるようになった。

その頃には、ミンクと子熊は、熊による略奪として大目に見てもらえる限度を超えつつあった。食料を探して家々の車庫を出入りした。ミンクは一度、ハノーバー高校のジップライン［滑車でスライドさせて遊ぶため二箇所に張り渡したワイヤーロープ］の下に座り込んで、生徒が頭上を行き交うのを眺めていたことがある。回る寿司をじっと見つめる相撲取りのように。ミンクは犬を襲って重傷を負わせた。子熊の一頭は、既に九歳の女の子が入っていることに気づかず屋外の温水プールに入っていき、女の子は大声で悲鳴をあげ、どちらも無傷のまま逃げていった。

ミンクが裕福な人々を怒らせたことは、激しい憤りやヒステリーを誘発した。ハノーバーのエリートたちは、熊が人間に無礼な行動を取ったことに憤慨し、一方その他の人々は、罪のない野生動物に向けられた憤慨に対して憤慨した。憤慨のサイクルが募るにつれて、一部の人々は、地表を這う低級な人間からは見えないほどの高みから相手を見下ろすようになった。

だが、憤慨した人すべてが理解していることが一つあった。絶対にミンクに関してなんらかの手を打つ必要がある、ということだ。要望に応じて魚類鳥獣局は対策に乗り出した。

二〇一七年、二頭の子熊がハノーバーで人家に入り込んだ事件が起こり、ニューハンプシャー州専属の熊生物学者アンドリュー・ティミンズと猟獣監視員たちは、熊の一家を捕獲して安楽死させようと罠を仕掛けた。安楽死の計画を発表したティミンズは、熊はひとたび人間に慣れると略奪の習慣を捨てるのはきわめて困難だと説明した。「熊の行動がある点に達したら、再び野生に戻るのは難しいのです」

充分理にかなった説明ではあったが、それは予想どおり激しい怒りを呼んだ。

熊の安楽死というのは、慢性的な資金不足のため野生動物管理の闇の中で考案された手法だ。それを誰もが気に入らなかったのは理の当然である。そしてハノーバーの人はこれまでただの一人も、熊を殺すという倫理的な暗闇の存在に気づいていなかった。

医師たちはすぐさま地域の新聞に熊の助命を求める投書を行った。同様の嘆願はダートマス大学の人気あるウェブサイトやさまざまなメディアにも登場し、〝ミンクを救え〟という二つの別々の請願は一万三〇〇〇筆近い署名を集めた。

グラフトンの世論は、熊を射殺すべきか射殺すべきでないかで割れていた。ハノーバーでも対立は起きたが、その内容は違っていた。町当局が多額の金を費やしてミンクの行動を改めさせることを求める人もいれば、町当局が多額の金を費やしてミンクと子熊を捕獲して別の町に移住させることを求める人もいた。

いかにもハノーバーらしく、両者とも求めるものを得た。

エリートたちが自分に都合のいいように政治を操る中、州知事クリス・スヌヌも対立に参加した。州専属の生物学者による専門的な意見に反して、熊を生かしておく計画を考えるよう魚類鳥獣局に命じたのだ。

そうして五月末の戦没将兵記念日の週末、捕獲された一歳の子熊三頭が、ニューハンプシャー州北部、カナダと国境を接する田舎町ピッツバーグに移送された。一方ミンクは、つがいの相手を見つけるためハノーバーから姿を消した。

人々の怒りはいったんおさまったが、二〇一八年の春にミンクは再び町に現れた。今度は四頭の新たな子熊を連れている。ミンクはすぐに、また鳥の餌箱やゴミ箱を漁りはじめ、子熊に略奪の方法を教えた。今までに増して安楽死が強く求められるようになったが、それが実行される見込みがないことは最初から明らかだった。

憤慨したハノーバー住民は、どうすればいいかを知っていた。もっと金を使うことだ。

というわけで、二〇一八年、ハノーバーの消防署長マイク・ヒンスリー、ティミンズ、アメリカ合衆国農務省熊管理局の役人による合同チームは、ミンクを鎮静剤で眠らせ、その一挙手一投足が追跡できるよう無線追跡用首輪と明るい色の耳標をつけた。

いくつかの住宅地帯は自警団のようなものを設立した。取り締まる対象は犯罪行為ではなく、鳥の餌箱や乱雑なゴミ置き場だ。ミンクが目撃されたら、ハノーバー当局は〝緊急事態警報〟を住民に一斉メールして、熊を引きつけるものに対するいっそうの注意を促し、ダートマス大学も同様のメッセージを学生に送った。住民は、バーベキューグリルを屋内に片づけ、鳥の餌箱を下ろし、ゴミ箱は前夜から出しておくのではなく自治体のゴミ収集トラックが来る朝まで保管しておくようにと言われた。こうした命令に違反した罰金は五〇〇ドルだった。町は住民に、防熊処置を施した二八〇ドルの生ゴミ容器の購入を推奨もした。

ヒンスリーはミンク抑止運動の窓口になった。勤め先の『バレー・ニューズ』紙から派遣された私は、ヒンスリーの車に同乗させてもらった。彼のSUVは住宅街の道路を行き来して、人間の食べ物が置かれていないか確認し、ミンクの最新の動きについて外を歩く人々と話をした。

彼はある地点で車を停め、アンテナと方向追跡装置をセットした。装置はさまざまな速さと強さの音を出して、ミンクの場所をリアルタイムで特定する。

ミンクが人間の居住地域に入り込むたびに、ヒンスリーは、熊にささやく男ベン・キラムに教わった方法を用いてミンクに立ち向かう。目をそらさず、きっぱりとした口調で話しかけ、熊のほうに歩いていって、自分が優位であることを示すのだ。結局、ミンクは人命を危険にさらしかねない不品行を続けた末、六月に捕獲され、三〇〇キロ以上北に移送された。子熊四頭は、キラムの運営する熊リハビリテーション孤児院に連れていかれた。

グラフトンにおける熊の扱いはまったく違っていた。ハノーバーで熊の命が脅かされたなら、州政府はなんとしても熊を見つけ出し、住民の望みに従って対処しようとする。グラフトンで熊が女性の命を脅かしても、州政府はあまり身を入れて捕獲しようとはせず、そのうち事件は世間から忘れ去られる。

アンドリュー・ティミンズは私とやり取りする中で、州政府による熊の管理体制は熊が人間や犬に実害を負わせた事件への対処を優先するようになっていないことを認めた。

「我々はこのような事態を〝熊の攻撃〟と呼ぶことにためらいを覚える。そういうふうには考えていないからだ。しかし、熊と人間とが物理的に接触するのは異例のことなので、そうした事象は記録に残しておくべきかもしれない」

ティミンズは私の質問に答えて、熊の〝攻撃ではない接触〟を記録する専用の書式を作るつもりだと述べた。

「私がこういう書式をなかなか作らなかった理由の一つは、多くの人が熊を乱暴な襲撃者扱いしたがるようになるのを恐れたからだ。事実はそうではない。私の経験では、熊と人間が接触したとき、たいていの場合は人（犬を連れていることが多い）のほうが、熊を差し迫った危険を感じる状況に追い込み、熊は自らの身を守るため反応（叩いたり殴ったり）するのだ」

ティミンズはまた、トレーシー・コルバーンに関する記録がないのはデータの取り方にも関係していると言った。データは、熊との衝突を和らげるために取られた行動を記録するよう設計されており、ある特定の衝突の激しさを記録するものではないという。さて、驚くべきことに、ハノーバーでのミンクの冒険は終わっていなかった。無線つき首輪の記録によると、ミンクは二〇一九年、一六〇〇〇キロ以上を歩き、コネチカット川を渡るという遠回りをしてハノーバーに戻ってきたという。その話は全国ニュースになった。

「あたし、帰ったわよ、みんな」ミンクは言った（彼女の名前によるツイッターのアカウントより）。「ドーナツ、どこ？」

ミンクが長旅を終えて帰郷したあと、人々はまた大変な騒ぎが起こるのを覚悟した。ところが意外にも、今回ミンクは人間に対して異常な行動は見せなかった。旅をする月日で、ピザクラストよりもドングリを優先する原始的な食事を好むようになったらしい。

ミンクの物語は一つの事実を示している——市民の関心が強く、熊を誘引する食べ物に関して最善の対策が積極的に実行され、政府にやる気がある場所では、人間に慣れた熊についての最悪のシナリオも最後には八方丸くおさまるように解決できる。

問題は、すべての場所で、州や地方自治体の役人がそういった努力をできるわけではないことだ。それができない以上、熊に対して効果的な措置が取られるのは、選ばれたエリートがいる場所だけなのである。

第九章　実験の終わり

俺はもうおしまいだ。
［熊に追われて退場］
――ウィリアム・シェイクスピア、『冬物語』（筑摩書房、松岡和子訳、二〇〇九年、ほか）、一六二三年

その瞬間を目にした人はいなかったものの、フリーステートを生み出したトリガーは、フリータウンにとっては弔いの鐘になった。

一二年前に抑えきれない楽観主義と熱狂でグラフトンに移住したリバタリアンたちは、既にさまざまな悩みを抱えていた。バースキーのキャンプファイアー事件の頃に表面化した内部対立は続いており、人々は派閥に分かれ、以前は楽しく旗を燃やしたりお祭り騒ぎをしたりした雰囲気にも緊張が生まれていた。もう一つの問題は、プロジェクトで大きな影響力を持つ人が次々と死んでいたことだ。二〇一二年、リバタリアン運動はロイド・ダンフォースを失った。コネチカット州ハートフォード出身の堅固な自由主義者で、グラフトンの登記官という職を得ていた人物である。コネルは二〇一六年の火事で亡くなり、二〇一九年初頭にはグラフトン最大の地主で州議会議員のボブ・ハルが癌のため没した。

しかし、フリータウンのエネルギーを奪った最大の加害者はフリーステートだった。リバタリアンの

ユートピア建設を望む人々にとって、グラフトンは一時期、世界で最も際立った重要な地点だった。ところがトリガー後、グラフトンは州内の多くの選択肢の一つにすぎなくなった。

新たなフリーステート信者が、グラフトンを通り過ぎて人口二万三〇〇〇人の都市キーンのような場所を選ぶようになったため、移住者は入ってこなくなった。キーンの固定資産税率はグラフトンの三倍で、しかも制約の多い土地区画条例があるにもかかわらず、リバタリアンすらキーンの持つ魅力に引きつけられたようだ——野球チーム、テニスコートやバスケットボールコート、野外音楽堂のある緑地、遊び場、再建された歴史あるコロニアル劇場、手入れの行き届いた公園、にぎやかな商店街。すべては、税金によるしっかりした行政サービスに下支えされている。

イアン・フリーマン率いる〝フリー・キーン〟信者たちは、毎日午後四時二〇分に公の場でマリファナを吸ったり、違反切符を切られないようパーキングメーターの硬貨投入口にコインを詰まらせて駐車違反監視員を困らせたりして、新聞の見出しを飾った。

そういうバカげた行為によって、注目はキーンに移った。取り残されたグラフトンに、もはや発表すべき壮大な計画はなく、フリータウン信者が現れて年次町民集会を一二時間の試練に引き延ばすことはなく、自由と管理に関する喧嘩腰の質問に応対する町の書記官にビデオカメラが向けられることもなかった。

人々が荷造りしてグラフトンを去ったあと、彼らに取って代わる新たな移住者は現れなかった。頑固な信者は残ったが、彼らの大半はグラフトンの一般の人々と同化した。二〇一六年の大統領選挙で、リバタリアンの候補ゲーリー・ジョンソンに投票したのはたった三三人だった（残りの人々は三六七対二九七でヒラリー・クリントンよりもドナルド・トランプを好んだ）。

リバタリアンの存在感が薄れると、町は静かになった。

新たに生まれた静寂の中で、アメリカ初のフリータウンの生き残りはダメージを見積もるしかなかった。どんちゃん騒ぎのハウスパーティの翌朝目覚めて、パーティが行われたのは自分の家だったことを思い出してぞっとするようなものだ。

二〇一九年のある早朝に車でグラフトンに乗り入れた私は、少し時間の余裕があったので、フリータウン時代にもたらされた変化を見て回った。四号線を南に向かい、平和アッセンブリー教会の前を通り過ぎる。教会には雨水の九〇パーセントを止める防水シートがかけられ、唯一の生命の兆候は鐘楼を離れて建物の内部に自由に出入りしているエントツアマツバメだった。

教会から道路を挟んで向かい側にある手作りの広告掲示板は、グラフトンの最も目立った天然資源であるラグルズ・マインに訪問者を誘導している。二一五年間の操業中、この採掘場からは三〇〇〇万ドル相当の鉱物が産出され、一九六〇年代には田舎町には不釣り合いな観光地としてグラフトンの頼みの綱となった。だが二〇一六年、ラグルズ・マインは閉鎖されて売りに出されたという記事が地元紙に掲載された。この悲しいニュースは「マインはあなたのものに〔「採掘場」〝mine〟を「私の」「もの」の意味とかけている〕」という気の利いた見出しによって幾分和らげられた。車で前を走るとき、広告掲示板に留められた「売物件」という色褪せた看板すら寂しげに見えた。

私は四号線をさらに南へ向かった。雑貨店を通り過ぎる。ここは二〇一八年に完全閉店し、もう〝レギラー〟ガソリンを売らなくなった。店は無人で、残っているのは忠実な顧客である綿埃、鼠、蜘蛛だけだ。

地味な存在ではあったが、ラグルズ・マインと雑貨店はグラフトンにおける二大雇用主だった。こうしたものが閉業したら、たいての町は打撃を受けるだろう。ところがグラフトンで仕事を探している人間はごく少数のようだった。二〇一八年、町の役人は途方に暮れていた。除雪や道路整備のために道路管理局で雇う人材が見つからなかったのだ。

でこぼこの砂利道を特に目的もなく車を走らせていると、グラフトンで「売物件」の看板がかかっている不動産はラグルズ・マインだけでないことがわかった。同じような看板が多くの庭に立っている。針金の枠の上には、カナンなどもっと裕福なコミュニティの不動産業者が得意げににやにや笑う顔が掲げられていた。国勢調査によると、グラフトンの住宅八〇〇軒のうち三分の一近くは空き家で、人口は二〇一〇年から二〇一七年までのあいだに微減したという。

私はスラブ・シティのバビアルツが住む小さなレンガ造りの校舎を過ぎてディーン・ロードで曲がり、ダニー・クーターマーシュという男性の家の前を通った。二〇一七年一〇月、州警察隊がここを家宅捜索し、前科があるため所持を禁じられている二ダース以上のナイフと、前科の有無にかかわらず所持を禁じられているウージー小型機関銃を発見した。

機関銃は驚くべき発見だったが、ニューハンプシャー州で機関銃を所有する人口の割合の多さを考えると、完全に予想外だったわけでもない。

石や木の枝が散乱する未整備の砂利道を進んでテント・シティまで行く。かつてアダム・フランツはここで、リバタリアンの社会で熊がどんな運命をたどることになるかを詳しく説明してくれた。

「いずれにせよ、いいことじゃない」あのとき彼は言った。「人が狩りをしてこの地域の熊を絶滅させるか、それとも人が餌をやるのを放置して熊が過剰なほど増えるか。二つに一つだ」

サバイバリストの社会を作るというフランツの計画は、熊の活動によって頓挫させられた。彼のジャッジも爆竹も熊を効果的に抑制することができなかったため、サバイバリストたちは、もっと思いきった行動を取るべきだと判断した。

テント・シティの無政府共産主義者たちは、熊を遠ざけるため大きく立派な壁を築くことにしたのだ。アメリカ合衆国の南の国境におけるドナルド・トランプの取り組みを連想させる行動である。

彼らは金網フェンス、パレット、その他の建築材料の切れ端をかき集めて作業にかかった。見張り番をするカカシの向こう、土手を下りたところに、彼らの森での労働の成果が見えた。テント・シティの中心にある小屋はすべて柵で囲まれている。理論上、その柵は熊が内部の人間に接触することを防止できる。金網フェンスのところどころにＢＢ弾を詰めたジュースの缶が置かれていて、熊が夜中に壁を乗り越えようとしたら大きな音が鳴るようになっている。皮肉なものだ、と私は思った。人々は究極の自由を求めてこの森に来たはずなのに、政府に与えてもらえない多少の安心感を得るため、原始的な要塞の中に自らを閉じ込めたのだから。

居住区域は壁で囲まれているが、サバイバリストたちがなんらかの方法で蓄積してきたガラクタ――ローンチェア、バケツ、自動車の部品、縄で吊り下げられた防水シート――は壁の外に散乱している。以前、そこは自然に回帰したキャンプ地に見えていたが、今は竜巻が物置小屋を吹き飛ばして中身を森にぶちまけたかのように見える。

見えないのは人間の姿だ。フリータウン・プロジェクトを蝕んだ潮流は、テント・シティをも蝕んでいた。

二〇一六年頃、フランツの自由に満ちた人生は、現実と衝突していろいろと不都合を生むようになった。勉強熱心な彼は図書館の理事に選ばれたが、彼特有の奇癖のせいで、学習への献身でも緩和できないほど多くの摩擦を引き起こした。彼が図書館で居眠りしていると苦情を述べる人が出てきた。二〇一七年一一月半ば、彼は飲酒・薬物影響下での運転により摘発され、二〇一八年二月に罪状認否のため出廷しなかったので免停処分を言い渡された。数カ月後、フランツは正式に理事の職を辞し、ほどなくテント・シティを出てグラフトンから去った。

テント・シティから離れるとき、私はここがこんなみじめな状態になったのを見て少し悲しくなった。その後、まだ数人があの地で隠れ住んでいるという話を耳にした。けれどもフランツは消え、ほかのキャンプとの相乗作用は消え、焚き火も夜中の浮かれ騒ぎも消えた。テント・シティは事実上消滅し、再び森にのみ込まれるのを待っている。

時間がなくなったので、私はさらに多くの「売物件」の看板を横目で見ながら四号線に戻り、老朽化した町役場を通り過ぎた。そして目的地の外にある三つの駐車区画の一つに車を停めた。グラフトン公共図書館だ。毎週水曜日の午前中三時間だけ開館している。小さな建物の南壁沿いには、町が九年前に中古で購入して修繕した、ひび割れだらけの仮設トイレが置かれている。

おそらく図書館は、住民に文化や教育やコミュニティに関して前向きな希望を持たせる存在だったのだろう。町民のホームスクーリングを手伝い、冬のソリ滑りパーティやジンジャーブレッドハウス作りを催した。住民はほかに行く場所もないので、立ち寄ってインターネットにアクセスしたりジグソーパズルを借りたりし、その日のニュースについて話し合い、毎週水曜日の朝に必ず出されるケーキを食べた。ケーキを焼いたのは図書館司書の姉オンシンだ。南北戦争を再現する劇を演じる仏教徒で、自分はハロウィーンで仮装してお菓子をねだりに歩く町で最高齢の人間だと私に言ったことがある。要するに図書館は、コミュニティを一つにまとめて住民を幸福にするような、二〇一九年のベイラー大学の調査が税金による〝虚飾〟と表現したものだった。だからこそ、ある町民集会で公共心のある住民スー・ジュコスキーは図書館を「コミュニティの心であり魂」と呼んだのである。

図書館に入っていくと、司書で郵便局長も務めるデブ・クラフが出迎えてくれた（ジェシカ・スールがポーチから出ずにすむよう郵便を玄関まで届けることを承知したのと同一人物）。

フクロウのような丸眼鏡を除けば、クラフはあまり典型的な司書ではない。がさつで下品、無遠慮、そして愛想がよく、あらゆる話題について大声の早口でしゃべって図書館の狭い空間にエネルギーをあふれさせる。コミュニティの催しの熱狂的愛好者でもあり、二〇一八年のクリスマスツリー点火セレモニーが停電で中止の危機にさらされたときは自分の発電機を持ってきてその場を救った。

フリータウン・プロジェクトの創設者たちが初めて町に来たとき、彼女はすぐさま国家統制主義者というレッテルを貼られたという。

「噂によれば、私は反フリータウン運動のリーダーで、図書館に作戦本部を置いていたらしいわよ」

一般に、リバタリアンは公共の資金による図書館を是認しない。クラフが国家統制主義者との烙印を押されたせいで、フリータウン時代に図書館が苦しむ運命に陥ることはほぼ確実だった。図書館についてバビアルツに尋ねると、彼は顔にしわを寄せた。

「図書館は役に立ってるか？　まあ、そうかもな。だけどインターネットがあれば、キーボードさえ使えりゃ俺は世界じゅうの知識を得られる。消防署より図書館に多くの金を使うべきか？　そうは思わない。優先順位ってもんがある」

図書館は一九二一年にわずか四〇〇〇ドルの費用でほとんどコンクリートブロックで建てられたが、いくつか素晴らしい建築上の特徴がある。堅木の床、羽目板、上部の壁と天井のプレス加工したブリキなどだ。残念ながら、一〇〇年前に建てられて以来あまり大きな改修はなされていない。石壁にはひびが見えるし、煙の漏れる煙突、崩れかけたスレート屋根、水があふれやすい地下室などで図書館が悩まされていることは知っている。

カナンは毎年図書館に一六万ドル、隣接する町エンフィールドは一八万ドルを費やしているのに対して、グラフトンの図書館が得ているのは現金二万ドルだけ――そして果てしない不平不満の数々である。

しかし、図書館のサポーターがちゃんとした図書館を建てたり資金を増やしたりするための努力をするたびに、彼らは石のように硬い壁にぶつかり、リバタリアンと税金に敏感な町役人の両方から無礼な言葉を浴びせられる。ある町民集会で、州法は公共図書館の労働者に賃金を払うよう義務づけていると言われたジェレミー・オルソンは、図書館は職員に時給一ドルを払うことで州法の定めをうまくかわすという真剣な提案を行った。別の反図書館論者は、図書館のフリーＷｉ－Ｆｉのせいで町は著作権侵害の容疑をかけられていると言った。

町の指導者層も助けてくれなかった。町の各局の予算を一律に少し増額した二〇一〇年の町の予算は、図書館にかけるべき費用をほかに回していた。また、行政委員会は図書館の理事たちに、年一回のガレージセールのための物品を町の共有保管庫に置くのをやめるよう指示し、その代わりに湿っぽくて隙間のない地下室に保管することを勧めた。そして二〇一八年六月、図書館に障碍者用スロープがないことに関する長々しい議論の末、バビアルツはアクセス手段の欠如を理由に図書館を閉鎖させた（スロープが設置されたあと再開された）。

それでも図書館は頑張っている。私は席についてケーキを食べ、ノートパソコンのコンセントをつなぎながら、ひょっとするとこの公共図書館はグラフトン復興の中心になれるかもしれないと考えていた。ここでは、本と友愛に守られて、市民の誇りという小さな炎が明るく燃え、いつの日か町の衰えたインフラを立ち直らせて四方から迫り来る荒野を押し戻す気運を養ってくれるのではないだろうか。

クラフは、最後の嵐が衰えた今、図書館の将来は明るくなるとの希望を持っている。フリータウン時代は終わった、と彼女は言った。

「この二年ほどで、多くのリバタリアンがいなくなった。八〇年代に統一教会信者がいなくなったみたいに。私たちは、あいつらを嚙み砕いて吐き出した。グラフトンはそういう町なのよ」

第一〇章　もうドーナッツはあげない

獅子は誰にその優しい顔を向けるのか？

棲み処を奪おうとする獣にではない。

森の熊は誰の手を舐めるのか？

目の前で子熊を襲う手ではない。

——ウィリアム・シェイクスピア、『ヘンリー六世第三部』（筑摩書房、松岡和子、二〇〇九年、ほか）、一五九一年

二〇一七年のある夜、ベレッタはドアのあたりで物音を聞いた。誰かが押し入ろうとしているようだ。彼女は使いやすくておしゃれな一六口径のベレッタを手に取り、侵入者を撃ってやろうと身構えた。ところが音はすぐにやみ、彼女は眠りに戻ろうとした。翌朝外に出てみると、玄関前の通路に足跡があった。

《まあ、大変》ベレッタは思った。《ビッグフットが玄関まで来てたの？》

彼女の子どもたちは、いまだにそのことで母親をからかう。ビッグフットじゃないことくらいわかっていた、とベレッタは言う。ビッグフットではないとわかっていたことが私にもわかるよう、彼女はその点を強調した。

「最初は、謎を検証する番組で紹介されるようなものかと思ったのよ。ほら、あのバカバカしいバラエティ番組によく登場するたぐいのやつだと」

その前足の跡からは、熊が家の周辺を歩き回っていて、玄関前と通用口の外で立ち止まっていたことがわかった。

ベレッタはポイトラス署長に電話をして苦情を言った。

普通、ポイトラス（熊猟師でもある）は、鶏小屋や蜂の巣箱や家畜小屋を襲う習慣を除けばグラフトンの熊に問題はないと主張する。二〇一五年の夏、ポイトラスが自宅の裏庭に水泳プールを設置しているとき、音がしたのでテラスの向こうを見てみると、熊が塀の後ろからこちらに向かってきていた。だがポイトラスには、その熊は危険そうに見えなかった。結局彼と妻は、熊が私道でのんびり歩くのを見つめるだけで終わった。

「とてもおとなしい熊だったよ。人間を見てもくつろいでいた」

しかし、こういった遭遇こそが、ベレッタに暗い思いを抱かせ、熊の敷物を妄想させているのである。彼女がポイトラスに電話をして〝間違いなくビッグフットではないもの〟が玄関ドアを探っていたと文句を言うと、彼は自分にできることは何もないと答えた。

私が初めてドーナツ・レディに会ったのは、彼女が魚類鳥獣局の訪問によって結論を出したあとだった。

最初私は彼女の家の前を車でゆっくり走り、双眼鏡で森の様子を窺った。時刻は朝八時頃。それが朝の餌やりの時刻だと聞いていたのだ。

だが、何も見えない。

ドアをノックするには早すぎると思ったので、一〇時頃また戻ってきた。グラフトンで玄関ドアをノックするとき、私はドアが開くたびに反射的に緊張するようになっていた。いつ例の〝友好的アドバイス〟をされることになるのかわからない。

だが今回、ドアが開いて現れたドーナッツ・レディは、おとぎ話の妖精のように親切そうだった。家に入れてもらって猫たちを紹介されると、私はほっとした。猫は友好的だが、アドバイスはしない。

ドーナッツ・レディは、グラフトンの熊たちとの長年の友好関係の証拠をたくさん見せてくれた。これは子熊がパラボラアンテナのところまで登った木。あれは二箇所の給餌場。何年にもわたって熊が歩いたせいで、草はぺちゃんこになっている。彼女は熊の写真を載せた手作りカレンダーを渡してくれた。写真のほとんどは夫が撮ったものだ。

「今年、夫は熊の一頭にダース・ベイダーと名づけたの。それからこっちは、夫がミスター・ビッグスタッフと呼んでいる熊。前はミセス・ビッグスタッフだと思ってたんだけど」

けれども、ドーナッツ・レディが見せてくれなかったものが一つある。実物の熊だ。

具体的な餌やりの方法について私が尋ねると、彼女はニューハンプシャー州魚類鳥獣局の話を始めた。多くの人と同じく、彼女もその役所を「F・アンド・G」と呼ぶが、ちょっとひねりを加えた発音をしていて「エフィン・G」［〝effin〟は「クソッタレ」という悪態］に聞こえる。

「エフィン・Gは私を攻撃に来たのよ」というように。

二〇一六年九月の労働者の日に起こった出来事を誘発したのがなんだったのか、彼女にはいまだによくわかっていなかった。午後四時の熊の餌やりを終えたあと、ドーナツ・レディはドアのノックに応答した。すると、ポーチには制服姿の猟獣監視員が立っていたのだ。

彼は熊の給餌について質問したが、その答えは既に知っているようだった。ドーナツ・レディが州の迷惑防止法違反により起訴される可能性があると言い、その法律をプリントアウトした紙を手渡した。

彼が現れてから、ドーナツ・レディはそのとき初めて口を開いた。

「あなたを雇う予算なんてカットすればいいのよ」

監視員が去ったあとも、ドーナツ・レディは赤の他人にずかずか家に入ってこられて非難されたと感じて、怒るとともに動揺していた。ポイトラス署長に電話をしたが、署長は自分にはどうしようもないと告げた。

ドーナツ・レディが特に腹を立てていたのは、グラフトンと州のエリートに適用されるダブルスタンダードだ。

「ハノーバーの人と話してみるがいいわ。あそこでは恐ろしいことが起こってるのよ。でも、公衆に迷惑をかけたとして人を脅したりしてない。どうしてかしらね」

熊に餌をやるのをやめるようドーナツ・レディを説得したのは、彼女の弁護士だった。連絡を受けた弁護士は、熊の餌やりの合法性はグレーゾーンだと言ったあと、彼女の良心に訴えたのだ。

「つまり、誰かが熊のせいで怪我したらどうするのか、ということ」

野生の熊のいる中で転ぶことは怖くなかったものの、刑事訴追を受けるかもしれないという危険に彼女は怯えた。フリータウン時代は終わろうとしている。法と秩序が町を侵食しはじめていた。だから翌朝、ドーナツ・レディは家にとどまり、外で彼女を待っている腹を空かせた熊のことを考えずにいられるよう用事を見つけようとした。

「あれは、そうね、ひどい日だったわ」

気分は最悪だった。彼女は外に目をやろうともしなかった。おそらく外では、熊たちは期待してしばらく待ち、そのあと近所へ行ってバーベキューグリルやゴミ箱を倒したことだろう。

「というわけで」ドーナツ・レディの目の周りのしわに薄い涙の跡が現れる。「それでおしまい」

「悲しかったですか?」私は尋ねた。答えがイエスなのは明らかだが、私は彼女が悲しみの深さを伝えることを何か言ってくれるのを期待していた。

「そうよ」ドーナツ・レディが言う。

もう一度。

「そうよ」

さらに二度。

「そうよ。そうよ」

辞去するとき、私は気分を明るくするために世間話を始めた。彼女は玄関まで見送りに出た。「餌やりをやめたあと、熊たちはあちこちでゴミを漁っていると聞いたわ。だけどここには戻ってこないの」彼女は少々残念そうに言った。

私が車に向かうとき、彼女はじっと玄関ポーチに立っていた。他人が家に来ることについてグラフトンの住民が非常に敏感なのを知っているので、私は言った——今朝早く彼女の家の周りをうろついている人間がいたと言われても心配しなくていい、それは私だったのだから、と。

彼女の口調が少し明るくなった。人が家に来ることを心配してはいない、と言った。

「何かあれば銃を持ち出すから」彼女は陽気に言って手を振った。

第一一章　覚悟の旅立ち

見せ物で見た哀れで落ち着きのない白い熊がそうだろうとよく思ったんだけど、私もそうなの。熊は、あの狭い檻の中でバカみたいに行ったり来たりする習慣がついてしまったから、もし自由になっても、そうしつづけるんじゃないかと思ったのよ。かわいそうだけど、不幸って癖になってしまうのよね。

——ジョージ・エリオット、『フロス河の水車場』（文泉堂出版、工藤好美訳、一九九四年）、一八六〇年

人生は悪いほうに向かっていたが、それでもジェシカ・スールはグラフトンを愛していた。人を雇って診療所まで車を運転してもらうとき、トラックの窓から見える森や小川、統一教会での生活を思い起こさせる名残を見るのに飽きることはなかった。

「ここまで生きられたことを喜ぶべきなんでしょうね。だけど本当のところ、誰だって死にたくないのよ。みんなもっと生きたがっているわ」

ある日、スールは車椅子で玄関ポーチまで出て熊がいないかさっと確認し、スロープを下り、郵便受けを過ぎ、私道に停めたトラックへと向かった。普段、ここまで出てくるときは、介助者がトラックの高い座席に乗るのに手を貸してくれる。しかしこのとき、彼女は何をするつもりか誰にも話していなかっ

た。

「バスの前に飛び出す気分でないなら、生きつづけたいということよ。そして私は、バスの前に飛び出すことなんて全然考えなくなっていた」

スールは運転席側のドアを開けて手を上に伸ばし、ハンドルをつかんだ。車椅子から出て体を持ち上げ、運転席につく。心臓は激しく打っていたが、体を動かしたからではなかった。

「死ぬほど怯えていたの」

スールは決断を下そうとしていた。グラフトンでの将来を考えたとき、急速に体が衰えて死ぬことが予想できた。だが引っ越したなら、まだ残っているわずかな友人やその家族とのつながりを絶ち切ることになる。買い物したり診療所に行ったりするのを手伝ってくれる人々だ。別の場所に移るつもりなら、自分で運転できなければならない。

キーを差し込んで回すとエンジンがうなりをあげ、モーターは走り出そうと身構えて緊張しているサラブレッドのごとくぶるぶる震えた。

右脚は弱りすぎていてブレーキを押さえておけないので、安全にギアを入れることすらできない。彼女はもう一度ハンドルを握り、トラックの中央へと体を寄せた。右脚よりは強い左脚にぐっと力を入れてブレーキを踏み込み、ギアをドライブに入れる。息を詰めたままブレーキから脚を離すと、トラックはガクンと前に進み、私道からワイルド・メドウ・ロードに出た。何年も前、教会のサマーキャンプに参加するために初めて通った道だ。

何年ぶりかで、スールは自力で動ける興奮に浸った。

《私はまだ運転できる》私道に戻りながら考える。《どこにでも行ける》

家に帰ると、彼女はあちこちに電話をかけ、猫たちを引き取ってくれる家を探した。最後にスールがワイルド・メドウ・ロードを離れたとき、運転したのは彼女ではなかった。一緒に行ってくれる女性を雇っていた。二人は四号線から州間高速道路八九号線に入り、九一号線を南に、その後西へ向かってニューハンプシャー州を出た。

グラフトンがどんどん遠ざかるにつれてスールは不安を感じたが、それでも進みつづけた。西へ、ニューイングランドを離れて西へ、果てしない平原グレートプレーンズを横断して、さらに先へ。

精力的な運転手なら一日に一五〇〇キロは走れるだろう。けれどもスールに旅はきつく、二人はその半分くらいしか進めなかった。食事のため途中何度か車を停め、夜には安ホテルに泊まった。結局、六日間かけて四三〇〇キロを進んだ。新居——以前兄が所有していたアリゾナ州の家——に到着したときには、スールは疲れ果てていた。

介助者は持ち物を家に運び込み、翌日飛行機でニューハンプシャー州に戻った。一人になるやいなや、慣れない新居は静寂に包まれた。あらゆる窓から差し込むように思える不自然なほど明るい日光のせいで、静寂はますます際立って感じられた。

それから一、二日のあいだは、箱の中身を台所や寝室に運び込んで忙しく過ごした。あまり多くの荷物は持ってこなかったので、荷ほどきにそれほど長くはかからなかったが、皿を食器棚に並べたり細かなものを棚板に置いたりという作業をして楽しもうと努めた。時々は高いところに手を伸ばすため車椅子から降りて歩行器を使った。とはいえ、すべての作業は屋内で完結した。

スールとグラフトンの荒野との距離は何千キロも空いたが、結局のところ荒野というのは地形であると同時に心の状態でもあることがわかった。孤独に過ごしている限り、荒野は勝手に彼女の周りを取り囲む。日が経つに従い、メッキ加工の玄関ドアノブにはうっすらと埃が積もりはじめた。アリゾナの土や大昔に燃え尽きた隕石の微粒子、スールの服や毛布の羊毛や化学繊維の柔らかな切れ端などだ。スールは埃を無視した。ドアの外側にあるものは、すべて明るくて恐ろしい。家の中では、自分の持ち物を好きなように置いておける。

《やった!》彼女は心の中で快哉を叫んだ。《車椅子でまっすぐバスルームに入れるわ!》

時が過ぎていく。昼間は落ち着いていたが、夜には時々発作が起き、体が麻痺した。感染症のため耳に水がたまった。たまに、目が覚めると世界がぐるぐる回っていることがあった。

そういうとき、スールはグラフトンの友人が何千キロも離れた彼方にいることを考える。寝室の壁がゆっくり回転を止めても、眠りに戻ることはできず、暗い不安は頭の中を駆けめぐった。

自分はとんでもない間違いを犯したのだろうか?

グラフトンでは、隣人たちは深い森という緩衝地帯を隔てた遠い存在だった。ここでは、スールの家はほかの家に取り囲まれていて、自分が裸になったように感じられる。窓から外を覗き見ると、とてつもなく多くの人々が路上にいて、彼女にはわからない目的のために行ったり来たりしている。彼らはすべて赤の他人だ。少し気分がよくなったら外へ行くつもりだ、とスールはひとりごちた。まだ旅の疲労から完全には回復していないのだ。

名前を知らない植物の花粉の微粒子、彼女自身と家の前の持ち主の死んだ皮膚や毛の小片、皮膚に巣くう針の先ほどの小さな虫、その虫の糞などが積み重なって、ドアノブの埃はごくわずかずつ厚くなっていった。ドアノブの上にミニチュアの無秩序な生態系が生まれていた。

アリゾナに来て約一週間後のある午後、その小さな荒野が乱された。新たな塵や蜘蛛の巣が空から下りてきたものの、ドアノブは振動し、無数の粒子がドアノブから離れてスールのリビングルームのわずかな気流に乗って運び去られた。

さらに振動は続き、埃の微粒子が宙に舞う。スールの耳にもその振動が届いた。それは文明の音、新居の壁や窓を突き抜けて届いた歌のベースラインだった。

彼女は車椅子で窓まで行って、ブラインドの隙間から外を覗き見た。外では人々が少人数のグループに分かれて路上に立ち、小さなプラスチックのコップから何かを飲みながらおしゃべりをしている。町内のパーティだ。

スールは覚悟を決めてドアノブを握った。その瞬間、意識しないままに、家の中で育っていた小さな荒野を消し去った。ドアを開けると日光が注ぎ込んだ。車椅子でおずおずと歩道に出る。警戒心を笑顔で隠そうとしながら。

目の前にいる人々に対する不安はあったが、頭上の空に気づかずにはいられなかった。グラフトンでは、澄んだ空を綿のごとき雲が滑るように動くのを見て楽しんでいた。でもそれは、木という髭を生やしたニューイングランドのしわくちゃな顔の輪郭に囲まれた小さな空だった。

「ここでは、空にちょっと雲が出ただけで、みんながっかりするのよ。夕焼けは真っ赤。広い空は端から端まで真っ青」

スールは気がつけば誰かにプラスチックコップを押しつけられ、通りを挟んで向かい側の家族と話していた。やがて彼女はすべての人と話していた。

「みんな私を知ってる」のちに彼女は話してくれた。「私が高齢だから、面倒を見てくれるの。私、積極的になってるみたいな気がするわ」

誰かがいちばん近くの巨大ショッピングセンター〈ウォルマート〉の場所を教えてくれたので、スールは食料品を買うことができた。やがて一緒に行ってくれる人を雇い、二人で買い物に行くようになった。スールはモーターつきのカートに乗って、何を買うかを指示しした。

耳の感染症が治ると、体のバランスも元に戻り、脚はグラフトンにいたときよりも丈夫になったように感じた。次に立ち上がるため歩行器を使ったとき、おぼつかない足取りで試しに数歩歩いてみた。それは六、七年ぶりのことだった。

車椅子はベッドの横に置き、歩行器を使って家の中を歩き回るようになった。ニューイングランドにいたような虫がいないことに感心しながら、裏のポーチで座って何時間も過ごした。

悲惨な冬が続いたグラフトンで長く寒い日々を過ごしてきたスールの体は、燃えるような暑い午後の熱と乾燥を吸収した。悲鳴をあげるほどの激しい関節の痛みは、不機嫌にぶつぶつ言う程度におさまった。

ポーチからはスーパースティション山脈が垣間見える。熊と同じく、その陰で暮らす霊長類の文化に刻み込まれたものだ。昔スーパースティション山脈をヨーロッパの侵略者に対抗するための砦としていたアパッチ族にとって、この山脈は地下世界への入り口だった。その後やってきた白人入植者にとって、ここはロストダッチマン金鉱のある場所だった。一攫千金を目論む多くの人間に死をもたらすことになった伝説の地である。

露出した岩々を眺めて長い時間を過ごすスールにとっては、この山脈は冷たい風の源だった。風は山肌に沿って下り、スールの首をくすぐり、明るい未来の知らせを運んでくる。以前は存在しないと思われた未来の。

「私はスピリチュアルな癒しを信じてる。考え方を変えれば物事を変えられるということも。生きている限り、自分を変え、周りの世界を変えられるチャンスはあるのよ」

次にスールと介助者が〈ウォルマート〉へ行ったとき、彼女は車椅子を置いていった。何度かそうしたのち、やがて介助者も置いていった。

フェニックスで、スールは不死鳥《フェニックス》のごとく復活した。今は自力で裏庭に歩いていき、赤い岩と果てしない青い空を見渡している。自由を感じつつ、奇跡のように一歩また一歩と足を踏み出して。

第一二章　忘れられた自由

熊、狼、大山猫、山猫、鹿、ビーバー、貂は消えてしまった。カワウソは現在、ここではごく稀にしか見られない。そしてミンクも昔ほどは現れない。
——ヘンリー・デイヴィッド・ソロー、『数々の遠出（*Excursions*）』（未邦訳）、一八六三年

私はグラフトンでの取材を切り上げようとした。だが事態は今後も展開を続け、新たな関係者や対立が過去の何世代もと同じことを繰り広げるのはわかっていた。人間と野生との対立は起こりつづけるだろう。寄生生物は宿主を行動へと駆り立てつづけるだろう。異なる世界観を持つ人々は互いに相手を屈服させ妥協させようとするだろう。

フリータウン・プロジェクトがフリーステート・プロジェクトに取って代わられようとしているときも、それを示す兆候は至るところに見られた。二〇一七年、トレーシー・コルバーンが襲われた場所から二九キロのところで、オオヤマネコの一種ボブキャットが自宅の庭でバラの手入れをしていた八〇歳の女性の背中に飛びのり、大怪我を負わせた。翌年、別のボブキャットが近くのバーモント州ハートフォードで女性二人を襲った。どちらの事件でも、ボブキャットは狂犬病ウィルスに侵されていた。

ドーナツ・レディは、熊が好きなヒマワリやブルーベリーなどを植えるのは合法だと思う、と話した。

熊は発芽する前の植物を食べることもあるという。

「私はそういう植物を地面に置くだけでいいのよ。そうしたら根づくから」

トレーシー・コルバーンは熊に嗅ぎつけられないよう、今でも残飯を冷凍する。そして銃を買うことを検討している。熊がいるからではない。ここがグラフトンだからだ。

「みんな銃を持ってるの。持ってないのは私一人だけみたい」

ラマのハリケーンが病気になったとき、ダイアン・バーリントンはハーネスを縫ってトラクターのバケットに引っかけ、ハリケーンが立っていられるようにしたが、それは役に立たなかった。獣医は、原因は脳線虫だと言った。宿主をぐるぐる歩き回らせたり、目を見えなくしたり、人間を怖がらなくさせたりする寄生生物である。ハリケーンの後任エディはそこまで優秀な〝番ラマ〟ではなかった。雨の中に出ることもいやがった。

ジョン・コネルの死を受けていったん和睦のムードが起きたものの、リバタリアンと町は平和アッセンブリー教会の課税をめぐって対立を続けた。最終的に、教会が風化しないようリバタリアンが建物の外壁を封印するという条件で税金を免除する、との合意がなされた。三年後、建築工学技術者が教会は崩壊の危険があると告げ、リバタリアンと町は法的闘争を再開した。

そしてニューハンプシャー州魚類鳥獣局は、グラフトン地域には熊が多すぎるとの結論を出した。二〇一五年、彼らは熊を二〇一三年のレベルから三四パーセント減らすとの目標を立てた。達成するには一〇年かかる可能性がある。

バビアルツは、減る一方のボランティアに乗り物や道具を整備してもらってあと何カ月か持たそうとしている現状では、グラフトンの消防署が今後いつまで稼働できるかわからないと語った。昼間、ボランティアたちが（昼間の仕事がある町々で）働いている時間に火事が起こったら、ほかの町からの支援に頼るしかない。支援が来るまでは、「俺が一人でなんとか火事の広がりを抑える」という。

最後に私が会ったとき、バビアルツは消防署の散らかったオフィスから出てきて、そもそもなぜフリータウン・プロジェクトの立ち上げに協力したかを話してくれた。

「俺の目的は、現状を維持して、これ以上状況が悪化するのを防ぐことだった。社会の動向を見ると、規制ばかりがどんどん増えて、やがて自分の土地で何もできなくなるみたいだった。住民がこれ以上行政サービスを求めるようになったら、グラフトンはもう人の住める場所じゃなくなってしまう」

だが、フリータウン・プロジェクトは終わった。バビアルツは、この社会実験の長期的な影響は、日光に溶けてしまう六月の吹雪のようにはかなく――「レーダーで一瞬光るだけの小さな点のように」――消えるだろうと言った。

グラフトンがいずれまた、突飛で予測不可能な形でニュースになるのは間違いない、と私は思う。この地の土壌は岩だらけかもしれないが、さまざまな夢が生まれる肥沃な土地であり、人間は常に、行政の監視の目を逃れて自分だけの世界を育める場所に引きつけられるのだ。

それこそが、フリータウンの議論の中で見落とされていた性質だとバビアルツは考えている。好戦的なリバタリアンの移住者たちは、それを理解していなかった。過度な規制を行う州政府も理解していなかった。そして近視眼的なメディアも絶対に理解していなかった。

「やつらは気づいてないんだ」彼は言った。「この町は最初から自由だってことに」

エピローグ　消防士と熊

我々は、人工的な生活もまた自然ではないかのように、自然の生活から逸脱したことについて語る。宮殿の閨房にいるなめらかな巻き毛の宮内官も、白熊のように乱暴で原始的な、あらゆる目的に対して万能である動物性を有しているのだ。

――ラルフ・ウォルド・エマソン、『自然論』(岩波書店、片上伸訳、一九三三年)、一八三六年

二〇一六年夏。

背が高く引きしまった体の消防署長は金槌を持って釘を歯でくわえ、小屋から小屋へと動き回っている。常に彼を見つめているように感じられる意志の強い熊と知恵比べをしながら、鶏小屋を補強しているのだ。政府による規制は社会のあらゆる場所に浸透しつつあったが、少なくともグラフトンでは、鶏を危険に陥れる熊はまだ地主の力が及ぶ領域だった。

「それは確立された権利だ。どこかの民間団体が熊を救いたいと思ったら、熊を撃たないよう俺を説得しなくちゃならない。俺は銃を持ってる。銃弾も持ってる。俺はこれで解決するんだ」

AR－15を使うか使わないかという張り詰めたにらみ合いのあと、バビアルツと熊は、小屋の破壊と補強というサイクルを始めた。鶏小屋は再建を繰り返され、最初の粗末な姿から徐々に頑丈な鶏用の要

塞へと変わっていった。

バビアルツは、熊に痛みを与えて抑止する作戦も実行した。電気フェンスにベーコンの切れ端を置いて、食べに来た熊の口の中に電流が走るようにしたのだ。罠も仕掛けたが、鶏小屋にうっかり入ってきた侵入者から訴えられては困るので殺傷能力は低く抑えた。「爆発するわけじゃない。大きなブーメランが飛び出して相手をぶった切るだけだ」少しは妥協したと言いたげな口調だった。「まあ、小屋の窓から入ってきたやつは、痛い思いをすることにはなるだろうな」

鶏小屋の外では、二〇個のぴかぴかした尖ったものが地面から上に向かって突き出していた。バビアルツは、熊の足の裏を貫くように、土の中に釘を打った板を埋めたのだ。一枚の板には、さらに大きな害を与えられるよう釘の代わりにねじがつけられている。板には爪の跡があり、ねじの一本は折れている。「ああ、熊はその上を歩いたんだ。で、どうなったと思う？　間違いなく熊は怪我をしたよ。血の跡があった。そこいらじゅう真っ赤だった」

九月、冬に備えて脂肪をたくわえるため、熊はついに無謀な行動に出た。バビアルツは、キャンプファイアーを囲む子どものように熊がでんと座り込んで、ごちそうを食べているところに出くわしたのだ。《こんなところに座ってやがる！》バビアルツは思った。《ここで鶏を食ってるぞ》鶏はバビアルツの持ち物だった。彼は熊に背を向けてスロープを走って下り、校舎を改造した家の扉を勢いよく開けた。中に入ると、息をゼーゼーさせながらも、アドレナリンに駆られてクローゼットからルガー四四マグナムを取り出した。

銃は持った。彼はまた外へと駆け出した。太古の猟師の霊が彼に乗り移る。太陽のまぶしさに瞳孔が縮んだ。熊は森の隠れ家に向かって坂道を上がっている。

バビアルツは森のほうへ突進した。腹の中では、何万という細菌が秘密の歌を歌っている。銃は手の中にある。家は後方にあり、彼は今正義の鉄槌を下そうとしている。銃はここにある。

指先を引き金の冷たい金属にかけると、マグナムは手の中で目覚めた。雷鳴のような轟音が彼の内耳の渦巻管を貫いて、無数の細かな産毛をちぎり、音の知覚を変えた。

狙いは外れた。危険を察知した熊は足を速め、坂道を上がりつづけた。

バビアルツは羽毛の散らばる地面を縦断した。脳の隠れた空間で、シナプスが狂ったような電気パターンを描いている。この土地は野生だが制御可能だ。ここに事務員や税金徴収人はいない。彼が法律だ。

呼吸が荒くなった。酸素が筋肉の中で暴れ回る。熊が木々の中に消える前に、あと一、二発撃つことはできるだろう。指を引き金にかけたまま坂道を駆け上がった。かつて畑だった坂道、かつて生徒の運動場だった坂道、かつて熊が餌を漁った坂道、かつて焚き火がなされた坂道。脳内に化学物質があふれた。

再び狙いを定めた。彼には銃がある。銃はここにある。彼は発砲した。

ついに自由が訪れた。

あとがき　国家のあるべき姿とは

マレー坊っちゃんは、私が来た頃は一一歳くらいでした。かわいくて、がっしりとした体格の、健康的な少年で、素直で、たいていは愛想がよく、適切な教育を受けたならまともな若者になっていたかもしれません。でも今、坊っちゃんは若い熊みたいに乱暴で、騒々しく、扱いにくく、無節操で、無教養で、人の教えを聞かない若者になっていました。

――アン・ブロンテ、『アグネス・グレイ』（みすず書房、鮎沢乗光訳、一九九五年）、一八四七年

そして何が起こったか？

二〇二〇年九月に本書のハードカバー版が刊行されたあと、私が最も多く訊かれたのは、もちろんそのことだった。

一つの単純な答えは、二〇一六年の火事のあと、すすと瓦礫に覆われたまま放置されたグラフトンの教会についてである。火事の直後に、マスコマ・バレー保存会という地元の非営利団体が教会を元の立派な姿に復元するための資金集めを始めた。二〇二〇年、この団体は本書のサイン本一部をオークションで売るとともに、税金による開発助成金の支給を申請した。

本は二八ドルで売れた。助成金は三一万五〇〇〇ドルだった。少しでも力になれて、私は光栄である。だがこの答えでは、質問した人々は満足しなかった。もっと広い意味で、何が起こったかを知りたがっているのだ。メンバーたちがグラフトン以外の場所にも自分たちの考えを持ち込んだ結果、風変わりで癖の強いフリータウン運動はどうなったのか？ 精力的なリバタリアン活動家たちは、自由意志愛好の意思によってニューハンプシャー州を屈服させることに成功したのか？ グラフトンの人間と熊は今どうしているのか？

そして何が起こったか？

簡単に言うと、多くだ。多くのことが起こった。そして、そのどれ一つとして、アメリカ初のフリータウンに引き起こされた一連の騒動が近々おさまりそうだとの兆候を示してはいない。

第一に、また熊が人を襲う事件が起こった。今回は隣町のカナンで。二〇二〇年六月の蒸し暑い夜、一人の男性がトラックからエアコンを取り外していたとき、熊のカギ爪が背中の皮膚を突き刺すのを感じた。幸い、彼が叫んで熊をぐいっと押すと、熊は夜の闇に消えていった。

この事件は、グラフトンが地元の熊を適切に管理せず無責任な扱いをした悪影響がまだ消えていないことを示している。だがこれは、世界じゅうで周期的に生まれつづけて珍ニュースとして大衆を喜ばせている、普通でない熊の話の中では、地味なほうだろう。二〇二〇年の夏に私が読んだだけでも、食料品店に出入りする熊の話、コカインを過剰服用した熊の話、女性と熊の性的関係をテーマとしたカナダの小説、ポーランドの動物園で酔った客に殴られた熊の話、チーズイットの巨大な袋に頭を突っ込んで湖で泳いでいるところを目撃された熊の話、檻から脱走して驢馬を食べたせいでイタリア政府によって去勢された熊の話がある。トランプ支持派のＭＡＧＡ（「アメリカを再び偉大に」《メイク・アメリカ・グレート・アゲイン》）ステッカーを違法に貼られた熊、送電線に触れて感電死して野火を起こした熊の死体、ピザの配達車に押し入った熊、政府後援の〝ファット・ベア・ウィーク〟中にチャンピオン級に太ろうと餌を取り合う熊たち、貸倉庫の扉を引きちぎった熊、肝細胞治療で関節炎を治された高齢の熊、バカな人間から口移しでクッキーを与えられた野生の熊、溶けかけた永久凍土層から発掘された二万二〇〇〇年前のホラアナグマもいた。

こういった話は無数にあり、そこから私はあることを悟った。

熊は熊である。だが同時に、熊は人間が作ったイメージでもある。

人間にとって、熊はドジで滑稽な動物だったり、ホラー映画の悪役だったり、気高い獣だったりする。熊はしばしば、猟師が自らの強さを、環境活動家が自らの道徳性を再認識するための精神的支柱となる。そして、自分たちの文化的偏見を個々の熊や熊の集団に投影させるとき、人は必ず現実の熊に意図せずして変化を加える。時には、グラフトンでのように、そういう変化は、熊を好きなように擬人化して身勝手に楽しむ人々の身に跳ね返ってくる。

これらすべては、見出しを飾るのは熊だけではないということを意味している。

ニューハンプシャー州のリバタリアンのコミュニティには今なお熱い夢があふれているが、その夢は治療しない傷のごとく膿を生じている。活動家たちは種々のアイデアに日の目を見させるべく奮闘しているものの、そのアイデアは大衆を魅了することもあれば不快にすることもある。

そうしたアイデアの一つが、最近特に人気を博しているように思われる。

二〇一六年六月のある暖かな日曜日の夜、大半が男性である十数人のリバタリアンが、マンチェスターのノリス・コットン連邦政府ビルの前に集まった。彼らはTシャツにカーキ色の軍服ズボンやキルトをはき、俳優トム・セレック似の口髭からバイキング風のぼさぼさの顎鬚に至るまで、さまざまな髭を生やしている。

政治的急進派ではあっても、充分まともそうに見える。ある無政府主義者は、自分が無政府主義者であることを礼儀正しく人々に知らせるための看板を掲げていた。「私になんでも頼んでください！」そして看板はこう続く。「どうぞいい一日を☻」

群衆の中できれいに髭を剃った人間はごく少数で、その一人は元フリータウン信者で五四歳のデイヴ・リドリーだった。禿げた頭と、濃い眉、黒縁の眼鏡、よく響く声を特徴とする〝穏やかで研究熱心な顔〟を分けるように、額に白い汗止めバンドが巻かれている。

新たな大義を掲げるべき時、フリータウンより大きなプロジェクト、フリーステートよりさらに大きなプロジェクトを立ち上げるべき時が来た。リドリーは、世界初のフリー国家《ネーション》の創造に弾みをつけるために、このイベントを企画した。この新たなユートピアへのロードマップとして、彼はニューハンプシャー州がアメリカ合衆国から平和的に離脱することを提案していた。

グラフトンが初めて合衆国から離脱しようとして失敗した二三八年後、リドリー一派は、ニューハンプシャー州が独立を宣言し、連邦政府との関係を断ち切り、通貨（暗号資産を含む）や州間高速道路、人種差別、ヘロインの販売などについて独自の決断を行うことを求めた。

「連邦離脱は手術のようなものだ」のちにリドリーは言った。「怖い。特別な理由がない限りやりたいとは思わない。それでもやらねばならない時がある、手術と同じで」

リドリーは州のリバタリアンにとって欠かせない人物である。二〇〇〇年代半ば、彼は州法に関して二つの提案を行った。一つは銃の権利に関することで、もう一つはマニキュア師がもっと簡単に免許を取れるようにすることだ(マニキュアをすることが違法になるという考えは、長らくリバタリアンにとってお笑い種だった)。二〇〇六年、彼は政治的パフォーマンスとして、税金反対のプラカードを掲げて地元の国税庁事務所を訪れ、スタッフからの質問に答えることは拒んだ。三週間後、国土安全保障省の役人が彼の家を訪れ、そこから六カ月にわたって法的手続きが行われ、最終的に彼は逮捕された。リドリーは違法なビラ配りに対する罰金を支払うのを拒絶して、法廷侮辱罪で四日間刑務所に入れられた。

連邦離脱案はリバタリアンたちの中でも論争を呼んだ。より如才ない州のリバタリアン党のメンバーは、これは自分たちを権力の中心から遠ざけかねない突飛な考えではないかとの危惧を抱いた。リドリーのような人々を軟化させるため、彼らは中間的な主張をすることもあった。連邦離脱はあまりにも過激かもしれないが、離脱という脅しをちらつかせることで自由に関する諸問題について連邦政府から譲歩を引き出せるだろう、と。

しかし、マンチェスターでの抗議行動の大成功によって、州のリバタリアンの指導者層にニューハンプシャー州独立推進を促す声が強まった。イギリスのヨーロッパ連合からの離脱に関心を持つメディアは、リドリーによるマンチェスターの集会を大々的に報じた。それに力づけられたリドリーは、数人の仲間とともにこの大義を推進する活動を始めた。その仲間には、ラッセル・カニング(焚き火でホットドッグを焼いてジョン・バビアルツの出動を促したフリータウン信者の一人)やイアン・フリーマン(同意による性交の年齢制限に関する過激な意見によりフリーステート・プロジェクトから追放されたキーンのリバタリアン）もいた。

リドリー一派は、ニューハンプシャー州が一七七六年に独立を宣言した最初の植民地であることを強く意識して、建国の父が大昔につけた足跡をたどろうとした。独立を祝うフェスティバルでビラを配った。ソファやノートパソコン用作業机を並べたレンガの壁を背に、ローリンズフォードのサーモンフォールズ川沿いに立つ古い工場の地下にある自由主義者のクラブハウス〈ザ・シェル〉で威勢のいいスピーチを行った。もっと大規模な離脱推進デモをもっと多く行った。ポーツマスでのデモには州内各地から数多くの支持者が集まった。運送会社ＵＰＳの店舗や〈ミスター・マックのマック・アンド・チーズ・レストラン〉などが並ぶマンチェスターの小さな広場では、カーラ・ゲリッケ率いるニューハンプシャー独立財団の活動が狭い事務所で行われていた。

ほんの数カ月後、二〇一六年一一月に、彼らの努力は実を結んだ。

ニューハンプシャー州リバタリアン党は、正式な綱領に離脱政策を追加して国レベルのリバタリアン党とたもとを分かった。この行動によって政策は現実性を帯び、リバタリアンのコミュニティ内部の結束は強まった。税金は盗みである、性労働は人間としての権利の表現であると定義した州の綱領は、「ニューハンプシャー州の人々は、主権を持つ自由で独立した個人として自治を行う唯一絶対の権利を有している」と主張した。

彼らの考えは今や正式に主流となった――傍流の内部では。

彼らは出発点に立ったのだ。

そろそろ、「そして何が起こったか？」という質問の別の部分に答えるとしよう。グラフトンでは何が起こったのか？

フリータウン・プロジェクトの影響力が薄れた以上、町の公共心ある住民が主導権を握り直し、この一六年ほどのあいだに失われた地歩を埋め合わせる社会投資を押し進めるだろう――私はそう考えていた。

それは間違いだった。

政治勢力は変わっても、グラフトンは依然として、歯の治療、ウェルズ・ファーゴ銀行［不正営業などの問題が多いことで知られる銀行］経営陣、ナイジェリア詐欺の実行犯などを嫌うのと同程度に税金を嫌う場所でありつづけた。

二〇二〇年初頭、町の幹部は春に有権者に提出する年間予算案を作るため会合を持った。支出の水門を開けるどころか、財政的保守主義勢力は一二〇〇万ドルの予算はもっと減らすことが可能だとの主張を通し、前年からわずかに七〇〇〇ドルを削減した。

二〇二一年初頭、老朽化した町役場の建物には排水設備に問題があり、床の一部は修理または交換が必要だとの報告が、町の幹部になされた。同じ会合で、グラフトンのクリスマスツリーが町の電気代を三〇ドル増やしていることへの懸念が表明された。彼らはタイマーを使って人の通らない時間帯にツリーの照明を消すことを検討し、町の支出をさらに二万五〇〇〇ドル減らした予算案を作成した。

予算案の審議に集まった有権者に、それとは別の議題が提示された。フェイスブックに割礼の恐怖にまつわるストーリーを次々に投稿しているリチャード・〝ディック・エンジェル〟・アンジェルが、町役人として立候補したのだ。

有権者は削減された予算案を認めたものの、ディック・アンジェルを認めはしなかった。また、図書館が新たな建物の建設に向けて費用をたくわえておけるようにする条例案も否決した。図書館は何十年にもわたって新施設建設計画を実現すべく努力を重ねてきたが、今回も敗北に終わった。

というわけで、グラフトンでは相変わらず議論が続いている。一部の人々は、税金を低くしておけばもっと多くの人が町に来てくれると信じつづけている。

州政府によると、人口統計学者は二〇二〇年の国勢調査によって人口の微減が示されると予想しているという。

そして何が起こったか？

連邦離脱が正式な目標となり、リバタリアンは公的な役職に立候補を続けた。ニューハンプシャー州を、魅惑的な未知の領域、もしくは穏健な人々に対して不親切な場所（どちらかは見方による）へと向かわせるために。

二〇一八年、イアン・フリーマンは納税の自由化と麻薬の完全合法化という公約を掲げてニューハンプシャー州上院議員選に出馬した。その年、無政府主義者で悪魔崇拝者でリバタリアンという不思議な組み合わせの人物アリア・ディメッゾの選挙運動統括責任者も務めた。どぎついピンク色の髪やタトゥーよりも人目を引いたのは、ディメッゾの選挙スローガンだった。「警察なんてクソくらえ、アリア・ディメッゾを保安官に」

フリーマンもディメッゾも当選しなかった。

だがフリーステート信者仲間のキース・アモンはニューハンプシャー州議会議員として一期を務め、いわゆるジェトソン法案を提出した［テレビアニメ『宇宙家族ジェットソン』にちなんでそう呼ばれた］。それが二〇一九年に成立すると、ニューハンプシャーは空飛ぶ車を認める全米初の州となった（もっと正確に言うと、トランスフォーマーのように道路を走れる乗り物に簡単に変身できる小型飛行機、いわば水陸両用車の航空版である）。

二〇一九年初頭、フリータウン建国の父ボブ・ハルが、ジョン・バビアルツなど数人の親しい友人に見守られて五三歳で死去した。空席となった州議会議員の補欠選挙で勝ったのはレックス・ベレズニー、グラフトンのボランティア消防署でも働く、暗号に詳しいプロトコル開発者である。ベレズニーと同僚の消防士トム・プロゼイ（ついに議席を獲得していた）はトニー・リーカスなどさまざまなフリーステート信者とともに議員を務めた。

頭にブーツをのせていることで知られるヴァーミン・スプリームは、リバタリアン党のアメリカ合衆国大統領候補指名選挙でクレムソン大学心理学教授ジョー・ジョーゲンセンに敗れた。スプリームの友人スパイク・コーエンがジョーゲンセンの副大統領候補に選ばれると、スプリームのタイムトラベルやユニコーンに関する政策の熱狂的支持者からは、これは和解の印だと見られた。ジョーゲンセンがメディアに最も注目されたのは思わぬ事故によってだった。蝙蝠に噛まれ、予防的に狂犬病の治療を受けたのである。

これらの動きは、連邦離脱運動に特段の影響を及ぼさなかった。

やがて、疑うことを知らない惑星に、災厄の年として記憶されることになる二〇二〇年の夜明けが訪れた。

その春、デイヴ・リドリーは閉鎖された州立公園の入り口まで車を走らせ、窓を下ろし、州立公園の職員に声をかけた。

「このやり取りは録画している」少々偉ぶって言う。「ここはどうなっているんだい？」

かつて地元のテレビ局でカメラマンを務めていたリドリーは、リバタリアンの中で、いわゆる〝キワモノ報道〟を行うフリージャーナリストとして知られている。ただし、実際に彼が行っているのはキワモノ報道というより〝ゲリラ報道〟かもしれない。

この映像で彼がターゲットにしているのは、肩幅が広く、訛りが強く、腹の出た職員だ。人けのない砂利道にぽつんと置かれた木挽き台の番をするという任務に満足している穏やかな人物である。

「ここは八週間前から閉鎖されています」職員は言った。「前はこのあたりに一五〇台ほどの自動車が停まっていて緊急車両も通れないくらいだったんですけど、知事が閉鎖を命じました」

「なるほど。で、人に運動を禁止することが、どうして――」

言いたいことを察した職員は、リドリーの言葉を遮った。そして公園は人に運動を禁止しているわけではない、と説明した。

「一二八号モールトン・ロードのほうへ行ってください。あっちがメインの公園ですし、そこなら入れますから」

さらに何度かのやり取りのあと、リドリーは個人攻撃を始めた。

「給料の一部を納税者に返還する気はあるかい？　君は働かせてもらっているんだろう？」

「お客さん」職員は誇らしげに自信を持って言った。「州立公園はすべて自己資金で運営しています。納税者のお金は使っていません」

「君は働かせてもらっている」リドリーは平然として言い募った。「しかし納税者の多くは働くことを許されていない」

職員は唖然とした。

「ここは――」そこでいったん言葉を切る。今さっき説明したではないか？「ここは自己資金で――」

調子に乗ってきたリドリーは相手の言葉を遮った。

「なあ、皆がここに来たがる理由の一つは、君の政府が皆に働くことを禁止したからなんだぞ」

「ですけど、私にはどうしようもありませんよ」

「辞めればいい」リドリーは声を張りあげて繰り返した。「辞めればいい！」

職員は、生活のためには金が必要だと言った。

「ああ、それは私たちもだ」リドリーは咎めるように言った。「なのに、君の政府は働くことを禁止している」

職員はこの発言を額面どおりに受け取った。リドリーは州政府によるパンデミック対策のために解雇されたと思い込んだのだ。

「お客さん」職員は親切に言った。「求人広告を見てみたら、人を雇っているところはまだたくさんありますよ。本当です」

このやり取りのあいだじゅう、リドリーの口調は喧嘩腰だった。ところが、突然逆方向にスイッチが入った。

「まあ、腹は立つが、質問に答えてくれたことには感謝する。役人がみんなそうしてくれるわけじゃない」リドリーは少々ぎこちなくはあるが愛想よく笑って、人間性があるところを示した。「わかったよ。元気でな!」そして走り去った。

リドリーはこの件を成功だと考えた。自分のユーチューブチャンネルで〝呼びもの〟の映像として公開し、九カ月間で一一六三回再生された。うち一回は私である。

リドリーのチャンネルには、リバタリアン、国勢調査員、警官、刑務所の警備員、地方自治体の役人、政治家、町役場の職員、税務官、大学職員などを相手にした同様の対決の映像があふれている。多くの場合、最後にはリドリーは立ち去るよう求められる(または強制的に排除される)ことになる。

たいていは彼の独りよがりである。ところがパンデミックの死者が増えるに従って、政府の対応を見るリドリーの手法は人目を引くようになっていった。

そして何が起こったか?

アメリカでは、新型コロナウィルスが引き起こしたパンデミックにより、政府と公衆衛生局はウィルス感染の機会を減らすため多くの規制を設けている。すべての人間は、互いに二メートルの距離を保ち、屋内での集まりを極力減らし、公共の場でマスクを着用するよう求められた。

こうした政府による強硬策を共通の敵として、共和党支持者とリバタリアンは前例がないほど強く結びつくようになった。それが最も顕著に見られるのはニューハンプシャー州だ。ここでは、マスク反対の声は、田舎者の放屁のごとく大音量で誇らしく響いている。

舞台は整った。三つの短い幕から成るアメリカ独特の悲劇が、州議会で演じられることになった。

第一幕は一一月二〇日だった。州議会の主導権を握った共和党議員のあるグループは、スキー場の屋内で会合を持ち、自由への誓いを確認した。大半はマスクを着用していなかった。そのうちの一人、不動産業を営むディック・ヒンチは、マスク着用を拒む共和党員たちを愛国者そして〝自由のグループ〟として称賛した。喜んだ彼らはヒンチに自分たちのリーダーになってくれと頼んだ。ヒンチは承諾した。

第二幕は一二月一日。民主党と報道機関からの攻撃にさらされたヒンチは、スキー場での集会に出席した共和党員の「ごく少数」が新型コロナウィルスに感染したことを認めた。翌日、ヒンチは全会一致で州議会議長に正式に選出された。

第三幕は一二月九日。議長となってわずか一週間余り、ヒンチは新型コロナウィルスのため死亡した。五日後、連邦政府はコロナワクチンを初めて一般向けに配送した。

これほど悲しい出来事でなかったなら、ドラマの皮肉に笑えたことだろう。

ニューハンプシャー州議会は反マスク主義の立場によって人が死亡する非常にわかりやすい例を提示したが、同様のことは全国で起こっていた。一一月には、イェール大学の研究者アントン・ゴルウィッツァー率いる研究チームが、公表されたデータを用いて、共和党支持者の多い地域に住む人々が新型コロナウィルスに感染して死亡する割合は（ほかの要素を考慮しても）それ以外の人々より高いことを示した。

マスクに関する議論が党派支持と結びついて生死を分ける要素となる中、政治ジャーナリストのトム・

イライアスなどの知識人は歴史上の例を引いて、パンデミックは社会に不安定をもたらし、それは連邦離脱の可能性の扉を開く、と述べた。

そして実際、ニューハンプシャー州の離脱論者は、主権の問題がついに何百万ものアメリカ人の心に居場所を見出したことを知って喜んだ。二〇二〇年九月と二〇二一年三月の世論調査によれば、アメリカ人の三〇~四〇パーセントが連邦離脱を支持していた。六年前のロイターによる調査での二四パーセントから急上昇したのだ。

離脱論の兆候はこれにとどまらずほかにも多く現れていることから、私はニューハンプシャー州の動きについてもっと知る必要があると確信した。離脱論者たちと接触を始め、インタビューを求めた。

そうしてデイヴ・リドリーに行き着いた。

そして何が起こったか?

リドリーはメールでインタビューに快諾してくれたが、条件があり、段取りについても検討事項があった。条件とは、彼が会話を録音するのを認めること。検討事項とは、彼のスケジュールに関することだった。メールの返信が来るのはたいてい夜中の不規則な時間で、彼が話せるのはもっぱら夜のようだった。私は好奇心に駆られた。彼は夜勤で働いているのか?

ついに電話がつながったとき、そのことを尋ねてみた。答えは簡単だ、とリドリーは説明した。私たちのスケジュールが合わないのは、私が二四時間サイクルで生活しているからだ。彼は二四・二五時間のサイクルで生活していた。

リドリーは毎日、前日より一五分遅く起き、ほかの人間より仕事（あるいは余暇）の時間を長くしている（約三カ月ごとにカレンダーの日を一日飛ばして調節している。たとえば六月三日の翌日が六月五日になる、というように）。その習慣のため夜間に活動する時期があり、私はたまたま彼の夜行性期にぶつかったのだ。これに実用上の欠点があることは彼自身認めているが、それは対処可能だという。

「会社員として働くと時間帯が合わなくなる。だから支出を抑えて、会社員の仕事はしないようにしている」

私とリドリーは、互いの政治的立場が異なるという暗黙の了解のうえで話をした。彼は、大義に注目を集めることができるなら、バカにされるくらいのリスクは受け入れると考えているらしかった。電話とメールを介した何度かの会話のあいだ、彼は常に率直で開けっ広げで友好的だった。

彼は、リバタリアンに促されたニューハンプシャー州の離脱運動が近々成功するとは思っていない。もっと正確に言うなら、近々ひどく笑いものにされない程度にはなる、と思っている。リドリーと彼の仲間たちは、このビジョンに関してあまり強く一致団結しているわけではない。

「現在のところ、離脱の材料は揃っていない。バイデン政権が過剰に規制を強めたなら、いずれそうなるかもしれない。あるいは連邦政府の支出によって超インフレになったら——それも引き金になりうる」

それでもリドリーは、離脱は突飛でも特別非現実的な考えでもない、と力説した。彼の考えでは、それは同性婚と同じようなものだ。同性婚はリバタリアンが以前から主張していたことで、三〇年も経たないうちに過激な考えから現実へと変化した。彼は離脱問題をスロベニア独立運動にもたとえた。

「一九八八年にはスロベニアで独立を口にする人間は一人もいなかった。三年後、スロベニアは独立した」

リドリーは、離脱が可能であるという証拠として国際的な例を挙げることを好む。彼は何年も前にヨーロッパに旅行し、スロベニア、ボスニア、クロアチアでの独立の動きを間近に目撃した。エストニアとカタロニアはいい例だ、彼らはほとんど武力に訴えることなく独立を勝ち取ったのだから、とリドリーは言った。

彼らすべてに共通するものが一つあった。国民を苦しめる政府だ。

リドリーは、およそ二〇万ページにわたる連邦法の重みを充分感じているようだ。理解不能な密林、それでも人を逮捕するために必要なすべての基礎となっているものである。

「私に言わせれば、それは我々がアメリカ合衆国で暮らすときに感じざるをえない恐怖の源だ。国税庁がちょっとした間違いをおおごとだと考えて査察に来るのではないかという恐怖。ＳＷＡＴチームが家に押し入ってくるのではないかという恐怖」

小さな政府の世界では、適切な規制で抑えられることのなくなった大企業がもっと恐ろしい支配者になるのではないか、と私は言ってみた。

リドリーは、ニューハンプシャー州政府は確かに「グーグルよりは少しはまし」だと認めた。しかしワシントンＤＣは、その両者を足したよりも悪い。

ほかの離脱主義者は、従来の税金反対保守主義者を説得するのにしばしば財政的な論議を行う。ニューハンプシャー独立財団はウェブサイトで、引用元を示さずに、ニューハンプシャー州は税金の形で連邦政府におさめた金のうち一ドルにつき七〇パーセントしか還元されていないと主張している。

しかしその主張は、そういうことを研究しているロックフェラー政治学研究所の出した結論と食い違っている。報告書によると、ニューハンプシャー州が連邦政府に対して受け取るよりも多くを払った年が最近あったとはいえ、二〇一五年から二〇一九年の総計では一二〇億ドル得をしている。

リドリーは、ニューハンプシャー州が連邦政府に金を巻き上げられているという議論にはあまり与していない。逆に、たとえ州が連邦政府との関係で利益をあげているとしても、それはどこか別の州の納税者の金である。そこから一つの疑問が生じる。そういう別の州に住む納税者は、自分が損をしないよう、ニューハンプシャー州が離脱することを望むのか、という疑問だ。答えはわからない。

アメリカ政府のもとで生活することに対してリバタリアンの活動家が感じる不安は、リドリーがイアン・フリーマンに関するメールを私に送ってきたとき、くっきりと浮き彫りになった。二〇一八年に州上院に立候補したとき、フリーマンは地元紙に、政府による法律の執行は必然的に強制にエスカレートすると語った。最初は「脅迫的な手紙が届く。その脅迫的な手紙に応じなかったら、やがて銃を持った男たちが戸口に現れ、何かしてくることになるんだ」

そして実際、二〇二一年三月、銃を持った男たちがフリーマンの家の戸口に現れて、彼に何かをした。今回の場合、銃を持った男たちはFBI捜査官で、彼らがしたのはフリーマンを逮捕することだった。フリーマンとそのほか五人のニューハンプシャー州のリバタリアン（悪魔崇拝を行う無政府主義者アリア・ディメッゾを含む）はマネーロンダリングの容疑で起訴された。暗号資産が絡む陰謀に加担し、収入を宗教団体への慈善の寄付だと虚偽申告したという。検察官はその宗教団体の名前を公表していない。だが、フリーマンは、ジョン・コネルに触発されて創立された、プラスチック製の剣による決闘やパイの儀式を行うシャー・フリー教会の活動的メンバーだったことがわかっている。

リドリーにとって離脱への次の明らかなステップは、全面的な支持は得られないとしても、少なくとも議論を前に進められるよう検討してもらえる法案を州議会に提出することだ。しかしこのステップは、彼自らが設定した倫理的な壁にぶつかっている、とリドリーは語る。

「これはおそらく私のアキレス腱だ。私は、ほかの人間が行うような方法を取りたくない」

リドリーは、州議会での検討には納税者の金二〇〇〇ドルほどの費用を要すると見積もっている。彼は主義として税金そのものに反対しているため、検討のための費用を自分で払わない限り離脱法案を提出できない。そして一日二四・二五時間というライフスタイルを維持するためぎりぎりの予算で生活している人間としては、その費用を捻出することはできそうにない。

いつか、寄付者が現れて二〇〇〇ドルの費用を払ってくれることを彼は願っている。

それまでは待つつもりだ。

そして何が起こるか？……それは誰にもわからない。

謝辞とは、本の大きな構造的問題を修正する機会である。功績が誤って一人の〝著者〟のものとされるという問題だ。正しくは（進化論やいくつかの大きな戦争の場合と同じく）功績はそのために骨を折った多くの目立たない人々のものである。心からの感謝を受けるに値するリスト（不完全ではあるが）の最初に挙げられるのは、出発ゲートが開いた瞬間から私の尻を叩いてくれた編集者のアシーナ・ブライアンと、私を引っ張ってゴールラインを越えさせてくれた編集者のベン・アダムスだ。二人とも、無限の知恵、優しさ、サポートを与えてくれた。本書を出版してくれたパブリックアフェアズ社チームのほかのメンバーであるシンディ、メリッサ・R、メリッサ・V、エイミー、クリス、クライヴにも感謝している。多大なる感謝を捧げられるべきはグラフトンの人々である。彼らは寛大にも、熊やフリータウン・プロジェクトによって自分たちの生活がどんな影響を受けたのかを私が綴ることを許してくれた――トム・プロゼイ、ティム・ボーウェン、トレーシー・コルバーン、〝ベレッタ〟、ロザリー・バビアルツ、ラッセル・ポイトラス、オンシン、エレン・クラウス、アダム・フランツ、アニー、シェリル・センター、スティーヴ・ダロー、ジョン・レッドマン、デイヴ・サーバー、フレッド・デューフィールド、〝ドーナツ・レディ〟、ダイアン・バーリントン、そして特にジョン・バビアルツ、ジェシカ・スール、デブ・クラフ、グラフトン公共図書館の常連利用者たち。また、直接お会いしたことはないが、グラフトンの歴史家ケン・クッシングによるグラフトンの歴史についての詳細な研究書は、歴史を述べる章では必要不可欠だった。熊の専門家ベン・キラムとアンドリュー・ティミンズ、人間の専門家メアリー・フラナガン、編集者セイワード・ダービーと『アタヴィスト』誌の補佐スタッフ、エージェントのロス・ハリス、友人のマーティン・フランクとサム・イートン、『バレー・ニューズ』紙のスタッフ、著作家のマイケル・フィンケル、リサ・ロガック、ドン・ハフ、ロブ・ウルフからは貴重な見識を授かった。家族の応援と助力にも礼を言いたい――ジェニファー・ヴィンセント、ジョン・ヘトリング、マーク・ヘトリング、マージョリー・ヘトリング。そしてもちろん、私を揺るぎなく信頼してくれた妻のキンバリー。

それから熊たちにも感謝している。何度か荒野で遭遇したとき、彼らは私を食べずにいてくれた。まだ。

訳者あとがき

リバタリアン。日本語では、自由至上主義者、完全自由主義者、自由意志論者などと表現されます。非常に簡単に言うと、公権力の介入を極力抑えて個人の自由を最大限尊重することを求める人々です。税金は低く公共サービスも必要最小限にする、被害者のいない犯罪を取り締まる必要はない、シートベルト着用などを義務づけるのは〝おせっかい〟である——彼らはこうした主張を行っています。

日本にここまで極端な思想を持つ人はそれほど多くないと思われますが、西部開拓時代の〝自分のことは自分でする、自分の身は自分で守る〟という伝統のあるアメリカでは、この思想は一定の支持を集めています。政党としてのリバタリアン党は、弱小ながら、民主党・共和党という二大政党に次ぐ〝第三の党〟という地位を維持しています。

二〇〇四年、リバタリアンの一団が、ニューハンプシャー州のグラフトンという小さな田舎町にやってきました。ニューハンプシャー州はアメリカの中でも自由を求める風潮が強い地で、州のモットーは〝自由な生か、もしくは死〟——自由に生きられないなら死んだほうがまし、とでも言えるでしょうか。そして舞台となったグラフトンは、州の中でも特に個人の自由や権利を重んじ、税金は低ければ低いほうがいいと考える傾向が強い町。なにしろ図書館や消防署にすら公金を出し渋っているくらいです。リバタリアンたちは、もともと自由の土壌があるこの無名の町をリバタリアニズムに基づいたアメリカ初の〝フリータウン〟にするという理想を掲げて大量移住したのです。

本書の主人公は、リバタリアンに加えてもう一人、ではなくもう一種類います。熊です。

正確にはアメリカグマ、別名アメリカクロクマ。北米に棲息し、その名のとおり色は黒（個体によっては褐色のことも）。ヒグマより小さいけれどツキノワグマよりは大きく、体重は成獣で一〇〇～二〇〇キロほどですが、個体差も大きくて中には四〇〇キロにもなることがあります。性格は比較的温和で、テディベアのモデルだと言われています。

通常人を襲うことはないのですが、いったん人間の食料の味を覚えてしまうとそれを求めて住宅地に出没しはじめ、人と遭遇して恐怖や脅威を感じた場合に攻撃してくることもあります。

権威を嫌うグラフトンの人々は、熊の扱いに関しても〝自由〟という態度で臨みました。熊と遭遇しても、野生動物を管轄する役所には通報しない。役所がどれだけ熊の数を管理しようとしても、グラフトン住民は熊に餌をやって繁殖を助長したりして、指導には従わない。そういう自由なふるまいの当然の結果としてグラフトンの熊は増えていき、人間にとって困った行動を取るようになります。

本書はそんな〝リバタリアン〟と〝熊〟の動きを、熊と対決するリバタリアンの消防士、熊をドーナツで餌づけする老婦人、自由を求める宗教者、飼い猫が熊に襲われた退役軍人の女性などグラフトンに住む興味深い人々と絡めて綴ったものです。

マシュー・ホンゴルツ＝ヘトリングは国内外の多様な問題に関して報道する社会派ジャーナリスト。二〇一二年にはローカル報道部門でピュリツァー賞の最終候補にノミネートされました。本書は著者にとって初の著書です。

近年、日本各地でも、熊が住宅地に出没する事件がたびたび起きています。人が襲われるケースもあり、グラフトンの状況を他人事とは思えません。人間と自然との関係について、また自由と管理のあり方についても、本書はいろいろと考えさせてくれます。

二〇二二年一月

上京　恵

参考文献

Anderson, Dave, and Andrew Parrella. "Something Wild: Why Coyotes Seem to Be Everywhere." *New Hampshire Public Radio*, February 23, 2018. www.nhpr.org/post/something-wild-why-coyotes-seem-be-everywhere-2#stream/0.

Appleton's Annual Cyclopaedia and Register of Important Events of the Year 1893, vol. 18 (new series) and vol. 33 (whole series). New York: D. Appleton and Company, 1894.

Asch, Joseph. "What to Do About the Bears?" *Dartblog*, June 5, 2018. www.dartblog.com/data/2018/06/013865.php.

Asch, Joseph. "Please Don't Kill Mink." *Change.org* petition started by Joe Asch. www.change.org/p/please-don-t-kill-mink (accessed October 14, 2019).

Associated Press. "Vermont Probes Man with 70 Goats in House." *World-Wide Religious News*, March 29, 2004. https://wwrn.org/articles/4769/.

Associated Press. "Townspeople Oppose Libertarian Settlement." *Sun Journal*, June 20, 2004. www.sunjournal.com/2004/06/20/townspeople-oppose-libertarian-settlement/.

Associated Press. "Corinth Goat Farmer Goes on Hunger Strike." *Barre Montpelier Times Argus*, June 26, 2004. www.timesargus.com/news/corinth-goat-farmer-goes-on-hunger-strike/article_d89ac735-1077-5d5d-9cfc-671274e9dd0c.html.

Associated Press. "Plea Bargain Gets Goats Back to Vt. Man." *Boston Globe*, December 12, 2004. http://archive.boston.com/news/local/articles/2004/12/12/plea_bargain_gets_goats_back_to_vt_man/?camp=pm.

Associated Press. "Man Facing Animal Cruelty Charges for Alleged Mistreatment of Goats." *Free Republic*, March 24, 2005. http://freerepublic.com/focus/f-chat/1369865/posts.

Associated Press. "10,000-Year-Old Camel Bones Found in Arizona." *NBC News*, April 30, 2007. www.nbcnews.com/id/18397911/ns/technology_and_science-science/t/-year-old-camel-bones-found-arizona/#.XZ3SAmYpDIU.

Associated Press. "NH Officials Searching for Bear in Attack." *NBC5*, June 18, 2012. www.mynbc5.com/article/nh-officials-searching-for-bear-in-attack/3303765.

Associated Press. "Property Owner Kills 3 Cubs Going After Honey." *Concord Monitor*, September 20, 2018. www.concordmonitor.com/Property-owner-kills-3-cubs-going-after-honey-20324388.

Associated Press. "Bobcat That Attacked 3 Had Rabies." *Associated Press*, December 13, 2018. www.apnews.com/ff0be739bc234bcdb9c2c9a167291058.

Ayoob, Massad. "38 Super." *Guns Magazine*, March 2001.

Babiarz, John. "About Me." *John Babiarz: Libertarian Leader*. www.johnbabiarz.com/john-babiarz-about (accessed September 27, 2019).

Baillie, Jonathan, Ulf Gardenfors, Brian Groombridge, George Rabb, and A. J. Stattersfield, eds. *1996 IUCN Red List of Threatened Animals*. Gland, Switzerland, and Cambridge, UK: International Union for Conservation of Nature, 1996.

Banks, Louis. *White Slaves; or, the Oppression of the Worthy Poor*. Boston: Lee and Shepard, 1893.

Barrick, Daniel. "Libertarians Set Sights on Grafton, NH." *Concord Monitor*, June 12, 2004.

Barrick, Daniel. "Libertarian Head Hosts Benson." *Concord Monitor*, August 12, 2004.

Barrick, Daniel. "Protestors Hurl Invective at FEMA." *Concord Monitor*, September 22, 2005.

Barringer, Bernie. "Everything You Ever Wanted to Know About Bear Eyesight." *Outdoor Hub*, April 4, 2015. www.outdoorhub.com/stories/2015/04/01/everything-ever-wanted-know-bear-eyesight/.

Batchellor, Albert Stillman, ed. *Town Charters, Including Grants of Territory Within the Present Limits of New Hampshire, Made by the Government of Massachusetts*, vol. 25, *Grafton Regrant*, 1769. Concord, NH: Edward N. Pearson, 1895.

Baylor University. "Americans Are Happier in States That Spend More on Libraries, Parks, and Highways." *EurekAlert*, January 7, 2019. www.eurekalert.org/pub_releases/2019-01/bu-aah010219.php.

Bears in Mind. "The Evolution of Bear Species." www.bearsinmind.org/Page/The-evolution-of-bear-species (accessed October 9, 2019).

BearSmart Durango. "About Black Bears: Hibernation and Cubs." http://bearsmartdurango.org/black-bears/hibernation/ (accessed October 12, 2019).

Beer, Jeff. "Carter Got His Wendy's Nuggs and a Twitter World Record." *Fast Company*, May 9, 2017. www.fastcompany.com/40419538/carter-got-his-wendys-nuggs-and-a-twitter-world-record.

Belknap, Jeremy. *The History of New Hampshire*, vol. 3, 2nd ed. Boston: Bradford and Read, 1813.

Bigfoot Field Researchers Organization. "Grafton County, New Hampshire" (multiple reports). www.bfro.net/GDB/show_county_reports.asp?state=nh&county=Grafton (accessed October 6, 2019).

Biographical Publishing Company. Book of Biographies, Grafton County. Buffalo, NY: Biographical Publishing Company, 1897.

Blake, Mariah. "Unification Church Profile: The Fall of the House of Moon." *The New Republic*, November 12, 2013. https://newrepublic.com/article/115512/unification-church-profile-fall-house-moon.

Blumenthal, Ralph. "1 Cafe, 一 Gas Station, 2 Roads: America's Emptiest County." *New York Times*, February 25, 2006. www.nytimes.com/2006/02/25/us/1-cafe-1-gas-station-2-roads-americas-emptiest-county.html.

Boothroyd, John C. "*Toxoplasma gondii*: 25 Years and 25 Major Advances for the Field." *International Journal of Parasitology* 39, no. 8 (July 1, 2009). www.ncbi.nlm.nih.gov/pmc/articles/PMC2895946/.

Broder, John. "Silos Loom as Death Traps on American Farms." *New York Times*, October 29, 2012.

Brontë, Emily. *Wuthering Heights*. London, New York: Penguin Books, 2003.（エミリー・ブロンテ『嵐が丘』光文社、小野寺健訳、二〇一〇年、他）

Bryner, Jeanna. "Spider Phobia Cured with 2-Hour Therapy." *LiveScience*, May 21, 2012. www.livescience.com/20468-spider-phobia-cured-therapy.html.

Budds, Diana. "This Failed Utopia from the 1970s Sparked an International Dispute." *Curbed*, July 12, 2019. www.curbed.com/2019/7/12/20690898/republic-of-minerva-south-pacific-michael-oliver.

Buncombe, Andrew. "Hunters Outraged by Video of Poachers Killing Hibernating Bear and Cubs, Says Prosecutor." *Independent*, March 29, 2019. www.independent.co.uk/news/world/americas/bear-video-hibernating-poachers-kill-cubs-andrew-owen-renner-trial-prosecutor-a8846591.html.

Camerato, Tim. "Engineer: Historic Grafton Church a Safety Hazard." *Valley News*, March 10, 2019. www.vnews.com/Grafton-Meetinghouse-Report-24007258.

Canaan, New Hampshire. "Business Directory." www.canaannh.org/directories/business-dir.html (accessed October 7, 2019).

Carmon Community Funeral Homes. "Lloyd Danforth Obituary." August 2012. www.carmonfuneralhome.com/obituary/Lloyd-Robert-Danforth/Grafton-NH/1101254 (accessed October 14, 2019).

Carroll, Lewis. *Sylvie and Bruno*. London: Macmillan and Company, 1890; Project Gutenberg, 1996. www.gutenberg.org/files/48630/48630-h/48630-h.htm.（ルイス・キャロル『シルヴィーとブルーノ』筑摩

書房、柳瀬尚紀訳、一九八七年）

Carryl, Guy Wetmore. “The Confiding Peasant and the Maladroit Bear.” In *Fables for the Frivolous*. New York: Harper & Brothers, 1898; Project Gutenberg, 2009. www.gutenberg.org/ebooks/6438.

Cassidy, Maggie. “Grafton Church Founder Identified as Fire Victim.” *Valley News*, January 14, 2016. www.vnews.com/Archives/2016/01/GraftonFireFolo-mec-vn-011416.

Catholic Culture. “Catholic Dictionary.” www.catholicculture.org/culture/library/dictionary/index.cfm?id=34640 (accessed October 10, 2019).

Centers for Disease Control and Prevention. “Parasites: Toxoplasmosis: Epidemiology and Risk Factors.” Updated September 4, 2018. www.cdc.gov/parasites/toxoplasmosis/epi.html (accessed October 9, 2019).

Cereno, Benito. “Mysteries of the Superstition Mountains.” *Grunge*. www.grunge.com/80931/mysteries-superstition-mountains/ (accessed October 14, 2019).

Chase, Stacey. “Goat ‘Sanctuary’ Triggers Some Concern.” *Barre Montpelier Times Argus*, December 14, 2001. www.goatworld.com/archives/5000-5999/5790.shtml.

Cherico, Courtney. “4 Famous Organizations You Might Not Know Are Nonprofits.” *Guidestar Blog*, October 13, 2016. https://trust.guidestar.org/four-famous-organizations-you-might-not-know-are-nonprofits.

Child, Hamilton, ed. *Gazetteer of Grafton County, NH*, 1709—1886. Syracuse, NY: Syracuse Journal Company, 1886. https://archive.org/stream/gazetteerofgraft00chil/gazetteerofgraft00chil_djvu.txt.

Chow, Lorraine. “Alaska Poachers Sentenced for Killing Mother Bear and ‘Shrieking’ Cubs.” *EcoWatch*, January 25, 2019. www.ecowatch.com/alaska-bear-poachers-2627094092.html.

Coles, Barbara. “Zach Harvey the Man Behind the Bitcoin ATM.” *NH Magazine*, February 11, 2015. www.nhmagazine.com/zach-harvey-the-man-behind-the-bitcoin-atm/.

Community Lutheran Church. “Mascoma Valley Thanksgiving Ingathering 2019.” http://clcenfield.org/thanksgiving-ingathering (accessed October 12, 2019).

Condon, Tim. “Finding the Free Town in the Free State.” *Free State Project*, February 18, 2004. https://web.archive.org/web/20040627234936/http://freetownproject.com/Finding_the_Free_Town.html (accessed October 18, 2019).

Condon, Tim. “The Magnificent Small-Government Activists of Grafton, New Hampshire.” *GraniteGrok*, February 14, 2013. http://granitegrok.com/blog/2013/02/the-magnificent-small-government-activists-of-grafton-new-hampshire.

Condon, Tim. “Tim Condon.” *GraniteGrok*. https://granitegrok.com/author/tim (accessed September 29, 2019).

Council of State Governments. “The Book of the States 2017.” http://knowledgecenter.csg.org/kc/category/content-type/bos-2017 (accessed October 10, 2019).

Crouch, Jake. “Northeast Joins Drought, Spring 2012.” *NOAA: Climate. gov*, May 11, 2012. www.climate.gov/news-features/videos/northeast-joins-drought-spring-2012.

Cuddemi, Jordan. “One Missing in Grafton Fire.” *Valley News*, January 12, 2016. www.vnews.com/Archives/2016/01/Graftonfire-jc-vn-011316.

Cuddemi, Jordan. “Officials: Wild Boar Struck and Killed on Interstate.” *Valley News*, June 21, 2017. www.vnews.com/Wild-Boar-Killed-on-Interstate-89-Lebanon-NH.

Cuddemi, Jordan. “Cornish Police Shoot Bear That Attacked Chickens.” *Valley News*, June 6, 2018. www.vnews.com/Police-shoot-bear-in-Cornish-NH-18006432.

Cushing, Kenneth R. *Isinglass, Timber, and Wool: A History of the Town of Grafton, New Hampshire, 1761—1992*. Lebanon, NH: Hanover Printing Company, 1992.

Dartmouth Geisel School of Medicine. "Gene Targeting Discovery in Model Parasite Opens Door for Vaccines and Drugs." April 13, 2009. https://geiselmed.dartmouth.edu/news/2009/04/13_bzik.shtml.

Darwin, Charles. *The Descent of Man and Selection in Relation to Sex*, vol. 1, 2nd ed. London: John Murray, 1871; Project Gutenberg, 1999. www.gutenberg.org/ebooks/2300.（チャールズ・ダーウィン『人間の進化と性淘汰』文一総合出版、長谷川眞理子、一九九九年）

Davis, Helen, and Alton Harestad. "Cannibalism by Black Bears in the Nimpkish Valley, British Columbia." *Northwest Science*, no. 70 (1996): 88–92.

Davis, Mark. "Man Pleads Guilty to Grafton Murders." *Valley News*, January 9, 2013. www.vnews.com/Archives/2013/01/GraftonMurderPlea-mcd-vn-010913.

Dawson, Jacob. "Data Sheds Light on Bears Killed by NH Fish and Game." *Concord Monitor*, July 22, 2018. www.concordmonitor.com/Fish-and-Game-data-sheds-light-on-bear-euthanization-18894334.

Death Penalty Information Center. "State by State." https://deathpenaltyinfo.org/state-and-federal-info/state-by-state (accessed September 29, 2019).

Dickens, Charles. *Barnaby Rudge*. Philadelphia: T. B. Peterson, 1841; Internet Archive, 2008. https://archive.org/details/barnabyrudge00dickrich/page/4.（チャールズ・ディケンズ『バーナビー・ラッジ』、『集英社ギャラリー〈世界の文学〉 3 イギリス』収録、集英社、小池滋訳、一九七五年）

Dickens, Charles. *The Mudfog Papers: and Other Sketches*. London: Richard Bentley & Son, 1837–1838; Project Gutenberg, 2015. www.gutenberg.org/files/912/912-h/912-h.htm.

Dickens, Charles. "Tom Tiddler's Ground." Reprinted in *Christmas Stories*, ed. David Price. London: Chapman and Hall, 1894; Project Gutenberg, 2005.www.gutenberg.org/ebooks/1413.

Dillon, Raquel Maria. "Town Doesn't Welcome Libertarians." *New Hampshire Public Radio*, June 21, 2004. www.npr.org/templates/story/story.php?storyId=1967764.

Discovering Lewis & Clark. "Grizzlies in the Journals: 28 Jun 1805: A Frolick?" (Meriwether Lewis journal entry). http://www.lewis-clark.org/article/467 (accessed October 20, 2019).

Doherty, Brian. "New Hampshire Now Has Third Sitting Libertarian Party Legislator." *Reason*, June 29, 2017. https://reason.com/2017/06/29/new-hampshire-now-has-third-sitting-libe/.

Doyle, Arthur Conan. *The Lost World*. London, 1912; Project Gutenberg, 2008. www.gutenberg.org/ebooks/139.（アーサー・コナン・ドイル『失われた世界』光文社、伏見威蕃訳、二〇一六年、他）

Dubey, Jitender P. "The History of Toxoplasma gondii—The First 100 Years." *Journal of Eukaryotic Parasitology* 55, no. 6 (November/December 2008). www.ncbi.nlm.nih.gov/pubmed/19120791.

Dubey, J. P., and Chunlei Su. "Population Biology of *Toxoplasma gondii*: What's Out and Where Did They Come From." *Memórias do Instituto do Oswaldo Cruz* 104, no. 2 (March 2009). www.scielo.br/scielo.php?script=sci_arttext&pid=S0074-02762009000200011.

Dublin Penny Journal. "The Black Bear." *Dublin Penny Journal* 4, no. 197 (April 9, 1836): 324–25.

Duffort, Lola. "80-Year-Old Woman Fights off Rabid Bobcat." *Valley News*, June 27, 2017. www.vnews.com/A-bobcat-attacks-in-Sunapee-10950944.

Duffy, A. R., T. M. Beckie, L. A. Brenne, J. W. Beckstead, A. Seyfang, T. T. Postolache, and M. W. Groer. "Relationship Between *Toxoplasma gondii* and Mood Disturbance in Women Veterans." *Military Medicine 180*, no. 6 (June 2015). www.ncbi.nlm.nih.gov/

pubmed/26032378.

Duffy, John J., Samuel B. Hand, and Ralph H. Orth, eds. *The Vermont Encyclopedia*. Lebanon, NH: University Press of New England, 2003.

Early Detection & Distribution Mapping System (EDDMaps). "Status of Invasive [New Hampshire]." Data project of the University of Georgia Center for Invasive Species and Ecosystem Health. www.eddmaps.org/tools/statereport.cfm?id=us_nh (accessed October 9, 2019).

Economic & Labor Market Information Bureau, New Hampshire Employment Security. "Community Profiles: Grafton, NH." May 11, 2016. www.nhes.nh.gov/elmi/products/cp/profiles-htm/grafton.htm (accessed October 1, 2019).

Edge TV. "Robert Sapolsky Interview: Toxoplasmosis." *YouTube*, posted December 13, 2012. www.youtube.com/watch?v=m3x3TMdkGdQ.

Eliot, George. *The Mill on the Floss*. London: William Blackwell, 1860; Project Gutenberg, 2004. www.gutenberg.org/ebooks/6688.（ジョージ・エリオット『フロス河の水車場』文泉堂出版、工藤好美訳、一九九四年）

Emerson, Ralph Waldo. *Nature*. Boston: Thurston, Torry and Company, 1849; Project Gutenberg, 2009. www.gutenberg.org/ebooks/29433.（ラフル・ウォルド・エマソン『自然論』岩波書店、片上伸訳、一九三三年）

Federal Election Commission. "Federal Elections 88: Election Results for the US President, the US Senate, and the US House of Representatives." Washington, DC: June 1989. https://transition.fec.gov/pubrec/fe1988/federalelections88.pdf.

Find A Grave. Memorial page for Chloe *Barney Barney*. Find A Grave Memorial 124527960, created February 2, 2014, by Lorie Greenwood. www.findagrave.com/memorial/124527960/chloe-barney (accessed September 22, 2019).

Finke, Roger, and Rodney Stark. *The Churching of America*, 1776–1990. New Brunswick, NJ: Rutgers University Press, 1992.

Fish, Isaac Stone. "The Strange Life of Reverend Sun Myung Moon." *Foreign Policy*, September 4, 2012. https://foreignpolicy.com/2012/09/04/the-strange-life-of-reverend-sun-myung-moon/.

Flavin, Patrick. "State Government Public Goods Spending and Citizens' Quality of Life." *Social Science Research* 78 (February 2019): 28–40. https://cpb-us-w2.wpmucdn.com/blogs.baylor.edu/dist/2/1297/files/2010/09/Public_goods_SWB_SSR-1y6ql2s.pdf.

Flegr, Jaroslav, and Radim Kuba. "The Relation of *Toxoplasma*Infection and Sexual Attraction to Fear, Danger, Pain, and Submissiveness." *Evolutionary Psychology* 14, no. 3 (August 1, 2016). https://journals.sagepub.com/doi/10.1177/1474704916659746.

Florida Fish and Wildlife Conservation Commission. "Black Bear Behavior." https://myfwc.com/wildlifehabitats/wildlife/bear/facts/behavior/ (accessed October 1, 2019).

FMTV. "John Connell on FMTV at PorcFest 2007." *YouTube*, posted July 1, 2007. www.youtube.com/watch?v=ZYmP9ZRs-qg.

Freeman, Ian. "Chris Cantwell Has Become What He Once Hated—A Total Statist." *Free Keene*, January 17, 2019. https://freekeene.com/2019/01/17/chris-cantwell-has-become-what-he-once-hated-a-total-statist/.

Free State Project. "Free State Project Successful." *YouTube*, posted February 3, 2016. www.youtube.com/watch?v=C07Hj6_nM-s.

Free State Project. "The New Hampshire Advantage: Liberty Lives in New Hampshire." www.fsp.org/nh/#qol (accessed October 14, 2019).

GameWardenEDU.org. "How to Become a Fish and Game Warden in Maine." www.

gamewardenedu.org/maine/ (accessed October 9, 2019).

Gannett, Henry. *The Origin of Certain Place Names in the United States*, 2nd ed. Washington, DC: US Government Printing Office, 1905.

Gleason, Dan. "The Legend of the Lost Dutchman Mine." *Cowboys & Indians*, January 1, 2018. www.cowboysindians.com/2018/01/the-legend-of-the-lost-dutchman-mine/.

Globe and Mail "Even Dead, Huge Bear Inspires Awe," Globe and Mail, September 7, 2001. www.theglobeandmail.com/news/national/even-dead-huge-bear-inspires-awe/article4152575/.

Grafton Board of Selectmen. "Meeting Minutes, 2010." Town Archives, Grafton, NH.

Grafton Board of Selectmen. "Grafton Selectmen Deny PAC Tax Exemption" (June 30, 2014). *YouTube*, posted July 11, 2014. www.youtube.com/watch?v=zSDCUKKfmqo.

Grafton Board of Selectmen. "Grafton Public Meeting Re: Peaceful Assembly" (January 24, 2016). *YouTube*, posted January 25, 2016. www.youtube.com/watch?v=e9DCTXSrY4Q&feature=youtu.be&f bclid=IwAR0MDS45JrUP87yxyn5KULze8YPyv6xl6hDSTzRff8PurAv4k_5GE5P8BO4.

Grafton Board of Selectmen. "Minutes, September 4, 2018." Town Archives, Grafton, NH.

Grafton Ledger. "Town News." *Grafton Ledger*, October 1999. Archived at the Grafton Public Library.

Grafton, New Hampshire, municipal government. *Annual Reports of the Town of Grafton, NH, 1939, 1942–1948, 1990–1993, 2000–2019*. Bristol, NH: R. W. Musgrove, 1939–2019.

Greene, Britta. "Mink, the Famous Hanover Bear, Has Returned to the Upper Valley." *New Hampshire Public Radio*, April 12, 2019. www.nhpr.org/post/mink-famous-hanover-bear-has-returned-upper-valley#stream/0.

Gregg, John. "In Grafton, Burn Pile Becomes Protest for Libertarian Activist." *Valley News*, May 26, 2010. www.vnews.com/05262010/05262010.htm.

Griffin, Simon Goodell. *The History of Keene, New Hampshire*. Keene: Sentinel Printing Company, 1904, 317–18.

Gross, Ludwik. "How Charles Nicolle of the Pasteur Institute Discovered That Epidemic Typhus Is Transmitted by Lice: Reminiscences from My Years at the Pasteur Institute in Paris." *Proceedings of the National Academy of Science USA* 93, no. 20 (October 1996). www.ncbi.nlm.nih.gov/pmc/articles/PMC38186/?page=1.

Grossmith Pat. "Routine Stop Leads to Arrest of Armed Man in Body Armor." *New Hampshire Union Leader*, October 10, 2008.

Haddadin, Jim. "New Hampshire Has Most Machine Guns per Capita in the Country." *Fosters News*, January 20, 2013.

Hammond, Isaac W. *Town Papers: Documents Relating to Towns in New Hampshire, Gilmanton to Ipswich*, vol. 12. Concord, NH: Parsons B. Cogswell, 1883.

Hanaford, Mary E. Neal. *Meredith, NH Annals and Genealogies*. Concord, NH: Rumford Press, 1932.

Harai, Yuval Noah. *Sapiens: A Brief History of Humankind*. New York: Harper Perennial, 2015.（ユヴァル・ノア・ハラリ『サピエンス全史』河出書房新社、柴田裕之、二〇一六年）

Harding, Adam. "Grafton Woman Attacked by Bear: Bear Attracted by Smell of Pot Roast." *WMUR*, June 17, 2012. www.wmur.com/article/grafton-woman-attacked-by-bear-1/5174477.

Harte, Bret. *The Luck of Roaring Camp and Other Tales*. New York: Dodd, Mead, 1961.

Hawthorne, Nathaniel. *Twice Told Tales*. Philadelphia: David McKay, Publisher, 1889; Project Gutenberg, 2004. www.gutenberg.org/ebooks/13707.

Hawthorne, Nathaniel. 2007. *The Snow-Image and Other Twice-Told Tales*. New York:

Hurst & Co., 1912.

HearCast. "Facets: How State, Local, and Private Worked Together to Keep a Bear Family Safe." https://herecast.us/954782 (accessed October 14, 2019).

HearCast. "Spotlight on Our Sponsors: SAVES, Mike Barskey." https://herecast.us/795962 (accessed October 6, 2019).

Heinrich, Bernd. *The Trees in My Forest*. New York: Cliff Street Books, 1997.

Henneberger, Melinda. "Seeking Converts, Controversially." *New York Times*, December 30, 1992. www.nytimes.com/1992/12/30/nyregion/seeking-converts-controversially.html.

Herald. "Orange County Court Cases." *Herald* (Vermont), February 8, 2018. www.ourherald.com/articles/orange-county-court-cases-27/.

Hershberger, Andy, and Ray Brewer. "Bear Seriously Hurts Woman, 71, in Her Groton Home." *WMUR*, July 9, 2018. www.wmur.com/article/woman-71-seriously-hurt-in-encounter-with-bear-in-groton-home/22214964.

Historical Society of Cheshire County. "Monadnock Moments No. 27: Eleazer Wilcox and the Bear." https://hsccnh.org/2017/03/24/monadnock-moments-no-27-eleazer-wilcox-bear/ (accessed September 22, 2019).

Hongoltz-Hetling, Matt. "After Serving, Handicapped Vets Suffer in Silence." *Valley News*, February 5, 2017.

Hongoltz-Hetling, Matt. "A Life: Harold Edward 'Duffy' Duefield III 'Always Wanted to Have Fun.'" *Valley News*, April 2, 2017. www.vnews.com/Harold-Duffy-Duefield-A-Life-Grafton-9016810.

Hongoltz-Hetling, Matt. "Area Bears Are Becoming Bolder; Trackers Say Some Residents Still Aren't Eliminating Food Sources." *Valley News*, June 15, 2018. www.vnews.com/Hanover-bears-multiplying-18183655.

Howard, R. H., and Henry E. Crocker. *A History of New England*, vol. 2, *Maine, New Hampshire, Vermont*. Boston: Crocker & Co. Publishers, 1881.

Humane Society of the United States. "They'll Never Be Able to Link It to Us." *YouTube*, posted March 27, 2019. www.youtube.com/watch?v=i7SoGMv4eMg.

Illinois State Museum. "Explore the Ice Age Midwest: Helmeted muskox, *Bootherium bombifrons*." http://iceage.museum.state.il.us/mammals/helmeted-muskox (accessed October 9, 2019).

Introvigne, Massimo. *The Unification Church: Studies in Contemporary Religion*. Salt Lake City: Signature Books, 2000.

Iyer, Ravi, Spassena Koleva, Jesse Graham, Peter Ditto, and Jonathan Haidt. "Understanding Libertarian Morality: The Psychological Dispositions of Self-Identified Libertarians." *PLOS/ONE* 7, no. ∞ (2012): e42366. https://doi.org/10.1371/journal.pone.0042366.

Jack News. "Three Front-Runners Emerge for the 2020 Libertarian Party Presidential Nomination." *Jack News*, August 21, 2017. www.thejacknews.com/politics/survey-poll-results/three-front-runners-emerge-for-the-2020-libertarian-party-presidential-nomination/ (not secure).

Jacobson, Louis. "Budget Proposal Would Cut EPA by 31% in One Year." *Politifact*, March 29, 2017. www.politifact.com/truth-o-meter/promises/trumpometer/promise/1436/dramatically-scale-back-epa/.

Jarvis, Kyle. "Group Aims to Counter Free Keene." *Keene Sentinel*, March 30, 2014. www.sentinelsource.com/news/local/group-aims-to-counter-free-keene/article_26147f56-8fbf-5b06-8755-7aaec554bc2b.html.

Jones, Tim. "Police: Convicted NH Felon Found with Uzi, Assortment of Knives." *NECN*, October 6, 2017. www.necn.com/news/new-england/Police-Convicted-NH-Felon-Found-With-Uzi-Assortment-of-Knives-449770063.html.

Joyce, James. *Ulysses*. London: Bodley Head, 1969.（ジェイムズ・ジョイス『ユリシーズ』河出書房新社、柳瀬尚紀、一九九七年、他）

Kanning, Kat. "A Big Deal over a Small Fire." *New Hampshire Free Press*, June 2010. https://web.archive.org/web/20100703055658/http://newhampshirefreepress.com/node/634.

Keller, Richard C. *Colonial Madness: Psychiatry in French North Africa*. Chicago: University of Chicago Press, 2008.

Kilham, Benjamin. *In the Company of Bears: What Black Bears Have Taught Me About Intelligence and Intuition*. White River Junction, VT: Chelsea Green Publishing, 2014.

Kilham, Benjamin. *Among the Bears: Raising Orphan Cubs in the Wild*. Self-published, 2015.

Kim, Hyung-eun. "Business Engine of a Global Faith." *Joongang Daily*, April 11, 2010. www.tparents.org/Moon-Talks/KookJinMoon/KookJinMoon-100411.htm.

Kipling, Rudyard. *Kipling: A Selection of His Stories and Poems*. Garden City, NY: Doubleday & Company, 1956.

Koziol, John. "Driver Shot During April Road Rage on Route 4 Had It Coming, Defense Will Argue." *New Hampshire Union Leader*, May 29, 2019. www.unionleader.com/news/crime/driver-shot-during-april-road-rage-on-route-had-it/article_b9bbfdad-246b-57da-8127-349077ac4918.html.

Koziol, John. "Prosecutors Cite History of Road Rage in Man Charged in Shooting." *New Hampshire Union Leader*, June 16, 2019. www.unionleader.com/news/crime/prosecutors-cite-history-of-road-rage-in-man-charged-in/article_44c8f6bd-7a38-52b6-9962-020f7c458fc1.html.

Kronenwetter, Mary T. "Corbin's 'Animal Garden.'" *Eastman Living*, Fall 2011. https://web.archive.org/web/20150312212809/http://eastmanliving.com/2011/11/corbin%E2%80%99s-%E2%80%9Canimal-garden%E2%80%9D.

Kumar, Vikas, Fritjof Lammers, Tobias Bidon, Markus Pfenninger, Lydia Kolter, Maria A. Nilsson, and Axel Janke. "The Evolutionary History of Bears Is Characterized by Gene Flow Across Species." *Scientific Reports* 7 (October 2017). www.nature.com/articles/srep46487.

LaFollette, Hugh, ed. *The International Encyclopedia of Ethics*. Hoboken, NJ: Wiley-Blackwell Company, 2013.

Lake Winnipesaukee Historical Society. "Bear Island: An Early History." Reprinted from *Bear Island Reflections* (2nd ed., Bear Island Conservation Association, 2000). www.lwhs.us/islands/bear/bearislandearylhistory.htm (accessed September 22, 2019).

Lane Memorial Library. "History of the Hampton Fire Department." January 10, 1984. www.hampton.lib.nh.us/hampton/history/firedept/fire3.htm (accessed October 7, 2019).

Lawrence, Brandon. "Resident Puts Property Rights Above All." *Monadnock Ledger-Transcript*, March 15, 2013. www.ledgertranscript.com/Archives/2013/02/anJohnRedman-ml-030513.

Lawrence Edward Pendarvis v. State of Florida, no. 2D98-216, decided February 18, 2000. https://caselaw.findlaw.com/fl-district-court-of-appeal/1065979.html.

Layne, J. R., Jr. "Freeze Tolerance and Cryoprotectant Mobilization in the Gray Treefrog (*Hyla versicolor*." *Journal of Experimental Zoology*283, no. 3 (February 1999): 221–25.

LBRY. "The Team." https://lbry.com/team (accessed October 14, 2019).

Leubsdorf, Ben. "Open Assembly." *Concord Monitor*, August 9, 2010. www.concordmonitor.com/Archive/2010/08/999788122-999788122-1008-CM?page=0,0.

Libertarian National Committee, Inc. "About the Libertarian Party." www.lp.org/about/ (accessed September 27, 2019).

Libertarian National Committee, Inc.

"Issues." www.lp.org/issues/ (accessed September 27, 2019).

Libertarian Party. "Statewide Libertarian Vote Totals That Will Give LP Ballot Access." November 5, 2012. www.lp.org/blogs-staff-statewide-libertarian-vote-totals-that-will-give-lp-ballot-access/ (accessed October 8, 2019).

Lincoln, Abraham. "The Bear Hunt," *Poetry Foundation*. www.poetryfoundation.org/poems/45901/the-bear-hunt (accessed September 22, 2019).

Lippman, John. "Mine Could Be Yours: Ruggles for Sale." *Valley News*, June 17, 2016. www.vnews.com/Grafton-Attraction-on-the-Market-2811479.

Little, William. *The History of Weare, New Hampshire 1735–1888*. Lowell, MA: S. W. Huse & Co., 1888.

London, Jack. *The Iron Heel*. New York: George Platt Brett Sr., 1908; Project Gutenberg, 2006. www.gutenberg.org/ebooks/1164.（ジャック・ロンドン『鉄の踵』新樹社、小柴一訳、一九八七年）

Longfellow, Henry Wadsworth. *The Song of Hiawatha*. Boston: Ticknor and Fields, 1855; Project Gutenberg, 2007. www.gutenberg.org/ebooks/19.（ヘンリー・ワズワース・ロングフェロー『ハイアワサの歌』作品社、三宅一郎訳、一九九三年）

Longfellow, Henry Wadsworth. *he Complete Poetical Works of Henry Wadsworth Longfellow*T. London, 1852; Project Gutenberg, 2004. www.gutenberg.org/files/1365/1365-h/1365-h.htm#link2H_4_0368.

Lorrey, Mike. "About." www.f6s.com/mikelorrey (accessed October 3, 2019).

Lowell, Amy. "The Travelling Bear." In *Some Imagist Poets: An Anthology*, ed. Richard Aldington Boston, 1915; Project Gutenberg, 2009. www.gutenberg.org/ebooks/30276.

Macaulay, Thomas Babington. *The History of England from the Accession of James II*, 5 vols., vol. 1. Philadelphia: Porter and Coates, 1890.

Maher, Savannah. "Groton Woman Recovering After Bear Attack in Her Home." *New Hampshire Public Radio*, July 18, 2018. www.nhpr.org/post/groton-woman-recovering-after-bear-attack-her-home#stream/0.

Maupassant, Guy de. *Selection from the Writings of Guy de Maupassant*, vol. 7. Akron: Saint Dunstan, 1903; Charlottesville: University of Virginia Press, 2009.

McDuffee, Franklin. *History of the Town of Rochester, New Hampshire, from 1722 to 1890*, vol. 1. Manchester, NH: John B. Clarke Co., 1892.

McMaster, John Bach. *A Brief History of the United States*. American Book Company, 1883; Project Gutenberg, 2004. www.gutenberg.org/ebooks/6896.

McNish, Kevin. "Free Town Project Falls Flat." *Vanderbilt Torch*, September 20, 2004. https://web.archive.org/web/20041225111822/http://www.vutorch.org/blog/archives/000051.html (accessed September 29, 2019).

Melville, Herman. *Moby-Dick: Or, the Whale*. New York: Harper & Brothers, 1851; Project Gutenberg, 2008. www.gutenberg.org/ebooks/2701.（ハーマン・メルヴィル『白鯨』岩波書店、八木敏雄訳、二〇〇四年、他）

Milius, Susan. "Bears That Eat 'Junk Food' May Hibernate Less and Age Faster." *Science News*, March 4, 2019.

Miller, Joshua Rhett. "Body of Man Who Hunted Legendary 'Lost Dutchman's' Gold Mine Believed Found in Arizona Mountains." *Fox News*, November 29, 2012. www.foxnews.com/us/body-of-man-who-hunted-legendary-lost-dutchmans-gold-mine-believed-found-in-arizona-mountains.

Mink The Bear (@mink_the_bear). "I'm home bitches!" Twitter post, May 18, 2019. https://twitter.com/mink_the_bear/status/1129729903073681410.

Mistral, Pixeleen. "BNT Claims $500,000 USD in Damages—Hopes to Join Class

Action Lawsuit." *Alphaville Herald*, April 23, 2010. http://alphavilleherald.com/2010/04/bnt-claims-500000-usd-in-damages-hopes-to-join-class-action-lawsuit.html.

Morissette, Naomi, and James W. Ajioka. "The Early Years of Toxoplasma Research: What's Past Is Prologue." *International Journal for Parasitology* 39, no. 8 (July 1, 2009). www.ncbi.nlm.nih.gov/pmc/articles/PMC2727930/.

Muir, John. *My First Summer in the Sierra*. Boston: Houghton Mifflin Company, 1911; Project Gutenberg, 2010. www.gutenberg.org/ebooks/32540.（ジョン・ミューア『はじめてのシエラの夏』宝島社、岡島成行訳、一九九三年）

Musgrove, Richard W. *History of the Town of Bristol, Grafton County, New Hampshire, vol. 2, Genealogies*. Bristol, NH: Author, 1904.

National Archives. "From Thomas Jefferson to Zebulon Pike, 6 November 1807." *Founders Online*. https://founders.archives.gov/documents/Jefferson/99-01-02-6721 (accessed October 20, 2019).

National Oceanic and Atmospheric Administration, National Centers for Environmental Information. "Climate at a Glance: Statewide Time Series." www.ncdc.noaa.gov/cag/statewide/time-series.

New Hampshire Department of Justice. "Kelly A. Ayotte: Methamphetamine Labs in Grafton County." Press release. January 17, 2006. http://doj.nh.gov/publications/nreleases/011706methamphetamine.html (no longer available).

New Hampshire Department of Revenue Administration, Municipal Services Division. "Tax Rates 2010." December 22, 2010. www.revenue.nh.gov/mun-prop/municipal/documents/2010-local.pdf.

New Hampshire Department of Revenue Administration. "Completed Public Tax Rates 2018." www.revenue.nh.gov/mun-prop/municipal/documents/18-tax-rates.pdf (accessed October 14, 2019).

New Hampshire Department of Revenue Administration. "Proposed Budget: Canaan." 2019 MS-737. www.canaannh.org/town_meetings_and_voting/ms737-2019.pdf.

New Hampshire Department of Revenue Administration. "Proposed Budget: Enfield." 2019 MS-737. www.enfield.nh.us/sites/enfieldnh/files/uploads/2019_proposed_budget.pdf.

New Hampshire Department of Revenue Administration. "Proposed Budget: Grafton." 2019 MS-737. Available upon request from Grafton, NH, town office.

New Hampshire Fish and Game Department. "2017 New Hampshire Wildlife Harvest Summary." https://wildlife.state.nh.us/hunting/documents/2017-harvest-summary.pdf (accessed October 10, 2019).

New Hampshire Fish and Game Department. "Bear Harvest (2018)." https://wildlife.state.nh.us/hunting/bear-harvest.html (accessed October 9, 2019).

New Hampshire Fish and Game Department. "Eastern Coyote (*Canis latrans var.*)." www.wildlife.state.nh.us/wildlife/profiles/coyote.html (accessed October 6, 2019).

New Hampshire Fish and Game Department. "New Hampshire Fish and Game Through the Years." https://wildlife.state.nh.us/150/timeline.html (accessed October 9, 2019).

New Hampshire Fish and Game Department. "Something's Bruin in New Hampshire: Learn to Live with Bears." https://wildlife.state.nh.us/wildlife/bears/index.html (accessed October 9, 2019).

New Hampshire Office of the Legislative Budget Assistant. "State of New Hampshire Fish and Game Department: Performance Audit Report." January 2008. www.vision.ca.gov/docs/NH_Fish_and_Game_Audit.pdf (accessed October 1, 2019).

New Hampshire Office of Strategic

Initiatives. "Age, Race and Gender Estimates." www.nh.gov/osi/data-center/age-race-gender.htm (accessed October 1, 2019).

New Hampshire Secretary of State. "2000 General Election Results: Governor." https://sos.nh.gov/2000GovGen.aspx?id=3167.

New Hampshire Secretary of State. "2002 General Election Results: Governor." https://sos.nh.gov/2002GovGen.aspx.

New Hampshire Secretary of State. "2010 General Election Results: Governor." https://sos.nh.gov/2010GovGen.aspx?id=321.

New Hampshire Supreme Court. *Jeremy Olson & a. v. Town of Grafton*, no. 2015-0264, argued January 7, 2016, opinion issued February 12, 2016. https://law.justia.com/cases/new-hampshire/supreme-court/2016/2015-026.html.

New Hampshire Supreme Court. *John J. Babiarz v. Town of Grafton*, no. 2006-542, submitted May 23, 2007, opinion issued July 20, 2007. www.courts.state.nh.us/supreme/opinions/2007/barbi108.pdf.

New York State Department of Environmental Conservation. "Brain Worm." www.dec.ny.gov/animals/72211.html (accessed October 14, 2019).

Normandeau, Glenn. "My Turn: The Facts About Bear Hunting in New Hampshire." *Concord Monitor*, October 23, 2016. www.concordmonitor.com/The-story-of-NH-bear-hunting-5516328.

North American Bear Center. "Do Black Bears Hibernate?" https://bear.org/do-black-bears-hibernate/ (accessed October 1, 2019).

Nosowitz, Dan. "The 2012 Heat Wave 'Almost Like Science Fiction.'" *Popular Science*, March 23, 2012. www.popsci.com/science/article/2012-03/2012-heat-wave-almost-science-fiction-mind-boggling/.

O'Donnell Funeral and Cremation Service. "Obituary: John J. Connell." http://hosting-6738.tributes.com/obituary/show/John-J.-Connell-103197519 (accessed October 6, 2019).

Olson, Jeremy. "The Resume of Jeremy J. Olson." Updated May 13, 2016. www.jeremyjolson.com/sites/default/files/resume.pdf (accessed October 10, 2019).

Olson, Jeremy. "Who Is J'raxis 270145?" www.jraxis.com/about (accessed October 10, 2019).

Orff, Eric. "NH Fish and Game Enters the Computer Era." https://wildlife.state.nh.us/150/documents/nhfg-first-pc.pdf (accessed October 9, 2019).

Osborne, Samuel. "Mind-Altering Parasite Spread by Cats Would Give Humans More Courage and Overcome 'Fear of Failure,' Research Suggests." *Independent*, July 25, 2018. www.independent.co.uk/news/science/parasite-cat-faeces-mind-alter-humans-courage-fear-failure-toxoplasma-gondii-a8463436.html.

Pelis, Kim. *Charles Nicolle Pasteur's Imperial Missionary: Typhus and Tunisia*. Rochester, NY: Rochester University Press, 2006.

Philips, Matt. "Free State Project Statement Regarding Ian Freeman and Free Talk Live." *Free State Project*, March 17, 2016. www.fsp.org/free-state-project-statement-regarding-ian-freeman-and-free-talk-live/.

Pierson, Sandi. *Bricks, Books, and Barnyards: The History of Slab City Schoolhouse, Grafton, New Hampshire*. Self-published, 2009. Archived at the Grafton Public Library.

Plottner, Sean. "Ursa Major: Please Don't Feed the Bears." *Dartmouth Alumni Magazine*, September/October 2019. https://dartmouthalumnimagazine.com/articles/ursa-major.

Poli, Domenic. "Man Shot, Killed in Walpole Had Long Criminal History." *Brattleboro Reformer*, April 2, 2013. www.reformer.com/stories/man-shot-killed-in-walpole-had-long-criminal-history,385830.

Purdue University Grain Quality Laboratory. "Frequently Asked Questions

About Flowing Grain Entrapment, Grain Rescue and Strategies, and Grain Entrapment Prevention Measures." Updated April 2011. https://extension.entm.purdue.edu/grainlab/content/pdf/QuestionFlowingGrainEntrap.pdf.

Quimby, Taylor. "You Asked, We Answered: What Is the Free State Project?" *New Hampshire Public Radio*, April 12, 2018. www.nhpr.org/post/you-asked-we-answered-what-free-state-project#stream/0.

Rand, Ayn. *Atlas Shrugged*. New York: New American Library, 2018.（アイン・ランド『肩をすくめるアトラス』ビジネス社、脇坂あゆみ訳、二〇〇四年）

Randlett, David. "New Building for Millbrook Christian Fellowships Draws Attention to God's Hand in Nature." *The Foresee: News from the Conservative Congregational Christian Conference*, April 2012. www.ccccusa.com/wp-content/uploads/2017/09/FORESEE-April-2012.pdf.

Redman, John. *Cops Being Cops*(blog). http://cops-being-cops.blogspot.com/ (accessed October 12, 2019).

Redman, John. "Peaceful Assembly Church Fire." Seventeen-part video series posted on *YouTube*, January 13, 2016. www.youtube.com/user/Knowaymr/videos.

Reid, Nick. "Liberty Activists in High Court Cases Say Their Newly Created Religions Afford Them Tax Exemptions." *Concord Monitor*, July 29, 2015. www.concordmonitor.com/Archive/2015/07/COTS-cm-072815.

Ricker Funeral Homes & Crematory. "Robert Peter Hull of Grafton, New Hampshire (1965–2019): Obituary." www.rickerfuneralhome.com/obituary/robert-hull (accessed September 29, 2019).

Roach, John. "Black Bears Adapting to City Living, Study Says." *National Geographic*, November 26, 2003. www.nationalgeographic.com/animals/2003/11/black-bears-adapt-cities-animals/.

Robert P. Hull & a. v. Grafton County & a. , no. 2009-527, opinion issued October 19, 2010. www.courtlistener.com/opinion/2549900/hull-v-grafton-county/.

Roche, B. J. "Grafton's Messy Liberation." *Boston Globe*, June 20, 2004.

Rodolico, Jack. "Libertarians Move in to Make a Small NH Town Even Smaller." *National Public Radio*, March 9, 2014. www.npr.org/2014/03/09/288069880/libertarians-move-in-to-make-a-small-n-h-town-even-smaller.

Rogers, James. "Exiled Doughnut-Loving Bear Travels Thousands of Miles to Return Home." *Fox News*, May 22, 2019. www.foxnews.com/science/doughnut-loving-bear-returns-home.

Romero, Simon. "Deep in Brazil's Amazon, Exploring the Ruins of Ford's Fantasyland." *New York Times*, February 20, 2017. www.nytimes.com/2017/02/20/world/americas/deep-in-brazils-amazon-exploring-the-ruins-of-fords-fantasyland.html.

Ryan, Katie Beth. "'Not the Government's Church': Grafton Pastor Refuses to File with State for Tax-Exempt Status." *Valley News*, June 20, 2011.

Sandberg, Louise. "Cookeville: Goat Farm No Longer." *Journal Opinion*, July 1, 2009. http://jop.stparchive.com/Archive/JOP/JOP07012009p010.php.

San Diego Zoo Global Library. "Extinct Teratorn (Family Teratornithidae) Fact Sheet: Summary." https://ielc.libguides.com/sdzg/factsheets/extinctteratorn (accessed October 9, 2019).

Schaff-Herzog Encyclopedia. "Banks, Louis Albert." In *New Schaff-Herzog Encyclopedia of Religious Knowledge*, vol. 1, *Aachen—Basilians*, ed. Samuel Macauley Jackson. Grand Rapids, MI, 1908; Christian Classics Ethereal Library, 2005. www.ccel.org/ccel/schaff/encyc01.html?term=Banks,%20Louis%20Albert.

Schoonover, Kelley. "Vermont Man Loses Custody of Goats After Trail of Death in

Multiple States." *Associated Press*, March 16, 2005.

Seton, Ernest Thompson. *The Biography of a Grizzly*. New York: Century Co., 1900; Project Gutenberg, 2008. www.gutenberg.org/ebooks/25023.（アーネスト・トンプソン・シートン『灰色大グマの伝記』、『シートン動物記（2）』収録、偕成社、白柳美彦訳、一九八九年、他）

Settle, Mary Lee. *Learning to Fly: A Writer's Memoir*. New York: W. W. Norton & Company, 2007.

Shakespeare, William. *Henry VI*, Part 3. Project Gutenberg, 2000. www.gutenberg.org/ebooks/2256.（ウィリアム・シェイクスピア『ヘンリー六世』筑摩書房、松岡和子訳、二〇〇九年、他）

Shakespeare, William. *The Winter's Tale*. Project Gutenberg, 2000. www.gutenberg.org/ebooks/2248.（ウィリアム・シェイクスピア『冬物語』筑摩書房、松岡和子訳、二〇〇九年、他）

Shire Society. "History." https://shiresociety.com/history/ (accessed October 14, 2019).

Sinclair, Upton. *The Jungle*. New York: Doubleday, Page, 1906; Project Gutenberg, 2006. www.gutenberg.org/ebooks/140.（アプトン・シンクレア『ジャングル』松柏社、巽孝之訳、二〇〇九年）

Sisinyak, Nancy, Alaska Department of Fish and Game. "The Biggest Bear . . . Ever." *Alaska Fish & Wildlife News*, August 2006. www.adfg.alaska.gov/index.cfm?adfg=wildlifenews.view_article&articles_id=232.

Settle, Mary Lee. *Learning to Fly: A Writer's Memoir*. New York: W. W. Norton & Company, 2007.

Single Action Shooting Society. "SASS: A Brief History." www.sassnet.com/About-What-is-SASS-001A.php (accessed October 1, 2019).

Smith, Elias, ed. "New England Gleanings." *Herald of Gospel Liberty* 101 (1909): 24. https://play.google.com/store/books/details?id=dGTMen35RDkC&rdid=book-dGTMen35RDkC&rdot=1.

Smithsonian's National Zoo & Conservation Biology Institute. "Panamanian Golden Frog." https://nationalzoo.si.edu/animals/panamanian-golden-frog (accessed October 1, 2019).

Snyder, Gary. "Smokey the Bear Sutra." In *Sacred-Texts*. www.sacred-texts.com/bud/bear.htm (accessed October 7, 2019).

Sorens, Jason. "The Early Years of the Free State Project." *Free State Project*. www.fsp.org/history/ (accessed October 14, 2019).

State of New Hampshire v. Sharon Ankrom, 2009-0202–5 and 2011-0744.

Stearns, Ezra S., William F. Whitcher, and Edward Everett Parker. *Genealogical and Family History of the State of New Hampshire: A Record of the Achievements of Her People in the Making of a Commonwealth and the Founding of a Nation*. New York: Lewis Publishing Company, 1908.

Stevenson, Robert Louis. *Treasure Island*. New York: C. Scribner's Sons, 1911.（ロバート・ルイス・スティーヴンソン『宝島』新潮社、鈴木恵訳、二〇一六年、他）

Stiffman, Eden. "Dozens of 'Hate Groups' Have Charity Status, *Chronicle* Study Finds." *Chronicle of Philanthropy*, December 22, 2016. www.philanthropy.com/article/Dozens-of-Hate-Groups-/238748.

Stone, Abbey. "15 Things You Might Not Know About New Hampshire." *Mental Floss*, October 6, 2014. http://mentalfloss.com/article/58977/15-things-you-might-not-know-about-new-hampshire.

Studer, Nina Salouâ. *he Hidden Patients: North African Women in French Colonial Psychiatry*T, vol. 8. Cologne: Bohlau Verlag Koln Weimar, 2015.

Tennyson, Alfred. *Becket and Other Plays*. London, 1884; Project Gutenberg, 2003. www.gutenberg.org/ebooks/9162.

Thoreau, Henry David. *Excursions*. Boston: Ticknor and Fields, 1863; Project Gutenberg,

2003. www.gutenberg.org/ebooks/9846.

Thoreau, Henry David. *The Writings of Henry D. Thoreau*. Princeton, NJ: Princeton University Press, 1972.

Timmins, Andrew A., New Hampshire Fish and Game Department. "Grafton 10 year." Report compiled for the author, 2017.

Timmins, Andrew A., New Hampshire Fish and Game Department. "New Hampshire Black Bear Assessment 2015." November 2014.

Timmins, Andrew. "Documented Bear Complaints in New Hampshire, 1995–2014." *New Hampshire Wildlife Journal*, July/August 2015. www.wildlife.state.nh.us/pubs/documents/samples/somethings-bruin-july-aug-2015.pdf.

Torres, Paola Vega. "GM1-gangliosidosis in an American Black Bear." *Molecular Genetics and Metabolism* 93, no. 2 (February 2008).

Tuohy, Dan. "Free State 'Porcupines' Fight Prickly Reception." *Eagle Tribune*, June 27, 2004.

Twain, Mark. *Following the Equator: A Journey Around the World*. Hartford, CT: American Publishing Co., 1897; Project Gutenberg, 2006. www.gutenberg.org/ebooks/2895.（マーク・トウェイン『赤道に沿って』彩流社、飯塚英一訳、一九九九年）

Twain, Mark. *Mark Twain's Letters*, 2 vols., vol. 1. New York: Harper & Brothers, 1917.

Underwood, Katherine. "71-Year-Old NH Woman Mauled by Bear: 'He Just Let Me Have It.'" *NBC Boston*, August 17, 2018. www.nbcboston.com/news/local/71-Year-Old-Groton-NH-Woman-Mauled-by-Bear-He-Just-Let-Me-Have-It-491150861.html.

Underwood, Katherine, and Marc Fortierc. "'Shocked': Daughter Reacts After Woman Attacked by Bear in Her Groton, New Hampshire Home." *NBC Boston*, July 18, 2018. www.nbcboston.com/news/local/Wheelchair-Bound -Woman-Attacked-by-Bear-in-Her-Groton-New-Hampshire-Home-488406101.html.

Underwood, Lamar, ed. *Man Eaters: True Tales of Animals Stalking, Mauling, Killing, and Eating Human Prey*. Guilford, CT: Lyons Press, 2000.

US Department of Agriculture. "Agriculture—New Hampshire." 1929–1935. http://usda.mannlib.cornell.edu/usda/AgCensusImages/1935/01/02/1514/Table-01.pdf (accessed October 7, 2019).

US Department of Agriculture. "Table 1: County Summary Highlights: 1992." http://usda.mannlib.cornell.edu/usda/AgCensusImages/1992/01/29/1570/Table-01.pdf (accessed October 7, 2019).

US Environmental Protection Agency. "The Origins of EPA." www.epa.gov/history/origins-epa (accessed October 9, 2019).

US Fish & Wildlife Services. "Midwest Region Endangered Species: Extinct Species." Updated May 29, 2919. www.fws.gov/midwest/endangered/lists/extinct.html (accessed October 9, 2019).

Vermin Supreme. "Vermin Supreme for President." Facebook page. www.facebook.com/VerminSupreme/posts / vermin-supreme-libertarian-candidate-for-president/1074191295951621/ (accessed October 14, 2019).

Vermont Fish & Wildlife Department. "2017 Vermont Black Bear Harvest Report." https://vtfishandwildlife.com/sites/fishandwildlife/files/documents/Learn%20More/Library/REPORTS%20AND%20DOCUMENTS/HUNTING/HARVEST%20REPORTS/bear/2017-Black-Bear-Harvest-Report.pdf (accessed September 29, 2019).

Volk, Oleg. "Tony Lekas." United States Concealed Carry Association. www.usconcealedcarry.com/blog/tony-lekas/ (accessed September 29, 2019).

Wade, Peter. "White Supremacist Cantwell Promises Revenge over Conviction of Charlottesville Killer." *Rolling Stone*,

December 9, 2018. www.rollingstone.com/politics/politics-news/chris-cantwell-charlottesville-reaction-766695/.

Wagner, Scott W. "The Taurus Judge: .45 Colt/.410 Shotshell Defender." United States Concealed Carry Association. www.usconcealedcarry.com/blog/taurus-judge-45-colt-410-shotshell-defender/ (accessed October 1, 2019).

Walker, Bill, and Ivy Walker. "License Need to Exercise Fundamental Right." *The High Road*, October 21, 2008. www.thehighroad.org/index.php?threads/license-need-to-exercise-fundamental-right.401274/ (accessed October 3, 2019).

Wallace, Gordon D., Leslie Marshall, and Mac Marshall. "Cats, Rats, and Toxoplasmosis on a Small Pacific Island." *American Journal of Epidemiology* 95, no. ∽ (May 1972). https://academic.oup.com/aje/article-abstract/95/5/475/215953?redirectedFrom=PDF.

Wallace, William Allen. *The History of Canaan, New Hampshire*. Concord, NH: Rumford Press, 1910.

Weiss, Louis M., and Jitender P. Dubey. "Toxoplasmosis: A History of Clinical Observations." *International Journal of Parasitology* 39, no. ∞ (July 1, 2009). www.ncbi.nlm.nih.gov/pmc/articles/PMC2704023/.

Western Abenaki Dictionary. "Western Abenaki Moons." http://westernabenaki.com/dictionary/moons.php (accessed September 22, 2019).

Westra, H., and Nanne van der Zijpp. "Braght, Tieleman Jansz van (1625–1664)." *Global Anabaptist Mennonite Encyclopedia Online*, 1953. https://gameo.org/index.php?title=Braght,_Tieleman_Jansz_van_(1625-1664)&oldid=141505 (accessed October 13, 2019).

Wheeler, Scott. "Slipperyskin—Bear, Bigfoot, or Indian?" *Vermonter.com*. https://vermonter.com/slipperyskin-bear-bigfoot-or-indian/.

Wilbur, James Benjamin. *Ira Allen Founder of Vermont 1751–1814*. Boston: Houghton Mifflin Company, 1928.

Williams, Dan. "Letter: Mink the Bear Isn't the Problem." *Concord Monitor*, May 25, 2019. www.concordmonitor.com/Mink-the-bear-25710064.

WMUR-TV. "Officials Say One Man Dead After Grafton Church Fire." *YouTube*, posted January 12, 2016. www.youtube.com/watch?v=pH_ktKkt6ZM (accessed October 13, 2019).

WMUR-TV. "Person Killed in Fire at Grafton Church." *YouTube*, posted January 12, 2016. www.youtube.com/watch?v=VnMrkdX81-U (accessed October 13, 2019).

WMUR-TV. "Investigation of Fatal Grafton Fire Continues." *YouTube*, posted January 13, 2016. www.youtube.com/watch?v=50yxZDhse4I (accessed October 13, 2019).

WMUR-TV. "Officials Investigate Fatal Grafton Fire." *YouTube*, posted January 13, 2016. www.youtube.com/watch?v=w6kCu73fvZs (accessed October 13, 2019).

WMUR-TV "Woman Mauled by Bear in Groton Home." *YouTube*, posted July 17, 2018. www.youtube.com/watch?v=bKT0XIva4lQ.

WNDS-TV. "New Hampshire Gubernatorial Debate." Moderated by Alicia Preston. *C-SPAN*, October 2, 2000. www.c-span.org/video/?159588-1/hampshire-gubernatorial-debate.

Wooley v. Maynard, 430 U.S. at 705 (1977).

Zimmer, Josh. "Island Sale on eBay to Benefit Libertarians." *Chicago Tribune*, July 31, 2005. www.chicagotribune.com/news/ct-xpm-2005-07-31-0507310383-story.html.

◆著者
マシュー・ホンゴルツ・ヘトリング（Matthew Hongoltz-Hetling）
調査報道を専門とするフリーランスのジャーナリスト。ポピュラーサイエンス、フォーリンポリシー、USA トゥデイ、AP 通信などに寄稿。2011 年ジョージ・ポルク賞、2012 年ピュリツァー賞ローカル報道部門ファイナリスト、メインプレス協会ジャーナリスト・オブ・ザ・イヤー賞など数々の受賞歴をもつ。
https://www.matt_hongoltzhetling.com

◆訳者
上京恵（かみぎょう めぐみ）
英米文学翻訳家。2004 年より書籍翻訳に携わり、小説、ノンフィクションなど訳書多数。訳書に『最期の言葉の村へ』、『インド神話物語　ラーマーヤナ』『学名の秘密　生き物はどのように名付けられるか』、『男の子みたいな女の子じゃいけないの？　トムボーイの過去、現在、未来』（原書房）ほか。

リバタリアンが社会実験《しゃかいじっけん》してみた町《まち》の話《はなし》
自由至上主義者《じゆうしじょうしゅぎしゃ》のユートピアは実現《じつげん》できたのか

●

2022年3月1日　第1刷
2023年8月20日　第2刷

著者……………マシュー・ホンゴルツ・ヘトリング
訳者……………上京《かみぎょう》 恵《めぐみ》
装幀……………村松道代
発行者……………成瀬雅人
発行所……………株式会社原書房
〒160-0022 東京都新宿区新宿1-25-13
電話・代表　03(3354)0685
http://www.harashobo.co.jp/
振替・00150-6-151594
印刷……………新灯印刷株式会社
製本……………東京美術紙工協業組合

ISBN978-4-562-07155-5, printed in Japan